1 Kundenaufträge bearbeiten

1.5 Willenserklärungen und Rechtsgeschäfte

1. Willenserklärungen begründen rechtliche Wirkungen. Zusatzinfo: Sie sind daher die Basis der Rechtsgeschäfte.
2. Mündlich, schriftlich, schlüssiges Handeln, evtl. durch Schweigen
3. Antrag und Annahme
4. a) **Schlüssiges Handeln:** Nicken, einem Taxi winken, in einen Bus einsteigen, Handschlag (Viehhandel), Hand heben bei Versteigerung

   b) **Schweigen:** Wir erhalten ein Angebot einer unbekannten Firma und reagieren nicht. Unser Schweigen gilt als Ablehnung.
5. a) einseitig – empfangsbedürftig

   b) mehrseitig – einseitig verpflichtend

   c) mehrseitig – mehrseitig verpflichtend

   d) mehrseitig – mehrseitig verpflichtend

   e) einseitig – nicht empfangsbedürftig

   f) einseitig – empfangsbedürftig

   g) mehrseitig – einseitig verpflichtend

   h) mehrseitig – einseitig verpflichtend
6. a) Nein! Kündigung = empfangsbedürftige Willenserklärung. Sie ist erst wirksam, wenn sie dem Partner zugegangen ist (01.07.).

   b) Die Kündigung ist am 30.06. (10:00 Uhr) zugegangen. Dass der Arbeitgeber erst am 02.07. Kenntnis davon erlangt, ist allein sein Risiko. Kündigung erfolgte also rechtzeitig.
7. Ja. Einseitige, nicht empfangsbedürftige Willenserklärung.

1.6 Form der Rechtsgeschäfte

1. formfrei, Schriftform, öffentliche Beglaubigung, öffentliche Beurkundung
2. Die Wirksamkeit des Grundsatzes der Vertragsfreiheit wird durch den Grundsatz der Formfreiheit unterstützt. Vorteile: schnelle Geschäftsabschlüsse möglich; kostensparend.
3. • Beweissicherung
   • Vermeidung von Missverständnissen
   • Schutz sachunkundiger Personen vor Übervorteilung (z. B. Bürgschaft)
   • Schutz vor übereilten, nicht genügend durchdachten bindenden Entscheidungen (z. B. Grundstücksverkauf, Ehevertrag)
4. Notarielle Beurkundung; Unterschrift und Erklärungsinhalt werden notariell bestätigt.
5. Das Rechtsgeschäft ist nichtig.
6. Formfrei: b – g; Schriftform: d – h – i – j; öffentl. Beglaubig.: c; öffentl. Beurkundung: a – e – f.

1.7 Rechtsfähigkeit und Geschäftsfähigkeit

1. Nur Menschen sind rechtsfähig. Tiere können somit nicht erben.
2. Fähigkeit, Träger von Rechten und Pflichten zu sein
3. alle natürlichen und juristischen Personen
4. **Natürliche Personen:** alle Menschen

   Juristische Personen: Personenvereinigungen oder Vermögensmassen, die durch Gesetz eine eigene Rechtspersönlichkeit haben; Bsp.: AG, GmbH
5. Juristische Personen: a – d – f – g – i – k
6. Vorstand/Geschäftsführer

1.8 Eigentum und Besitz

1. **Eigentum:** rechtliche Herrschaft über eine Sache

   Besitz: tatsächliche Herrschaft über eine Sache
2. **Bewegliche Sachen:** Einigung + Übergabe

   Unbewegliche Sachen: Auflassung (= notariell beurkundete Einigung) + Eintrag im Grundbuch (ersetzt die Übergabe)
3. Nein; die Übergabe fehlt.
4. ab Übergabe des Fahrrads
5. Maier kann den PC nicht zurückverlangen, da Flegel Eigentümer geworden ist. Er kann lediglich Zahlung verlangen.
6. a) Schmidt wurde Eigentümer. Zuerst wurde das Eigentum an Schweinberger, danach von Schweinberger auf Schmidt übertragen.

   b) Wie a). Die Zahlung spielt keine Rolle.
7. Bayer ist Eigentümer, wenn er die Lederhose gutgläubig erworben hat (er ist gutgläubig, wenn er der Meinung ist, dass Lötterle Eigentümer ist). Im anderen Falle wird Bayer nicht Eigentümer.
8. Eigentümer bleibt die Buchhandlung. Kein Eigentumserwerb an gestohlenen Sachen.
9. Drexler ist Eigentümer (Einigung und Übergabe).
10. Vereinbarung eines Besitzkonstituts: Vereinbarung, dass Erwerber ohne Übergabe mittelbaren Besitz erlangt, d. h., Gudermann wird Eigentümer, Kauffmann bleibt (vorübergehend) Besitzer.
11. Eigentumserwerb an gestohlenen Sachen ist grundsätzlich nicht möglich. Ausnahme u. a.: gestohlenes Geld („Geld stinkt nicht“). Das Reisebüro ist also Eigentümer des Geldes geworden. Keine Herausgabepflicht; Reich muss also gegen Klau vorgehen.
12. a) 30.05. (mit Beurkundung)

    b) 20.07. (Eintrag Grundbuch)

Inhaltsverzeichnis

Betriebswirtschaft – Geschäftsprozesse

Steuerung und Kontrolle

Prüfungsaufgaben komplett Winter 2016/2017 bis Sommer 2017

1.9 Der Kaufvertrag

1. **Verpflichtungsgeschäft:** Abschluss des Kaufvertrages; hierbei übernehmen die Vertragspartner Pflichten (vgl. 3.).

   Erfüllungsgeschäft: Die Vertragspartner erfüllen ihre laut Kaufvertrag übernommenen Pflichten.

2. Zwei übereinstimmende Willenserklärungen (Antrag und Annahme):

   Angebot + Bestellung oder Bestellung + Bestellungsannahme

3. **Käufer:** rechtzeitige Zahlung, Warenabnahme

   Verkäufer: rechtzeitige, mangelfreie Übergabe, Eigentumsübertrag

4. **Anfrage:** rechtlich unverbindlich

   Angebot: rechtlich bindend; an bestimmte Person gerichtet

   Anpreisung: rechtlich unverbindlich; an Allgemeinheit gerichtet

5. **Anpreisungen:** Schaufensterauslagen, Katalogangebote, Zeitungsinserate, Rundfunkwerbung

6.
   - exakte Warenbeschreibung
   - Verpackungsart
   - Lieferbedingungen (Transportkosten)
   - Zahlungsbedingungen
   - Preis und Menge
   - Verpackungskosten
   - Lieferzeit
   - Erfüllungsort

7. Die Bindung an das Angebot ist erloschen, da zu spät angenommen. Die Bestellung muss auf mindestens gleich schnellem Weg erfolgen. Firma B kann nichts unternehmen.

8.
   - Ablehnung durch Empfänger
   - Abänderung durch Empfänger
   - verspätete Annahme
   - rechtzeitiger Widerruf

9. **Unter Anwesenden:** Während der Gesprächsdauer

   Unter Abwesenden: Bis unter normalen Umständen die Antwort erwartet werden kann (briefliches Angebot: ca. eine Woche, E-Mail ca. einen Tag, Fax ca. einen Tag).

10. Beides ist möglich.

11. a – c – h

12. a) Ware mittlerer Art und Güte

    b) Versandverpackung trägt Käufer.

    c) Unfrei: Verkäufer trägt Transportkosten bis zur Übergabe an die Bahn (Spedition), die restlichen Transportkosten trägt der Käufer.

    d), e) auf Verlangen sofort

13. a) Die verspätete Annahme gilt als neuer Antrag. Solange V nicht annimmt, kommt kein Kaufvertrag zustande.

    b) Die geänderte Annahme gilt als neuer Antrag. Solange V nicht annimmt, kommt kein Kaufvertrag zustande.

c) Kaufvertrag entsteht, wenn V nicht ablehnt. Stillschweigen des V bedeutet Annahme.

d) • Die Zusendung unbestellter Ware gilt als Angebot. Der Kaufvertrag entsteht erst, wenn K den Kaufpreis zahlt, die Ware in Gebrauch nimmt oder ihre Annahme erklärt.

• Stillschweigen gilt bei fehlender bestehender Geschäftsbeziehung als Ablehnung.

e) • Das Stillschweigen des Geschäftspartners K gilt als Annahme.

• Bei Ablehnung wäre eine Mitteilung erforderlich.

f) • Stillschweigen gilt als Ablehnung.
• Die Zusendung unbestellter Ware an einen Privatmann verstößt gegen das UWG.

14. • Angebot widerrufen
• Widerruf muss spätestens mit dem Angebot beim Kunden eintreffen.
• Alternativen: Telefon, Telefax, E-Mail ...

15. **Gesetzlicher Erfüllungsort:** Wohn-(Geschäfts-)Sitz des Schuldners.

Erfüllungsort für die Zahlung:	Sitz des Käufers
Erfüllungsort für die Lieferung:	Sitz des Verkäufers
Bedeutung des Erfüllungsortes:	vgl. Stofftelegramm

16. Der Verkäufer trägt folgende Versandkosten:

a) bis Bahnhof Leipzig

b) bis Bahnhof Stuttgart

c) bis Bahnhof Leipzig

d) bis Bahnhof Leipzig
einschl. Verladekosten

e) bis Bahnhof Stuttgart

f) alle Versandkosten

g) keine Versandkosten

h) bis Bahnhof Leipzig

i) bis Bahnhof Stuttgart

1.10 Störungen bei der Vertragserfüllung

1.10.1 Mangelhafte Lieferung (Schlechtleistung)

1. Sachmängel: fehlerhafte Ware, Montagemangel, mangelhafte Montageanleitung, Falschlieferung, Zuweniglieferung, Ware entspricht nicht der Werbung

Rechtsmangel: Belastung durch Rechte anderer

2. a) Prüfungs- und Rügepflicht: unverzüglich (zweiseitiger Handelskauf) bzw. innerhalb von zwei Jahren nach Lieferung (einseitiger Handelskauf und bürgerlicher Kauf)

b) Der Käufer verliert seine Gewährleistungsansprüche.

3. **Vorrangig**: Nacherfüllung (Nachbesserung oder Neulieferung) gemäß § 439 BGB

• Gemäß § 434 BGB liegt ein Sachmangel vor → steht Nacherfüllungsanspruch zu.

• K hat Wahlrecht zwischen Nachbesserung und Neulieferung.

- V kann eine oder beide Arten der Nacherfüllung nur ablehnen, wenn gemäß § 439 Abs. 3 Satz 1 BGB die betreffende Nacherfüllung nur mit unverhältnismäßig hohen Kosten möglich ist. Dies ist hier nicht der Fall.

Nachrangig: (§§ 280, 281, 284, 323, 326, 440, 441 BGB)

- Rücktritt vom Vertrag: Voraussetzungen:
  - angemessene Frist zur Nacherfüllung erfolglos abgelaufen
  - kein unerheblicher Mangel
- Minderung: Voraussetzungen:
  - angemessene Frist zur Nacherfüllung erfolglos abgelaufen
  - auch bei unerheblichem Mangel möglich
- Schadenersatz statt Leistung: Voraussetzungen:
  - angemessene Frist zur Nacherfüllung erfolglos abgelaufen
  - Pflichtverletzung gem. § 280 Abs. 1 BGB
  - Verschulden (Vertretenmüssen) des V
  - kein unerheblicher Mangel

  Da kein Verschulden vorliegt, kann dieses Recht nicht geltend gemacht werden.
- Ersatz vergeblicher Aufwendungen (neben Rücktritt vom Vertrag): Voraussetzungen wie bei Schadenersatz statt Leistung; hier also mangels Verschulden nicht möglich
- Schadenersatz neben Leistung: Voraussetzungen:
  - Pflichtverletzung gemäß § 280 Abs. 1 BGB
  - Verschulden (Vertretenmüssen) des V

  Da kein Verschulden vorliegt, kann dieses Recht nicht geltend gemacht werden.

4. Nachbesserung und/oder Neulieferung möglich auch bei geringfügigen Mängeln; verschuldensunabhängig

5. • K muss zunächst dem V eine angemessene Frist zur Nacherfüllung einräumen.
   • Nach erfolglosem Fristablauf kann K Schadenersatz statt Leistung verlangen, sofern Verschulden des V vorliegt.

6. Es liegt ein Sachmangel vor, weil der Neuwagen nicht den Werbeaussagen entspricht.

   Vorrangig **Nacherfüllung:**
   Nachbesserung (falls durch Nachrüstung des Motors der Benzinverbrauch gedrosselt werden kann) oder Neulieferung, sofern nicht unverhältnismäßig hohe Kosten anfallen

   Nachrangig, sofern angemessene Nacherfüllungsfrist erfolglos abgelaufen:
   Rücktritt vom Vertrag bzw. **Minderung**

7. Vorrangig Nacherfüllung: Nachbesserung (Reparatur des Fahrrads) oder Neulieferung + Schadenersatz neben der Leistung (110,00 EUR)

   Nachrangig, sofern angemessene Nacherfüllungsfrist erfolglos abgelaufen:
   Rücktritt vom Vertrag + **Schadenersatz statt Leistung** (Verschulden liegt aufgrund der Kenntnis der Bruchgefahr vor; Mangel nicht unerheblich) bzw. **Minderung** + **Schadenersatz neben der Leistung**

8. Es liegt ein Sachmangel vor (mangelhafte Montageanleitung + Falschmontage).

   Vorrangig: Nacherfüllung → Nachbesserung: korrekte Montageanleitung liefern; V muss altes Gerät evtl. abbauen.
   → Neulieferung mit brauchbarer Montageanleitung; V muss altes Gerät abbauen und abholen.

   Nachrangig, sofern angemessene Nacherfüllungsfrist erfolglos abgelaufen:
   Rücktritt vom Vertrag bzw. **Minderung**

9. K kann keine Nacherfüllung verlangen, weil ein Stückkauf vorliegt. „Unmöglichkeit" gemäß § 275 Abs. 1 BGB

   Rücktritt vom Vertrag: möglich ohne Nachfristsetzung (§ 326 Abs. 5 BGB), da Nachfrist sinnlos
   Minderung: möglich ohne Nachfristsetzung, da Nachfrist hier sinnlos
   Schadenersatz: Nein, da kein Verschulden (Vertretenmüssen) vorliegt.

10. Verbrauchsgüterkauf; somit gilt für die ersten sechs Monate die Beweislastumkehr (§ 476 BGB): Verkäufer muss nachweisen, dass die Ware bei Übergabe noch nicht mangelhaft war. Erbringt V diesen Gegenbeweis nicht, wird vermutet, dass die Sache bereits bei Übergabe mangelhaft war. K kann dann also sämtliche Gewährleistungsansprüche geltend machen.

11. Regelmäßige kaufrechtliche Verjährungsfrist für Mängel: zwei Jahre ab Ablieferung
    Verjährung: 10.05.2002 + 2 Jahre = 10.05.2004 → K kann die Lieferung eines neuen Rasenmähers verlangen, weil die Verjährung noch nicht eingetreten ist.

12. Verjährungsfrist bei arglistig verschwiegenen Mängeln: 3 Jahre nach Kenntnis des Mangels
    Verjährungsbeginn Jahresende; Verjährung: 31.12.2005 + 3 Jahre = 31.12.2008
    K kann seine Gewährleistungsansprüche geltend machen, weil sie noch nicht verjährt sind.

13. Verjährung von Bauwerksmängeln: fünf Jahre nach Übergabe
    Verjährung: 10.05.2002 + 5 Jahre = 10.05.2007
    Die Mängelansprüche sind verjährt. V kann sich auf Verjährung berufen.

14. Die Gewährleistungsfrist (Verjährungsfrist für Mängel) kann bei gebrauchten Sachen auf ein Jahr verkürzt werden. Seine Ansprüche sind daher verjährt.

1.10.2 Nicht-rechtzeitig-Lieferung

1. **Lieferung verlangen und evtl. Schadenersatz (§ 286 BGB)**

   Voraussetzungen:
   - Fälligkeit
   - Verschulden
   - Mahnung → entbehrlich, wenn:
     - Verkäufer verweigert Lieferung
     - Liefertermin kalendermäßig bestimmt
     - besondere Gründe (§ 286 Abs. 2 Nr. 4 BGB)

   Schadenersatz statt Leistung (§ 281 BGB)

   Voraussetzungen:
   - Fälligkeit
   - Verschulden
   - Nachfrist → entbehrlich, wenn:
     - Verkäufer verweigert Lieferung
     - besondere Umstände (§ 281 Abs. 2 BGB)

   Ersatz vergeblicher Aufwendungen anstelle Schadenersatz statt Leistung (§ 284 BGB)
   Voraussetzungen: Vgl. Schadenersatz statt Leistung

   Rücktritt vom Vertrag (§ 323 BGB)

   Voraussetzungen:
   - Fälligkeit
   - Nachfrist → entbehrlich, wenn:
     - Verkäufer verweigert Lieferung
     - Liefertermin kalendermäßig bestimmt
     - besondere Umstände (§ 323 Abs. 2 Nr. 3 BGB)

2. Mahnung entbehrlich, wenn:
   - Verkäufer Lieferung verweigert
   - Liefertermin kalendermäßig bestimmt
   - besondere Gründe gem. § 286 Abs. 2 Nr. 4 BGB vorliegen
3. Nachfrist entbehrlich, wenn:
   - Verkäufer Lieferung verweigert
   - besondere Umstände gem. § 281 Abs. 2 BGB vorliegen
4. Nachfrist entbehrlich, wenn:
   - Verkäufer Lieferung verweigert
   - Liefertermin kalendermäßig bestimmt
   - besondere Umstände gem. § 323 Abs. 2 Nr. 3 BGB vorliegen
5. Ja. Beide Rechte können gleichzeitig in Anspruch genommen werden, weil Fälligkeit und Verschulden vorliegen und V die Lieferung verweigert.
6. - Fälligkeit und Verschulden gem. § 281 BGB liegen vor.
   - Nachfristsetzung entbehrlich, weil Verkäufer die Lieferung verweigert.

   → K kann Schadenersatz statt Leistung verlangen.
7. - Fälligkeit und Verschulden gem. § 286 BGB liegen offensichtlich vor.
   - Mahnung entbehrlich, da „besondere Gründe" gem. § 286 Abs. 2 Nr. 4 BGB vorliegen.

   → K kann Verzögerungsschaden verlangen.
8. - Fälligkeit und Verschulden gem. § 281 BGB liegen offensichtlich vor.
   - Nachfristsetzung entbehrlich, weil „besondere Umstände" gem. § 281 Abs. 2 BGB vorliegen (Just-in-time-Lieferung).

   → K kann Schadenersatz statt Leistung verlangen.
9. Voraussetzungen für Schadenersatz statt Leistung:
   - Fälligkeit: ja
   - Verschulden: nein
   - angemessene Nachfrist: abgelaufen

   Schadenersatz statt Leistung nicht möglich, weil die Voraussetzung „Verschulden" fehlt.
10. V hat Anspruch auf Abnahme und Zahlung, weil die Fristsetzung hier nicht entbehrlich war. K wollte sich aus wirtschaftlichen Gründen aus dem Vertrag herausschleichen und nicht aus Gründen der Verzögerung der Leistung.

11.–13. Vgl. Stofftelegramm.

1.10.3 Nicht-rechtzeitig-Zahlung

1. **Zahlung verlangen + evtl. Schadenersatz**

   Voraussetzungen:
   - Fälligkeit
   - Verschulden
   - Mahnung → entbehrlich, wenn:
     - 30 Tage nach Rechn.zugang vergangen
     - Schuldner verweigert Zahlung
     - Zahlungstermin kalendermäß. bestimmt
     - besondere Gründe (§ 286 Abs. 2 Nr. 4 BGB)

   Schadenersatz statt Leistung (§ 281 BGB)

   Voraussetzungen:
   - Fälligkeit
   - Verschulden
   - Nachfrist → entbehrlich, wenn:
     - Käufer verweigert Zahlung
     - besondere Umstände (§ 281 Abs. 2 BGB)

   Ersatz vergeblicher Aufwendungen anstelle Schadenersatz statt Leistung (§ 284 BGB)

   Voraussetzungen: vgl. Schadenersatz statt Leistung

   Rücktritt vom Vertrag (§ 323 BGB)

   Voraussetzungen:
   - Fälligkeit
   - Nachfrist → entbehrlich, wenn:
     - Käufer verweigert Zahlung
     - Zahlungstermin kalendermäß. bestimmt
     - bes. Umstände (§ 323 Abs. 2 Nr. 3 BGB)

2. Basiszinssatz +5 %
3. Basiszinssatz +5 %
4. Basiszinssatz +9 %
5. a) Verzug spätestens 30 Tage nach Zugang der Rechnung, also ab 10.02.

   b) Verzug tritt durch Mahnung ein, also ab 20.01.

   c) Ab 25.01. Zahlungsverzug; Mahnung hier entbehrlich, da kalendermäßig bestimmt.
6. **Verbrauchsgüterkauf.** Besonderheit hier gemäß § 286 Abs. 3 BGB: Die Regelung, dass der Schuldner spätestens in Verzug kommt, wenn er nicht innerhalb von 30 Tagen nach Fälligkeit und Zugang einer Rechnung leistet, gilt nur unter der Voraussetzung, dass der Verbraucher auf diese Folgen in der Rechnung hingewiesen wurde. Dies ist hier offenbar nicht geschehen, sodass der Schuldner erst durch eine Mahnung in Verzug gesetzt werden kann.

1.11 Verjährung

1.–3. Vgl. Stofftelegramm.

4. • Regelmäßige Verjährungsfrist: drei Jahre
   • Beginn der Verjährungsfrist: Schluss des Jahres, in dem der Anspruch entstanden ist
   • Verjährung: 31.12.2017 + 3 Jahre = 31.12.2020
5. • Verhandlungen über den Anspruch führen zur Hemmung der Verjährung.
   • Ursprüngliche Verjährung: 31.12.2017 + 3 Jahre = 31.12.2020
   • Hemmung: 20.12.2020 bis 20.03.2021 = 90 Tage
   • Neue Verjährung: 20.03.2021 + 90 Tage = 20.06.2021
6. Hemmung der Verjährung ab Einreichung des Antrags auf Mahnbescheid
7. a) Neubeginn c) Neubeginn e) Hemmung g) Neubeginn

   b) Hemmung d) Neubeginn f) Hemmung h) Hemmung

1.12 Eigentumsvorbehalt

1./2. Vgl. Stofftelegramm.

3. a) Der Eigentumsvorbehalt erlischt nach Verarbeitung der Rohstoffe.

   b) • **Verlängerter Eigentumsvorbehalt:** Bei Weiterverarbeitung wird das hergestellte Produkt an den Lieferer sicherungsübereignet.

   • **Erweiterter Eigentumsvorbehalt:** Eigentumsvorbehalt bezieht sich auf alle Lieferungen an einen Käufer.

1.15 Prüfungsaufgaben

Prüfungsaufgaben Sommer 2008 (Aufgabe 2, teilweise)

2.1 Sachmangel: Mangel in der Menge, Mangel in der Beschaffenheit

2.2 Vorrangig: Recht auf Nacherfüllung (Nachbesserung oder Neulieferung)
Nachrangig: Rücktritt vom Kaufvertrag, Preisminderung, Schadenersatz

2.3 Neulieferung des Polyethylens in der gewünschten Qualität. Nachlieferung der fehlenden Menge (Füllrohre 25 mm)

2.4 Zweiseitiger Handelskauf, Prüf- und Rügepflicht verletzt (siehe Kontrollstempel), da Kontrolle nicht unverzüglich erfolgte

Prüfungsaufgaben Sommer 2010 (Aufgabe 1, teilweise)

2.1
- Bestellung LaSo GmbH ist Vertragsantrag (Angebot Höchster wegen Fristüberschreitung erloschen).
- Auftragsbestätigung Höchster KG ist abgeänderte Annahme und damit neuer Vertragsantrag.
- Annahme der Lieferung am 30.03. ist Vertragsannahme über Lieferung von 5.000 St. zu 5,60 EUR/St.

2.2 Gerichtsstand ist Sitz des Schuldners, bei Kaufpreisforderung Sitz der LaSo GmbH, also Balingen.

4.1
- unverzügliche Rüge
- Nacherfüllung gescheitert
- kein geringfügiger Mangel

4.2
- Mängelrüge erfolgte rechtzeitig.
- Möglichkeit der Nacherfüllung muss gewährt werden (Nachfrist).
- Bei gescheiterter Nacherfüllung ist die Frage, ob die Farbabweichung einen erheblichen Mangel darstellt, zu klären. Wenn ja: Rücktritt vom Vertrag möglich.

4.3 Keine rechtlichen Ansprüche, da offener Mangel und nicht rechtzeitig gerügt. Verhandeln mit dem Ziel einer Nachlieferung/Preisreduzierung (Kulanz).

Prüfungsaufgaben Sommer 2013 (Aufgabe 1)

1.1 sehr gute Zahlungskonditionen (3 % Skonto bzw. 60 Tage Zahlungsziel), Rabattsatz von 20 % Lieferbedingung frei Haus, inklusive Verpackung
Schülerabhängige Antworten: z. B. Liefertreue, Service, Kulanz, Qualität

1.2 Verfügbarkeit, Lieferzeit, Kundenbonität, Wiederbeschaffungszeit, Übereinstimmung der Konditionen

Richtigkeit und Machbarkeitsprüfung:
1. Menge:
LB 65 Stück – SB 5 Stück = verfügbarer LB 60 Stück
Bestellmenge 100 Stück – verfügbarer LB 60 Stück = Nettobedarf 40 Stück

2. Lieferzeit:
Beschaffungszeit 10 T. + 1 T. Versand = 11 Auftragszeit
02.04.2013 (Die) + 11 Tage Auftragszeit → 17.04.2013 frühester Liefertermin.
Auf den 15.04.2013 könnten bereits 60 Stück bzw. 65 Stück geliefert werden.
Die ausstehenden 40 Stück bzw. 35 Stück könnten nach Rücksprache mit dem Lieferanten direkt an unseren Kunden versandt werden (so wäre die zweite Teillieferung bereits zum 17.04. möglich).
Wenn der Lieferant das Stativ auf Lager hat, lässt sich nach Rücksprache die Lieferzeit verkürzen.
Empfehlung: Anfrage beim Lieferanten sowie beim Kunden, ob der vom Kunden gewünschte Liefertermin 15.04. für 100 Stück gehalten werden muss oder ob eine Teillieferung bis zu diesem Zeitpunkt genügt, mit Aussicht auf die zweite Teillieferung am 17.04.2013.

3. Bonität:
Der Rechnungsbetrag von 1.894,48 EUR wird das Kreditlimit (verbleibend 246,31 EUR) um 1.648,17 EUR überschreiten. Rücksprache mit der Abteilungsleitung und Buchhaltung empfehlenswert. Eventuell Vorauskasse mit dem Kunden vereinbaren, offene Posten vorher bezahlen, Teillieferung.

1.3 Das Angebot der LaSo GmbH ist unverbindlich (freibleibend). Die Bestellung der *Bau und Ausbau GmbH* ist verbindlich, folglich stellt sie einen Antrag (1. WE) dar. Es ist also noch kein Kaufvertrag (KV) zustande gekommen. Schickt die *LaSo GmbH* eine Auftragsbestätigung oder liefert sie die bestellte Ware (in Übereinstimmung mit der Bestellung) innerhalb einer Woche ab Bestelldatum (Bindungsfrist bei brieflichen Angeboten), dann entstünde ein Kaufvertrag durch die Annahme der *LaSo GmbH* (2. WE).
Erfolgt die Auftragsbestätigung oder Lieferung nach der Bindungsfrist der 1. WE, liegt ein neuer Antrag vor.

1.4 Menge in Auftrag: 100 Kundenauftrag,
System schlägt die in der Artikelkarte hinterlegte optimale Bestellmenge (125 Stück) vor.

1.5	24006 Bau-Ausbau	1.894,48	an	5010	Uerl. Hawa	1.592,00
				4800	USt.	302,48

1.6.1 EPK

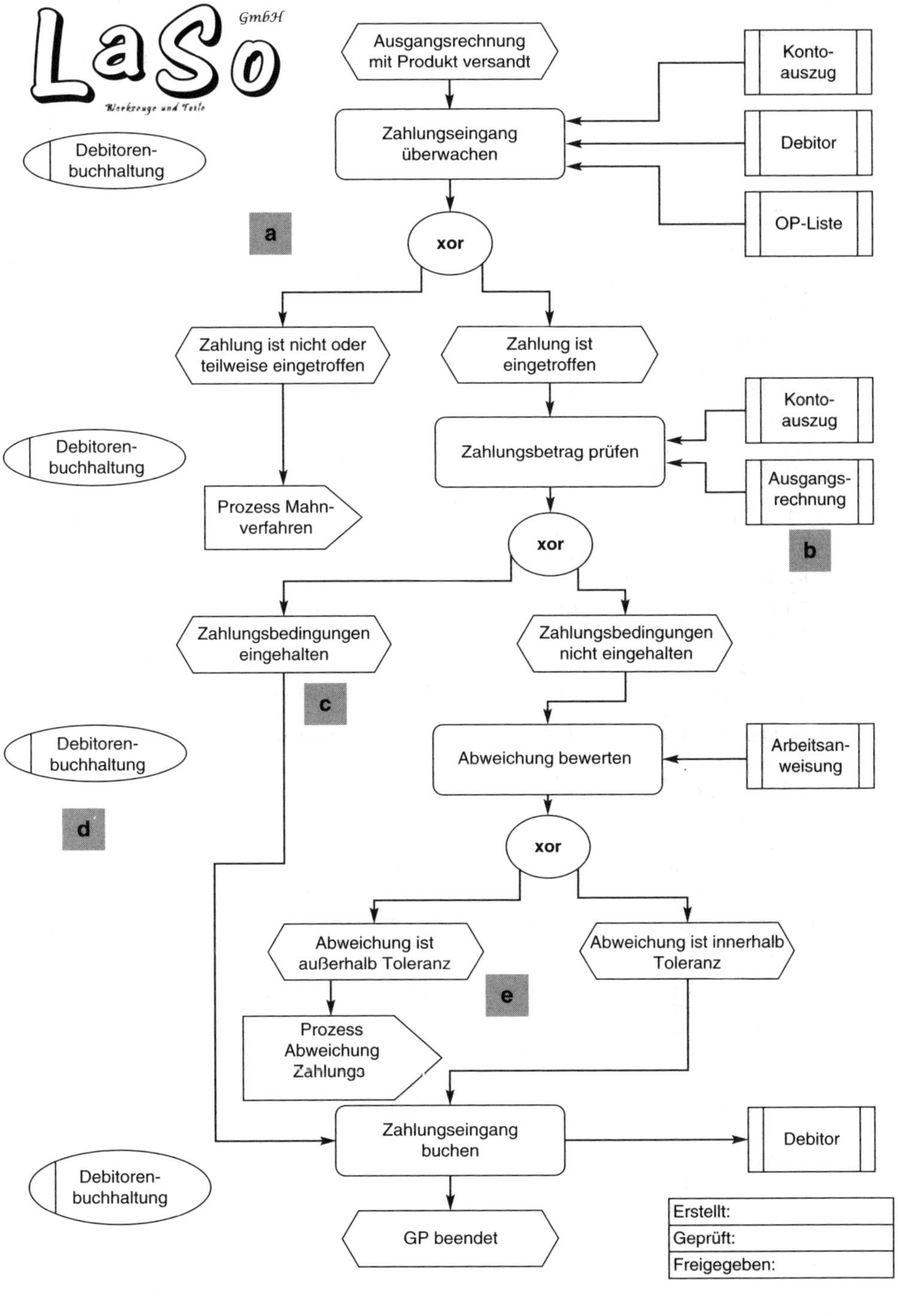
LaSo GmbH
Werkzeuge und Teile
Debitoren-buchhaltung
Ausgangsrechnung mit Produkt versandt
Zahlungseingang überwachen
Konto-auszug
Debitor
OP-Liste
a
xor
Zahlung ist nicht oder teilweise eingetroffen
Zahlung ist eingetroffen
Debitoren-buchhaltung
Zahlungsbetrag prüfen
Konto-auszug
Ausgangs-rechnung
Prozess Mahn-verfahren
xor
b
Zahlungsbedingungen eingehalten
Zahlungsbedingungen nicht eingehalten
c
Debitoren-buchhaltung
Abweichung bewerten
Arbeitsan-weisung
d
xor
Abweichung ist außerhalb Toleranz
Abweichung ist innerhalb Toleranz
e
Prozess Abweichung Zahlungo
Zahlungseingang buchen
Debitor
Debitoren-buchhaltung
GP beendet
Erstellt:
Geprüft:
Freigegeben:

1.6.2 Schülerabhängige Antworten, z. B.:
Wirtschaftlich würde es aber Sinn machen, Differenzbeträge erst ab 96,00 EUR zu beanstanden, da die Teilprozesskosten bei 96,00 EUR liegen.
Normalerweise sollte jede Abweichung beanstandet werden, aus Kulanzgründen kann beispielsweise erst ab einer Differenz von 20,00 EUR nachgefordert werden.

1.6.3	2800 Bank	1.837,65	an	24006	Bau Ausbau	1.894,48
	5012 Kundenskonto	47,76				
	4800 USt.	9,07				

1.7.1 Der Kunde hat keinen Rechtsanspruch, da die Mängelrüge bei einem offenen Mangel zu spät erfolgte (zweiseitiger Handelskauf).

1.7.2
- Kulanzschreiben (E-Mail); E-Mail-Adresse, Betreff, Anrede
- Bedauern ausdrücken
- trotz verspäteter Rüge einen kulanten Lösungsvorschlag formulieren
- auf bestehende Geschäftsbeziehung hinweisen
- z. B. Neulieferung anbieten, Preisnachlass gewähren
- Schlussformulierung

Prüfungsaufgaben Sommer 2014 (Aufgabe 2)

2.1 Zu klärende Aspekte:

a) Mit dem neuen Auftrag wird das Kreditlimit erheblich überschritten.
Mögliche Lösungen:
- Kunde erhält Lieferung nur gegen Vorauskasse bzw. Anzahlung
- Kunde muss vor der Lieferung offene Rechnungen begleichen, um seinen Saldo zu reduzieren
- Auftragsvolumen nur in Höhe seines Restkreditlimits akzeptieren

b) Lagerbestand ist nicht ausreichend für gesamtes Auftragsvolumen.
Mögliche Lösungen:
- Teillieferung über 450 Stück sofort
- Gesamtlieferung innerhalb von 5 Tagen (4 Tage Beschaffungszeit + 1 Tag eigene Lieferzeit) zusichern.

2.2 Der Bestellvorschlag mit 500 Stück ist in Ordnung, da durch den Kundenauftrag der Meldebestand unterschritten wird und die zusätzlich zum Lagerbestand benötigten Artikel beschafft werden müssen.

Beim Bestellpunktverfahren wird bei Unterschreiten des Meldebestandes eine Bestellung ausgelöst, um sicherzustellen, dass bis zum Eintreffen der Lieferung ein ausreichender Lagerbestand gewährleistet wird.

Die Bestellmenge entspricht der im System hinterlegten optimalen Bestellmenge von 500 Stück.

Das Fälligkeitsdatum liegt entsprechend der Beschaffungszeit vier Tage nach dem Bestelldatum. Das Fälligkeitsdatum liegt einen Tag vor der Auslieferung an unseren Kunden.

2.3	24002	Debitor F. Kunst	14.394,24 EUR	an	5010	Umsatzerlöse f. Hawa	12.096,00 EUR
					4800	Umsatzsteuer	2.298,24 EUR
	6000	Aufwand Hawa	6.720,00 EUR	an	2210	Hawa	6.720,00 EUR

Prüfen des Zahlungseingangs:

Fällige Rechnung 22.04.2014, Betrag 9.139,69 EUR

Zahlungseingang lt. Kontoauszug 07.05.2014:

8.865,50 EUR (9.139,69 EUR – 274,19 EUR Skontoabzug 3 %)

Friedrich Kunst hätte das Skonto nicht abziehen dürfen. Er hat die Skontofrist um einen Tag nicht eingehalten.

Termin der fälligen Rechnung + Skontofrist lt. Anlage: 114 Tage = maximale Frist für den Geldeingang

22.04.2014 + 14 Tage = 06.05.2014

Unter der Annahme, dass genau der Betrag lt. Kontoauszug (8.865,50 EUR) verbucht werden soll, ergibt sich folgender Buchungssatz (Nebenrechnung: Aus dem Skontobetrag ist die Umsatzsteuer noch herauszurechnen):

274,19 EUR · 100 : 119 = 230,41 EUR Kundenboni und 43,78 EUR Umsatzsteuer

2.4	2800	Bank	8.865,50 EUR	an	24002	Debitor F. Kunst	9.139,69 EUR
	5012	Kundenskonti	230,41 EUR				
	4800	Umsatzsteuer	43,78 EUR				

2.5 Anrede, Bezug zur Rechnung, Hinweis auf zwei erfolglose Mahnungen, letzter Zahlungstermin 13.05.2014, Zahlungsbetrag: 35.600,00 EUR + 373,80 EUR (Verzugszinsen in Höhe von 6 % p. a. für 63 Tage) = 35.973,80 EUR
Weitere Schritte: z. B. Übergabe der Forderung an ein Inkassounternehmen, Einschalten eines Rechtsanwaltes, gerichtlichen Mahnbescheid beantragen
Schlussformulierung: Hoffen auf Zahlungseingang, um weitere Unannehmlichkeiten zu vermeiden.
Grußformel

Interner Vermerk: Verjährungstermin 31.12.2017 (Rechtsgrundlage: §§ 195, 199 BGB)
Kaufmännisches Mahnverfahren hat keinen Einfluss auf die Verjährung.

2.6 Vervollständigtes Arbeitsablaufdiagramm:

ARBEITSABLAUFDIAGRAMM							
ABTEILUNG:	**V-V**				DATUM:	**13.04.2009**	
ARBEITSFOLGE:	**Aufträge kommissionieren**	START:	**Kommissionierauftrag geht ein**				
		ENDE:	**Auftrag ist verschickt**				
		Symbole					
Nr.	Ablaufschritt	○	⇨	▭	D	▽	Zeit in Min.
1.	Kommissionierliste über integrierte Unternehmenssoftware (IUS) ausdrucken	X					5
2.	Lagerhaltigkeit der Artikel an IUS prüfen			X			7
3.	Rollbehälter aus Ladezone holen		X				2
4.	Artikel gemäß Kommissionierliste von Lagerplätzen holen und in Rollbehälter legen	X					20 (Durchschnittswert)
5.	Rollbehälter zu Versandleiter bringen		X				2
6.	Versandleiter prüft Inhalt			X			10
7.	Rollbehälter zurück an Sammelplatz stellen		X				2
8.	Rollbehälter zu Packstation bringen		X				2
9.	Auftrag verpacken	X					6
10.	Lieferschein über IUS ausdrucken und in Paket einlegen	X					1
11.	Paket verschließen, Transportetiketten ausdrucken und aufkleben	X					3
12.	Rollbehälter in Ladezone		X				2
13.	E-Mail-Nachricht an Buchhaltung: Erfassung der Lagerabgänge und Rechnungsstellung	X					2
14.	Ablage Kommissionierliste					X	1

Analysetabelle:

Ablaufart	Bearbeitung ○	Transport ⇨	Kontrolle ▭	Warten D	Ablage ▽	**Summe**
Zeit in Min.	37	10	17	0	1	65

Beurteilung des Vorschlags des Lagerarbeiters:
Vorschlag ist sinnvoll, Schritt 13 wird dadurch entbehrlich.

Verzichtbare Arbeitsschritte:

- Die Lagerhaltigkeit der Artikel braucht nicht geprüft zu werden, da dies bereits bei der Auftragserfassung bzw. der Freigabe der Kommissionieraufträge erfolgt.
- Die Prüfung von jedem Kommissionierauftrag durch den Versandleiter ist entbehrlich. Ggf. kann die jeweilige Arbeitskraft diese Prüfung durchführen.
- Die Rollbehälter an den Sammelplatz zu stellen kann evtl. eingespart werden, wenn die Behälter direkt zur Packstation gehen.

Prüfungsaufgaben Winter 2015/2016 (Aufgabe 1)

1.1 Rücksprache mit der Abteilungsleiterin halten, da das Kreditlimit mit dem Angebotswert überschritten wird.

Möglichkeiten:

- Kunde muss seine offenen Rechnungen begleichen, bevor der neue Auftrag ausgeführt wird.
- Der neue Auftrag wird nur gegen Vorkasse bzw. Barzahlung ausgeführt.
- Teillieferungen möglich mit sofortiger Bezahlung/Vorkasse

1.2

Differenzkalkulation		
Bezugspreis		9,50 EUR
+ HKZ	50 %	4,75 EUR
= Selbstkosten		14,25 EUR
Gewinnzuschlag	?	**2,34 EUR**
= Barverkaufspreis		16,59 EUR
– Kundenskonto	3 %	0,51 EUR
= Zielverkaufspreis		17,10 EUR
– Kundenrabatt	10 %	1,90 EUR
= Verkaufspreis		19,00 EUR

? =	2,34 · 100 : 14,25
? =	16,4 %

Dem Kundenwunsch kann entsprochen werden, das angestrebte Gewinnziel von 15 % wird erreicht.

1.3 Es ist eine Auftragsbestätigung zu erstellen und an den Kunden zu versenden, da das am 28.10.2015 verschickte Angebot freibleibend war und geändert wurde.
Die Bestellung stellt die erste WE dar, die Auftragsbestätigung ist die zweite WE.
Auch eine Lieferung würde als zweite WE gelten.

1.4 Die Moser AG hat hier folgenden Pflichten zu erfüllen:

- Bereitstellung sachmängelfreier Ware (§ 433 BGB)
- Übergabe der Ware und Verschaffen des Eigentums (§ 433 BGB)
- Bereitstellung der kompletten Bestellmenge (§ 266 BGB)
- Lieferung der Ware zum 04.11.2015 (§ 271 BGB)
- Lieferung der Ware an den entsprechenden Leistungsort (§ 269 BGB)

1.5
- Mit der IUS können der Lieferschein und die Verkaufsrechnung erstellt werden.
- Buchung der Verkaufsrechnung:
  (1.900,00 EUR – 190,00 EUR [10 % Rabatt von 1.900,00 EUR] = 1.710,00 EUR)
  (1.710,00 EUR + 900,00 EUR = **2.610,00** EUR · 19 % = **495,90** EUR)

24006 Bau u. Ausbau GmbH	3.105,90	an	5010 Umsatzerlöse HW	2.610,00
			4800 Umsatzsteuer	495,90

- Buchung des Lieferscheins (Warenentnahme):

  (100 Stück · 9,50 EUR + 300 Stück · 1,50 EUR = 1.400,00 EUR)

6080 Aufw. f. Handelswaren	1.400,00	an	2210 Handelswaren	1.400,00

- Lagerbestand und Menge im Auftrag werden jeweils um die gelieferte Menge (100 Stück) verringert.

1.6 Sachliche Prüfung:
Dem Kunden wurde der falsche Artikel geliefert; bestellt war als Position 1 Kerzenschlüssel lang (Art.-Nr. 221002), die Moser AG hat ihm stattdessen kurze Kerzenschlüssel (Art.-Nr. 221001) geliefert.

Rechtliche Prüfung:
Die Reklamation der Bau und Ausbau GmbH erfolgte rechtzeitig i. S. d. § 377 HGB.
Ein Sachmangel liegt vor i. S. d. § 434 BGB.
Die Bau und Ausbau GmbH hat keinen Anspruch auf teilweisen Rücktritt vom Kaufvertrag. Der Käufer kann als Nacherfüllung die Lieferung einer mangelfreien Sache verlangen (§ 439 BGB). Erst nach erfolgloser Nacherfüllung besteht das Recht auf Rücktritt vom Vertrag.

Antwort-E-Mail:

Betreff: Unsere Auftragsnr. 22020 – Ihre Reklamation vom 05.11.2015

Sehr geehrter Herr Kazenmaier,

am 04.11.2015 hatten Sie unsere Lieferung zum Auftrag Nr. 22020 erhalten, diese wurde bezüglich der Auftragsposition 1 fristgerecht reklamiert.

In der Sachen sehen wir Ihre Reklamation als berechtigt an, jedoch können wir dem von Ihnen erhobenen Anspruch auf Teilrücktritt vom Vertrag und Erstattung einer Gutschrift nicht nachkommen, da dieser Anspruch gemäß § 440 BGB erst nach erfolgloser Nacherfüllung besteht.

Wir werden die Nacherfüllung in Form einer Neulieferung unverzüglich vornehmen.

Für die Unannehmlichkeiten bitten wir um Entschuldigung.

Mit freundlichen Grüßen

Moser AG

1.7 Die Zahlung ist sachlich und rechnerisch korrekt; der Kunde bezahlt rechtzeitig (Lieferung 04.11.2015, Zahlungseingang 10.11.2015) innerhalb der vereinbarten Skontofrist (14 Tage) unter Abzug des vereinbarten Skontos von 3 %.

3.105,90 EUR – 3 % Skonto = 93,18 EUR (enthält auch den Umsatzsteueranteil = rausrechnen)
93,18 EUR : 119 · 19 = 14,88 EUR Umsatzsteueranteil Kundenskonto
93,18 EUR – 14,88 EUR = 78,30 EUR Kundenskonti

2800 Bank	3.012,72	an	24008 Bau und Ausbau 3.105,90
5012 Kundenskonti	78,30		
4800 Umsatzsteuer	14,88		

1.8.1 Ereignisgesteuerte Prozessketten zeigen die logische Folge von betrieblichen Abläufen in einer grafisch eindeutigen Weise. Sie dienen dazu, die Abläufe zu standardisieren und so die Prozessqualität zu steigern. Sie dienen ebenfalls als Grundlage für die Anpassung der Unternehmenssoftware und für die Dokumentation.

<table>
<tr><td>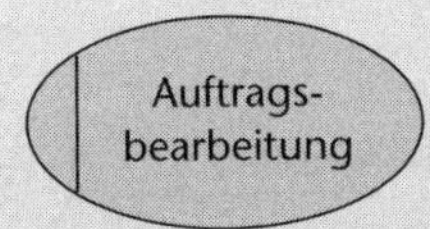
</td><td>Organisationseinheit:
die für die Durchführung einer Tätigkeit verantwortliche Abteilung oder Stelle</td></tr>
<tr><td>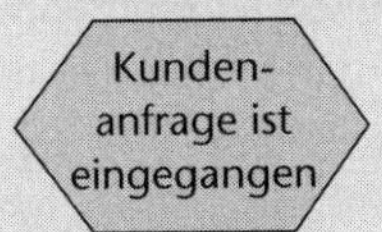
</td><td>Ereignis:
Auslöser einer Tätigkeit oder Abschluss einer Tätigkeit</td></tr>
<tr><td>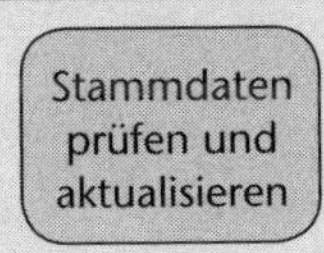
</td><td>Tätigkeit/Funktion:
Aufgabe bzw. Aktivität, die nach einem Ereignis anfällt bzw. erledigt werden muss</td></tr>
<tr><td>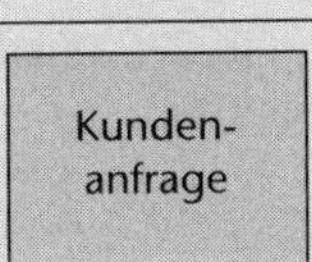
</td><td>Informationsobjekt:
Welche Daten werden benötigt, um die Aufgaben zu erfüllen bzw. welche Daten werden erzeugt?</td></tr>
</table>

1.8.2

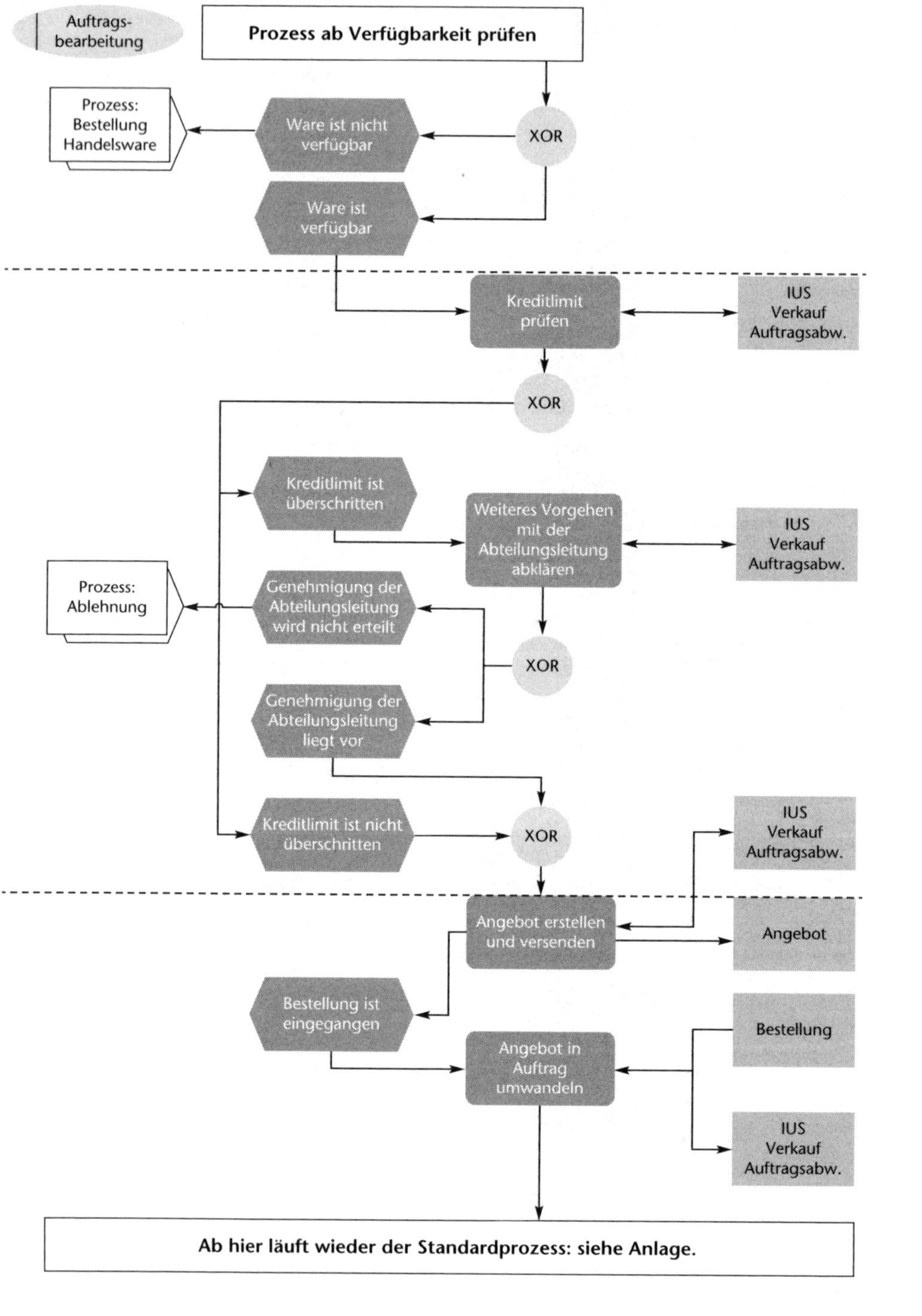
Auftrags-
bearbeitung
Prozess ab Verfügbarkeit prüfen
Prozess: Bestellung Handelsware
Ware ist nicht verfügbar
XOR
Ware ist verfügbar
Kreditlimit prüfen
IUS Verkauf Auftragsabw.
XOR
Kreditlimit ist überschritten
Weiteres Vorgehen mit der Abteilungsleitung abklären
IUS Verkauf Auftragsabw.
Prozess: Ablehnung
Genehmigung der Abteilungsleitung wird nicht erteilt
XOR
Genehmigung der Abteilungsleitung liegt vor
Kreditlimit ist nicht überschritten
XOR
IUS Verkauf Auftragsabw.
Angebot erstellen und versenden
Angebot
Bestellung ist eingegangen
Bestellung
Angebot in Auftrag umwandeln
IUS Verkauf Auftragsabw.
Ab hier läuft wieder der Standardprozess: siehe Anlage.

2 Leistungserstellungsprozesse

2.1 Aufgaben, Ziele und Schnittstellen der Produktionswirtschaft

1. Hauptaufgabe: Fertigung bedarfsgerechter Produkte

   Teilaufgaben: Produktionsplanung, Produktionsdurchführung, Produktionskontrolle

2.
   - optimale Kapazitätsauslastung
   - maximale Produktivität/Wirtschaftlichkeit
   - Fertigungskostenminimierung
   - Durchlaufzeitenminimierung
   - Lagerkostenminimierung
   - humane Arbeitsbedingungen

3. Zielkonflikt 1: humane Arbeitsbedingungen – maximale Produktivität

   (humane Arbeitsbedingungen durch interessantere Arbeitsplatzgestaltung bedeutet möglicherweise geringere Produktivität)

   Zielkonflikt 2: Lagerkostenminimierung – Durchlaufzeitenminimierung

   (Lagerkostenminimierung durch möglichst geringe Lagerhaltung führt evtl. gelegentlich zu Lagerengpässen → Durchlaufzeitenminimierung gefährdet)

4. Vgl. Stofftelegramm.

5. vom Absatzplan

2.2 Produktionsprogramm – Forschung und Entwicklung

1. Forschung: systematische Suche nach neuem Wissen und neuen Erkenntnissen

   Entwicklung: ingenieurwissenschaftliche Umsetzung der Forschungsergebnisse in Produkte und Verfahren

2. Forschung: Grundlagenforschung und Angewandte Forschung (vgl. Stofftelegramm)

   Entwicklung: Neu- und Weiterentwicklung sowie Erprobung (vgl. Stofftelegramm)

2.4 Bedarfsarten und Bedarfsermittlung

Bruttobedarf = Nettobedarf übergeordnete Komponente · Stücklistenmenge Nettobedarf = Bruttobedarf – disponierbarer Lagerbestand

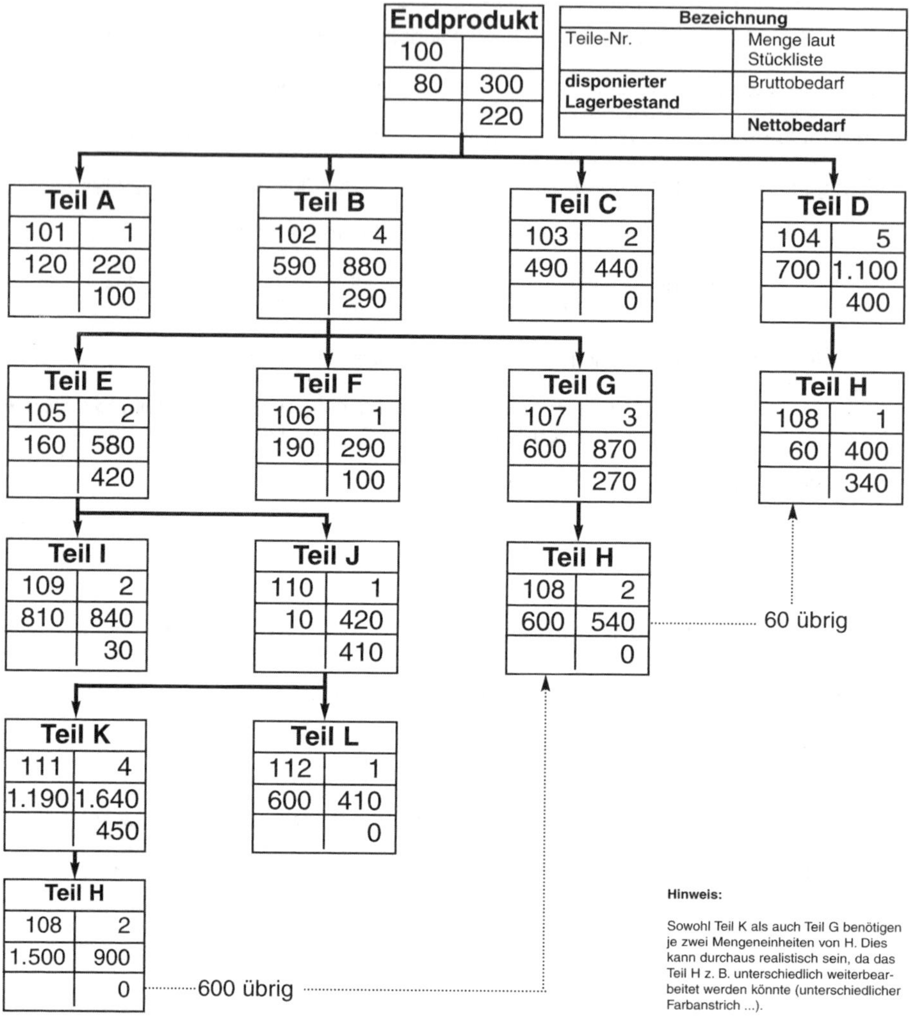

Hinweis:

Sowohl Teil K als auch Teil G benötigen je zwei Mengeneinheiten von H. Dies kann durchaus realistisch sein, da das Teil H z. B. unterschiedlich weiterbearbeitet werden könnte (unterschiedlicher Farbanstrich ...).

2.5 Produktion und Umwelt

1. • umweltfreundliche (recyclinggerechte) Materialauswahl
   • Schonung von Ressourcen und Energien
   • Vermeidung von Abfällen und Emissionen
   • umweltfreundliches Produzieren: Kreislaufwirtschaft statt Durchlaufwirtschaft; Beachtung gesetzlicher Regelungen

2. Kreislaufwirtschaft: Recycling („Wieder-in-Kreislauf-Bringen") = möglichst lückenlose Rückführung von Materialien, Abfällen usw. in den Produktions- und Verbrauchsprozess

   Durchlaufwirtschaft: „Wegwerfgesellschaft" (kein Recycling)

3. Vgl. Stofftelegramm.

2.6 Qualitätsmanagement (QM)

1. Haltbarkeit, Ausstattung, Zuverlässigkeit, Ästhetik, Kundendienst, Normgerechtigkeit ...

2.–5. Vgl. Stofftelegramm.

2.7 Abwicklung eines Kundenauftrags

1. Ablaufplanung (Arbeitsplan) – Bedarfsplanung

2. a) Ablaufplanung (Arbeitsplan): Reihenfolgeplanung, Transportplanung, Terminplanung

   b) Arbeitsplan: Was, wie, wo, womit, in welcher Zeit, durch wen fertigen?

   Bedeutung des Arbeitsplans: Grundlage für die gesamte Ablaufplanung

3. Bedarfsplanung: Betriebsmittel-, Material- und Personalplanung

4. Fertigungssteuerung: laufende Steuerung des Fertigungsprozesses

5. Vgl. Stofftelegramm.

6. Laufkarte: Enthält alle Arbeitsoperationen in zeitlicher Reihenfolge; „läuft" mit Werkstück mit.

7./8. Vgl. Stofftelegramm.

2.8 Fertigungsverfahren

1. a) Einzel-, Serien-, Massen-, Sorten-, Partie-, Chargen-, Kuppelproduktion

   b) Werkstätten-, Gruppen-, Reihen-, Fließ-, Baustellenfertigung

   c) Handarbeit, mechanisierte Produktion, Automation, flexible Fertigungssysteme

2.–7. Vgl. Stofftelegramm.

8. a) Wenn die Anordnung der Betriebsmittel nach dem Arbeitsablauf nicht möglich ist, weil die Zahl der Erzeugnisse mit unterschiedlichem Fertigungsgang sehr groß ist.

   b) Beschaffungsseite: Wegen der Vielzahl der zu produzierenden unterschiedlichen Erzeugnisse sind vergleichsweise weniger Großeinkäufe möglich als z. B. bei Fließfertigung. Entsprechend fallen höhere Beschaffungskosten an.

   Absatzseite: Anpassungsfähigkeit an Nachfrageschwankungen und Modeänderungen, da i. d. R. Universalmaschinen einsetzbar sind. Bewegliches System; Kundenwünsche gut berücksichtigungsfähig; relativ hohe Preise; evtl. bessere Qualität

9. a) kostengünstiger

   b) absatzpolitischen

   c) Lagerkosten

   d) optimale Losgröße

10. a) **Hinsichtlich Menge:** Serienfertigung (gleiche Produkte werden in begrenzter Stückzahl hergestellt); Sortenfertigung (aus demselben Ausgangsmaterial werden auf einer Produktionsanlage Produkte mit nur geringen Unterschieden erstellt); Übergang zur Massenfertigung fließend

    Hinsichtlich Fertigungsorganisation: Reihenfertigung (Maschinen nach Reihenfolge der vorzunehmenden Arbeiten angeordnet; keine zeitliche Bindung, also keine Fließfertigung)

    b) auflagefixe Kosten (= Rüstkosten) und Lagerkosten

    c) Rüstkosten/Stück sinken, Lagerkosten/Stück steigen (entgegengerichtete Kostenarten)

11. a) Sortenfertigung

    b) Reihenfertigung mit zeitlicher Bindung

    c) kurze Durchlaufzeiten (kostengünstig), keine Zwischenlagerkosten

    d) Werkstättenfertigung

2.9 Kosten und Beschäftigungsgrad – Produktionscontrolling

1. 60.000 Stück = 100,00 %
   50.000 Stück = **83,33 % Beschäftigungsgrad**

2./3. Vgl. Stofftelegramm.

4. a)

Prod.-menge Stück	Fix-kosten EUR	Variable Kosten EUR	Gesamt-kosten EUR	Stück-kosten EUR	Umsatz-erlöse EUR	Gewinn (Verlust) EUR
5	20.000,00	5.000,00	25.000,00	5.000,00	10.000,00	–15.000,00
10	20.000,00	10.000,00	30.000,00	3.000,00	20.000,00	–10.000,00
15	20.000,00	15.000,00	35.000,00	2.333,00	30.000,00	–5.000,00
20	20.000,00	20.000,00	40.000,00	2.000,00	40.000,00	0,00
25	20.000,00	25.000,00	45.000,00	1.800,00	50.000,00	+5.000,00
30	20.000,00	30.000,00	50.000,00	1.667,00	60.000,00	+10.000,00
35	20.000,00	35.000,00	55.000,00	1.571,00	70.000,00	+15.000,00
40	20.000,00	40.000,00	60.000,00	1.500,00	80.000,00	+20.000,00
45	20.000,00	45.000,00	65.000,00	1.444,00	90.000,00	+25.000,00
50	20.000,00	50.000,00	70.000,00	1.400,00	100.000,00	+30.000,00

   b) $p \cdot x = k_v \cdot x + K_f \rightarrow 2.000\,x = 1.000\,x + 20.000 \rightarrow$ **x = 20 Stück**
   c) 50 Stück (Kapazitätsgrenze)
   d) Stückkosten
   e) Vgl. analog Stofftelegramm.

5. a) 12.000 Stück = 100 %
   7.200 Stück = **60 %**

   b) Gesamtgewinn = U – K = 6,2 · 12.000 – 60.000 = **14.400,00 EUR**
   Stückgewinn = 14.4000 : 12.000 = 1,20 EUR; Fixkosten = 60.000 : 5 = **12.000,00 EUR (1,00 EUR/St.)**
   Var. Kosten = 60.000 – 12.000 = **48.000,00 EUR;** Var. Stückkosten = 48.000 : 12.000 = **4,00 EUR**

   c) Gesamtgewinn = U – K = 6,2 · 9.000 – (12.000 + 4 · 9.000) = **7.800,00 EUR**
   Stückgewinn = 7.800 : 9.000 = **0,87 EUR**

   d) U = K 6,2 x = 12.000 + 4 x → x = **5.455 Stück** (ca.)

   e) 6,2 x = 24.000 + 3 x → x = **7.500 Stück**

6.

80 % von 800 Stück =	640 Stück	= 88.000,00 EUR	640 St. · 100,00 EUR =
90 % von 800 Stück =	720 Stück	= 96.000,00 EUR	64.000,00 EUR var. Kosten
Differenz	80 Stück	= 8.000,00 EUR	88.000,00 EUR Ges.kosten (640 St.)
Variable Stückkosten	1 Stück	= **100,00 EUR**	**24.000,00 EUR Fixkosten**

7. a) Kosten Verfahren I = Kosten Verfahren II
   200 x + 10.000 = 300 x + 8.000
   kritische Menge x = 20

   b) Bis zur Produktionsmenge von 20 Stück ist Verfahren II günstiger, danach Verfahren I.

2.10 Rationalisierung

1. Vgl. Stofftelegramm.

2. Vorteile der Automation:
   - niedrige Stückkosten bei Vollbeschäftigung
   - Lohnkostenanteile an Gesamtkosten relativ gering
   - Qualitätsverbesserung durch Automatenarbeit
   - günstige Preise
   - Arbeitnehmer von gefährlichen Arbeiten und Routinearbeiten befreit
   - Arbeitskräfte leicht anlernbar

   Nachteile der Automation:
   - wenig flexibel
   - hohe Fixkosten (Vollbeschäftigung notwendig)
   - krisenanfällig
   - evtl. Entlassungen durch Rationalisierung
   - geringe Erfolgserlebnisse der Arbeitnehmer ...

3. Wenn große Mengen gleichartiger Erzeugnisse hergestellt werden.

4. Vgl. Stofftelegramm.

5. a) Genormte Einzelteile werden zu verschiedenen Typen zusammengesetzt.

   b) Kundenwünsche können besser berücksichtigt werden durch verschiedene Zusammensetzung der einzelnen Baugruppen.

6./7. Vgl. Stofftelegramm.

8. rechnergesteuerte Fabrik (CIM), schlanke Fabrik („Lean Production")

9.–11. Vgl. Stofftelegramm.

12. „Kaizen“ = kontinuierliches Verbessern der Prozesse im Unternehmen.

13. Vgl. Stofftelegramm.

14. • Verkaufspreiserhöhung (Leistung steigt) bei konstanter Ausbringungsmenge und konstanten Kosten oder
    • sinkende Kosten bei Konstanz der Umsatzerlöse (Leistung)

15. a) Produktivität 1 = $\frac{50.000}{100.000} = 0{,}5$ Produktivität 2 = $\frac{70.000}{120.000} = 0{,}58$

    Wirt. 1 = $\frac{50.000 \cdot 300}{100.000 \cdot 2} = 75$ Wirt. 2 = $\frac{70.000 \cdot 300}{120.000 \cdot 3} = 58$

    b) Die Produktivität ist gestiegen = Verbesserung im Produktionsprozess. Die Wirtschaftlichkeit ist durch die Erhöhung der Rohstoffpreise gesunken = Verschlechterung.

16. Arb.prod. 1 = $\frac{2.000}{3.840} = 0{,}52$ Arb.prod. 2 = $\frac{2.400}{4.416} = 0{,}54$

    Die Verbesserung ist z. B. zurückzuführen auf schnelleres Arbeiten, besseres Wetter (falls Klimaeinfluss), besseres Betriebsklima ...

17. Vgl. Stofftelegramm.

2.11 Prüfungsaufgaben

Prüfungsaufgaben Winter 2008/2009 (Aufgabe 1, teilweise)

1.1 Disponierbarer Lagerbestand = effektiver LB – Sicherheitsbestand – Reservierungen + Bestellbestand
Verfügbarer Lagerbestand = disponierbarer Lagerbestand – Bestellbestand

1.2 Siehe Lösungsvorschlag **Anlage**: Strukturbaum

1.3 Baukastenstückliste 4002

4006	Korkplatte	2 m^2
4007	Alurahmen	1 St.

2.1 Siehe Lösungsvorschlag **Anlage**: Strukturbaum

2.2 Spätestens am Betriebskalendertag 214 müssen die 1.560 m Aluprofil bestellt werden.

3.1 Optimale Losgröße: Rüstkosten + Lagerkosten → minimal

3.2 Mögliche Alternativen:

Alternative 1: Die Bedarfe werden jeweils zum benötigten Zeitpunkt gefertigt.
Alternative 2: Bündelung von Bedarf 1 und 2 zu einem Los, Bedarf 3 wird erst zum benötigten Zeitpunkt gefertigt.
Alternative 3: Bedarf 1 wird zum benötigten Zeitpunkt gefertigt, Bedarf 2 und 3 werden zu einem Los gebündelt.
Alternative 4: Alle drei Bedarfe werden zu einem Los gebündelt.

Lagerkosten: 54 % von 20,00 EUR = 10,80 EUR/360 → 0,03 EUR/Tag

	Bedarf 1	Bedarf 2	Bedarf 3	Summe
Alternative 1	Rüstkosten: 2.000,00 EUR	Rüstkosten: 2.000,00 EUR	Rüstkosten: 2.000,00 EUR	6.000,00 EUR
Alternative 2	Rüstkosten: 2.000,00 EUR	Lagerkosten: 1.500 St. · 30 Tage · 0,03 EUR/Tag = 1.350,00 EUR	Rüstkosten: 2.000,00 EUR	5.350,00 EUR
Alternative 3	Rüstkosten: 2.000,00 EUR	Rüstkosten: 2.000,00 EUR	Lagerkosten: 1.200 St. · 25 Tage · 0,03 EUR/Tag = 900,00 EUR	4.900,00 EUR
Alternative 4	Rüstkosten: 2.000,00 EUR	Lagerkosten: 1.500 St. · 30 Tage · 0,03 EUR/Tag = 1.350,00 EUR	Lagerkosten: 1.200 St. · 55 Tage · 0,03 EUR/Tag = 1.980,00 EUR	5.330,00 EUR

4.1 Bei einer Erhöhung der Produktion von 600 auf 800 Stück steigen die Kosten um 30.000,00 EUR.

Bei proportionalem Verlauf der variablen Kosten betragen die variablen Kosten je Stück 30.000 : 200 = 150,00 EUR.

4.2 Variable Kosten bei 600 Stück = 150 · 600 = 90.000,00 EUR
Fixe Gesamtkosten = 60.000,00 EUR (150.000,00 EUR – 90.000,00 EUR)

4.3 Umsatzerlöse = Gesamtkosten; 350x = 60.000 + 150x = 300 Stück

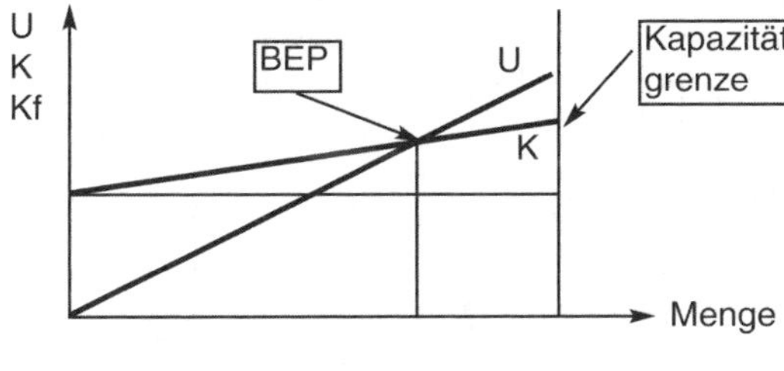

4.4 Beschäftigungsgrad 30 %

6.1 Arbeitsproduktivität: 0,3125 Stück/Stunde (1.000 Stück : 3.200 Std.)

Wirtschaftlichkeit: 1,25 (350.000 : 280.000)

Rentabilität: 9,33 % (70.000 · 100 : 750.000)

6.2 Individuelle Antworten, z. B.:

Produktivität:
- Optimierung der Arbeitsprozesse
- Reduzierung von Ausfallzeiten durch vorbeugende Instandhaltung

Wirtschaftlichkeit:
- Umsatzsteigerung durch Werbemaßnahmen
- Preiserhöhung
- Senkung der Ausschussquote

Rentabilität:
- sale and lease back
- Investitionen in energiesparende Technologien

Anlage

Hinweise:
Herstellzeiten = Zeiten, die zur eigenen Produktion der Teile benötigt werden
Wiederbeschaffungszeiten = Zeiten, die zur Wieder**beschaffung** der Teile benötigt werden

Bsp.: Stellwand:
Rückwärtsrechnung von BKT 240 (spätester Endtermin)
Herstellzeit 500 Stück/Tag von 4.001
Nettobedarf 1.000 Stück
Dauer = 1.000 Stück : 500 Stück/Tag = 2 Tage

Teile-Nr. Teile-Bezeichnung		
M	Menge lt. Stückliste	
B	Bruttobedarf	
dLB	Disponierbarer Lagerbestand	
N	Nettobedarf	
Start	Dauer	Ende

4001 Stellwand		
M	1 St.	
B	1.200 St.	
dLB	200 St.	
N	1.000	
238	2	240

4002 Korkrahmen		
M	1 St.	
B	1.000	
dLB	50 St.	
N	950	
233	5	238

4003 Ständer links		
M	1 St.	
B	1.000	
dLB	100	
N	900	
233	5	238

4004 Drehschrauben		
M	2 St.	
B	2.000 St.	
dLB	8.800 St.	
N	0 (-6.800)	
232	6	238

4005 Ständer rechts		
M	1 St.	
B	1.000	
dLB	100	
N	900	
235	3	238

4006 Korkplatte		
M	2 m²	
B	1.900 m²	
dLB	1.800 m²	
N	100 m²	
221	12	233

4007 Alurahmen		
M	1 St.	
B	950	
dLB	150	
N	800	
229	4	233

4013 Aluprofil Rahmen längs		
M	1.50 m	
B	1.200 m	
dLB	600 m	
N	600 m	
214	15	229

4014 Aluprofil Rahmen quer		
M	1.20 m	
B	960 m	
dLB	-600 m	
N	1.560 m	
214	15	229

4008 Stahlrohr		
M	1,60 kg	
B	1.440 kg	
dLB	1.200 kg	
N	240 kg	
225	10	235

4009 Fußteil links		
M	1 St.	
B	900	
dLB	1.500	
N	0 (-600)	
227	8	235

4010 Schrauben		
M	2 St.	
B	1.800	
dLB	24.950	
N	0(-213.50)	
232	3	235

4011 Stöpsel		
M	1 St.	
B	900 St.	
dLB	1.510 St.	
N	0 (-610)	
228	7	235

4008 Stahlrohr		
M	1,60 kg	
B	1.440 kg	
dLB	-240 kg	
N	1.680 kg	
225	10	235

4012 Fußteil rechts		
M	1 St.	
B	900	
dLB	1.500	
N	0 (-600)	
227	8	235

4010 Schrauben		
M	2 St.	
B	1.800	
dLB	23.150	
N	0(-21.350)	
232	3	235

4011 Stöpsel		
M	1 St.	
B	900 St.	
dLB	610 St.	
N	290 St.	
228	7	235

1.2 Es müssen mindestens
5 Platten Kork à 20 m² bestellt werden → 100 m²,
1.560 m ALUPROFIL (600 m + 960 m).

Prüfungsaufgaben Winter 2009/2010 (Aufgabe 2)

1.1 vier Baustufen

1.2 Eigenfertigung – Fremdbezug

Komponenten Fremdbezug (FB)
5007 Niete
5008 Flachstahl
5009 Granulat

Es liegen keine Arbeitspläne vor bzw. es liegen keine Baukästen für diese Komponenten vor.

1.3 Zu einem Baukasten gehören immer nur Komponenten der unmittelbar darunter liegenden Fertigungsstufe. Dieses Erzeugnis weist sieben Baukästen auf.

1.4 Strukturstückliste:

Strukturstückliste: Büroschere aus Stahl 5000						
Baustufe				Art.-Nr.	Komponentenbezeichnung	Menge/Einheit
1				5001	Scherenteil links	1 Stück
	2			5005	Stanzteil links	1 Stück
		3		5008	Flachstahl	0,05 kg
	2			5003	Kunststoffgriff links	1 Stück
		3		5009	Granulat	0,02 kg
1				5002	Scherenteil rechts	1 Stück
	2			5006	Stanzteil rechts	1 Stück
		3		5008	Flachstahl	0,05 kg
	2			5004	Kunststoffgriff rechts	1 Stück
		3		5009	Granulat	0,02 kg
1				5007	Niete	1 Stück

1.5 Über die Strukturstückliste wird der gesamte Aufbau des Enderzeugnisses sichtbar. Zudem wird für jede Komponente die Fertigungsstufe ausgewiesen.

1.6 Bruttobedarf Büroschere = 4.000 Stück
Nettobedarf Büroschere = 3.500 Stück
Bruttobedarf Flachstahl = 3.500 · 0,05 kg = 175 kg · 2 = 350 kg
Nettobedarf Flachstahl = 350 kg – 60 kg = 290 kg
Bruttobedarf Granulat = 3.500 · 0,02 kg = 70 kg · 2 = 140 kg
Nettobedarf Granulat = 140 kg – 15 kg = 125 kg
Es müssen 290 kg Flachstahl und 125 kg Granulat bestellt werden.

1.7.1 Die Rüstzeit ist eine Vor- und Nachbearbeitungszeit für die Durchführung des Auftrags.
Bsp.: Zeichnung lesen, Heranholen von Werkzeugen und Materialien

1.7.2 Stanzteil links = 15 + (800 + 1.600 + 2.000) = 4.415 Min.
Stanzteil rechts = 15 + (800 + 1.600 + 2.000) = 4.415 Min.
Kunststoffgriff links = 10 + (2.000 + 2.000) = 4.010 Min.
Kunststoffgriff rechts = 10 + (2.000 + 2.000) = 4.010 Min.

Frühester Beginn Scherenteil links und rechts nach 4.415 Min.

Scherenteil links = 10 + 400 = 410 Min.
Scherenteil rechts = 10 + 400 + 400 = 810 Min.

Frühester Beginn Büroschere aus Stahl nach 5.635 Min.

Büroschere aus Stahl = 10 + 1.200 + 800 = 2.010 Min.
Fertigungszeit = 7.645 Min. = 7,96 Tage → 8 BKT
Spätester Beginn am 212. Betriebskalendertag (220 – 8)

1.7.3 Grundlage für die Kalkulation (Arbeitszeiten, Maschinen- und Arbeitsplatzbelegung)
Grundlage für die Personaleinsatzplanung
Dokumentation für die Zertifizierung

2.1 Fixe Kosten bleiben gleich, unabhängig von der Ausbringungsmenge.
Beispiele: Abschreibung, Zinsen, Miete usw.
Variable Kosten verändern sich mit der Ausbringungsmenge.
Beispiele: Materialkosten, Akkordlöhne

2.2 Variable Kosten = 16.000 : 4.000 = 4,00 EUR
Fixe Kosten = 12.000,00 EUR (36.000,00 EUR – (6.000 Stück · 4,00 EUR))

Gewinnschwelle → Umsatzerlöse = Gesamtkosten
$6x = 4x + 12.000$
$x = 6.000$ Stück
Ab 6.001 Stück befindet sich das Produkt in der Gewinnzone.

2.3 Kapazitätsgrenze 12.000 Stück
12.000 · 6,00 EUR – 12.000 · 4,00 EUR – 12.000,00 EUR
72.000,00 – 60.000,00 = 12.000,00 EUR
Gewinn an der Kapazitätsgrenze 12.000,00 EUR (Alternative 14.800,00 EUR)

2.4

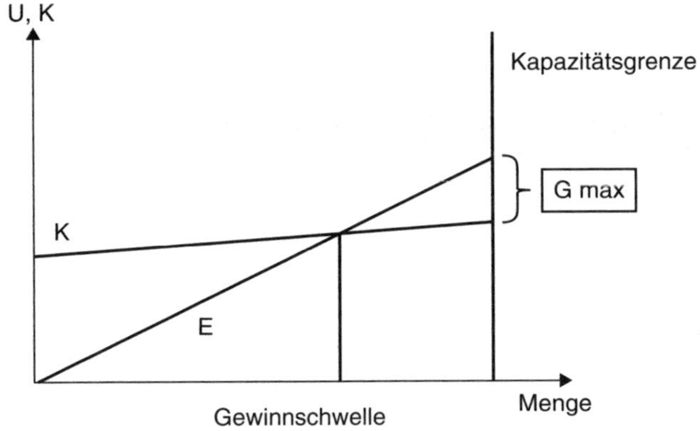

2.5 Annahmen:

- Der Umsatz soll die Kosten decken.
  - Der Umsatz soll zuerst die fixen Kosten decken.
  - Der Umsatz soll dann die variablen Kosten decken.
- Dann sollen noch 5 % vom Umsatz übrig bleiben.

Umsatz = Kosten + Umsatz · 5 %

$p \cdot x = K_{fix} + k_v \cdot x + (p \cdot x) \cdot 0{,}05$

$6 \cdot x = 12.000 + 4 \cdot x + 6 \cdot x \cdot 0{,}05$

$6 \cdot x = 12.000 + 4x + 0{,}3x \qquad | -4x; -0{,}3x$

$1{,}7x = 12.000 \qquad | : 1{,}7$

$x = 7.058{,}82$ Stück

(Alternativlösung: 6.666,66 Stück)

2.6 Der Preis sollte 4,00 EUR betragen, weil mindestens die variablen Stückkosten gedeckt sein müssen (kurzfristige Preisuntergrenze).

3.1 Kosten Eigenfertigung = Kosten Fremdbezug
$12.000 + 4x = 5{,}80x \rightarrow x = 6.666{,}66$

Bis zu einer Produktion von 6.666 Stück lohnt sich der Fremdbezug.

(Alternativlösung 6.363,63 Stück)

3.2 Qualität, Arbeitsplätze, Transportzeiten und -wege, Image, Zuverlässigkeit, Know-how, Abhängigkeit etc.

4. Schülerabhängige Antwort, Beispiele:

- Prozessoptimierung (z. B. Rüstzeiten, Losgrößen, Durchlaufzeiten etc.)
- Lean Production
- Lean Production
- Mitarbeiterqualifizierung

Prüfungsaufgaben Winter 2010/2011 (Aufgabe 2)

1. **Baukastenstücklisten**

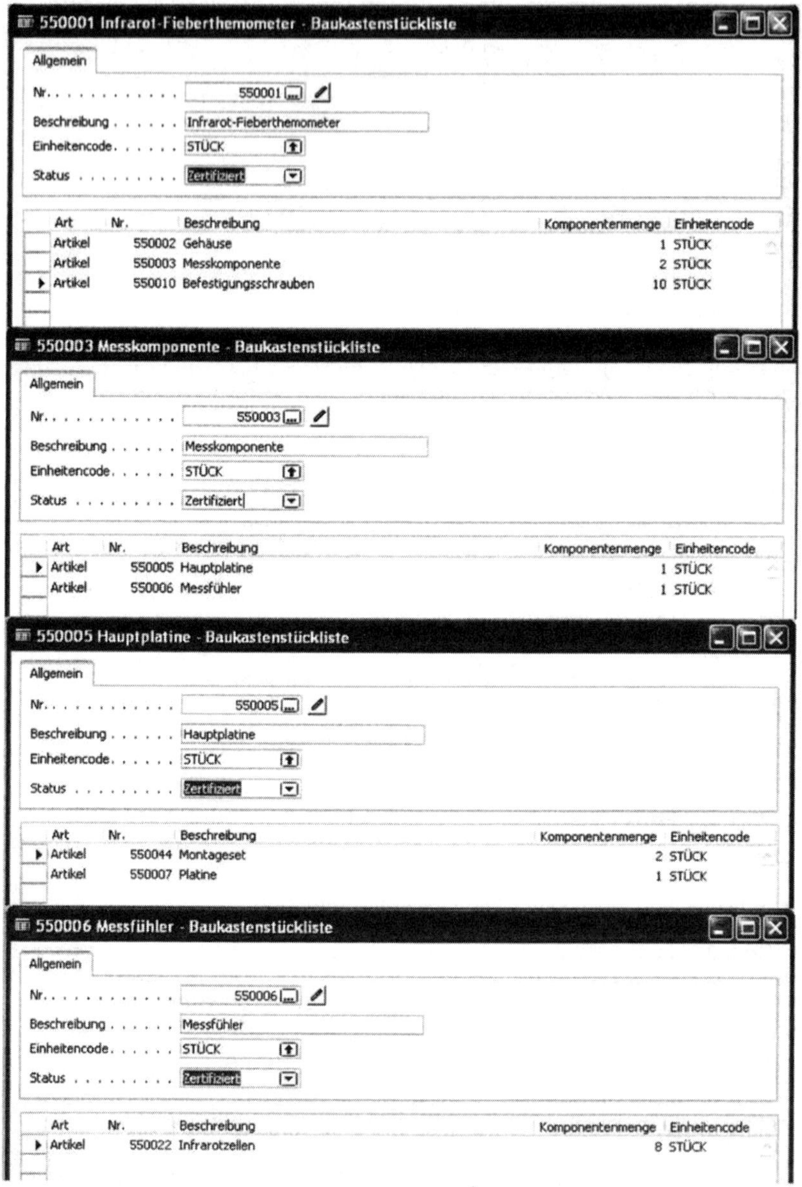

550001 Infrarot-Fieberthemometer - Baukastenstückliste

Allgemein

Nr. 550001

Beschreibung . . . . . . Infrarot-Fieberthemometer

Einheitencode. . . . . . STÜCK

Status . . . . Zertifiziert

Art	Nr.	Beschreibung	Komponentenmenge	Einheitencode
Artikel	550002	Gehäuse	1	STÜCK
Artikel	550003	Messkomponente	2	STÜCK
Artikel	550010	Befestigungsschrauben	10	STÜCK

550003 Messkomponente - Baukastenstückliste

Allgemein

Nr. 550003

Beschreibung . . . . . . Messkomponente

Einheitencode. . . . . . STÜCK

Status . . . . Zertifiziert

Art	Nr.	Beschreibung	Komponentenmenge	Einheitencode
Artikel	550005	Hauptplatine	1	STÜCK
Artikel	550006	Messfühler	1	STÜCK

550005 Hauptplatine - Baukastenstückliste

Allgemein

Nr. 550005

Beschreibung . . . . . . Hauptplatine

Einheitencode. . . . . . STÜCK

Status . . . . Zertifiziert

Art	Nr.	Beschreibung	Komponentenmenge	Einheitencode
Artikel	550044	Montageset	2	STÜCK
Artikel	550007	Platine	1	STÜCK

550006 Messfühler - Baukastenstückliste

Allgemein

Nr. 550006

Beschreibung . . . . . . Messfühler

Einheitencode. . . . . . STÜCK

Status . . . . Zertifiziert

Art	Nr.	Beschreibung	Komponentenmenge	Einheitencode
Artikel	550022	Infrarotzellen	8	STÜCK

2. **Strukturstückliste**

Zum 13.04.10
MACON GmbH I Produktion KI

Ebene	Nr.	Beschreibung	Menge/Einheit	Einheitencode	Totale Menge
Artikel: Nr.:	550001				
550001	Infrarot-Fieberthermometer				
1	550002	Gehäuse	1	STÜCK	1
1	550003	Messkomponente	2	STÜCK	2
2	550005	Hauptplatine	1	STÜCK	2
3	550044	Montageset	2	STÜCK	4
3	550007	Platine	1	STÜCK	2
2	550006	Messfühler	1	STÜCK	2
3	550022	Infrarotzellen	8	STÜCK	16
1	550010	Befestigungsschrauben	10	STÜCK	10

3. Bei Störungen im Beschaffungs- und Produktionsbereich wird ersichtlich, welche Baugruppe/Aufträge davon betroffen sind. Somit können Maßnahmen, wie z. B. Ersatzbeschaffung, eingeleitet werden.

4.1 **Erzeugnisstruktur**

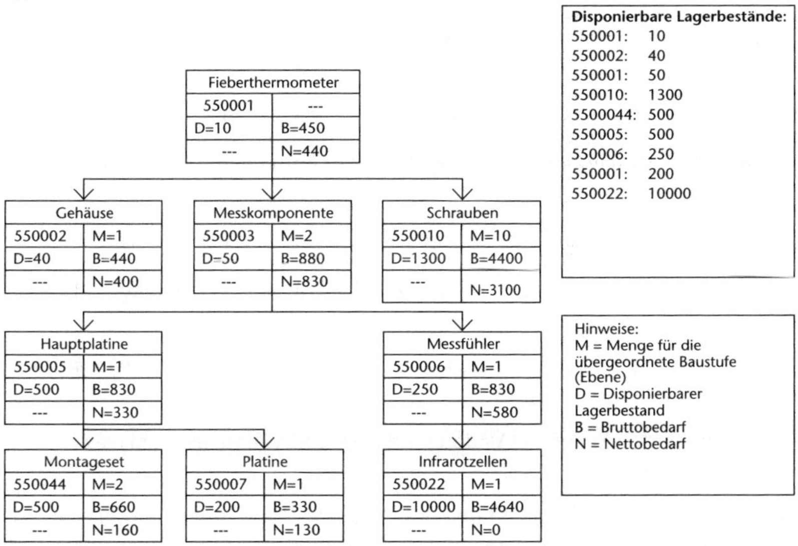

4.2 Gehäuse, Schrauben, Montageset, Platine

5.1 Raumkosten, Zinsbindungskosten, Versicherung, Personalkosten, Abschreibung

5.2

Auftragsmenge	Liefertermin	Tage	Lagerkosten/Stück	Lagerkosten
100	15.11.			
200	22.11.	7	0,09 EUR	126,00 EUR
150	06.12.	21	0,09 EUR	283,50 EUR
				409,50 EUR

		Rüstkosten	Lagerkosten	Gesamtkosten
drei getrennte Aufträge		750,00 EUR	0,00 EUR	750,00 EUR
alle drei Aufträge zusammen		250,00 EUR	409,50 EUR	659,50 EUR
Einsparung				90,50 EUR

5.3 Fertigstellung zum Liefertermin 15.11.2010

5.4

Rüstzeit	Stückzeit	x	Minuten
3	15	450	6.753
		Stunden	112,55
		Tage	14,06875
		Tage	14
		Stunden	1

6.1 Schülerindividuell, z. B.:

Unsere Ingenieure beantworten Fragen von Kunden oft sehr technisch und umständlich.

Verbesserungsvorschlag: Anwendungsschulung der Ingenieure, Seminar für Produktpräsentation

Gebrauchsanweisungen für die Geräte sind nicht präzise genug.

Verbesserungsvorschlag: größere Sorgfalt bei der Formulierung der Gebrauchsanweisung, Bebilderung, Testpersonen

Bei einigen Geräten wird bemängelt, dass die Messungen ungenau sind.

Verbesserungsvorschlag: Qualitätskontrolle intensivieren, hochwertigere Materialien verwenden

6.2 Vorteile: Prozessstabilisierung, Qualitätsbewusstsein der Mitarbeiter wird gestärkt, Erhöhung der Kundenzufriedenheit

Risiken: mangelnde Akzeptanz, Widerstände bei Einführung, ein positives Kosten-Nutzen-Verhältnis ist nicht gewährleistet

7. Prozessoptimierung, Standardisierung der Produkte, Typisierung, Organisation nach dem Baukastensystem, Qualitätsverbesserung, Modernisierung des Maschinenparks etc.

Prüfungsaufgaben Sommer 2013 (Aufgabe 2)

2.1

Baukastenstückliste	Artikelnummer: 25000	Bezeichnung: Barhocker	
Artikelnummer	Komponentenbezeichnung	Menge	Mengeneinheit
25001	Sitz	1	St.
25002	Befestigungselement	4	St.
25003	Stahlrohrgestell	1	St.
25004	Abdeckkappe	2	St.

Baukastenstückliste	Artikelnummer: 25003	Bezeichnung: Stahlrohrgestell	
Artikelnummer	Komponentenbezeichnung	Menge	Mengeneinheit
25010	Seitenkomponente	2	St.
25020	Längsverbindung	1	St.

Baukastenstückliste	Artikelnummer: 25010	Bezeichnung: Seitenkomponente	
Artikelnummer	Komponentenbezeichnung	Menge	Mengeneinheit
25011	Stahlrohr 80 cm	2	St.
25012	Stahlrohr 45 cm	2	St.
26013	Schrauben	4	St.

Baukastenstückliste	Artikelnummer: 25020	Bezeichnung: Längsverbindung	
Artikelnummer	Komponentenbezeichnung	Menge	Mengeneinheit
25012	Stahlrohr 45 cm	4	St.
26013	Schrauben	4	St.

2.2 Termingerechte Fertigung ist sinnvoll, da dadurch die Gesamtkosten um 156,50 EUR niedriger sind:

Menge	110 Stück	90 Stück	
Liefertermin	21.05.	17.07.	
Alternative 1	**Termingerechte Fertigung**		
Rüstkosten	100,00 EUR	100,00 EUR	
Lagerkosten			
Gesamtkosten			200,00 EUR
Alternative 2	**Komplette Fertigung zum 21.05.**		
Rüstkosten	100,00 EUR		
Lagerdauer		57 Tage	
Lagerkosten		256,50 EUR (90 St. · 75,00 EUR · 0,24/360 · 57)	
Gesamtkosten			356,50 EUR

2.3 Siehe **Anlage 1**.

2.4 Der Starttermin für die am frühesten zu beschaffende Komponente liegt vor dem Datum des Auftragseingangs!
Der Auftrag ist nur annehmbar, wenn z. B. Beschaffungszeiten für die Stahlrohre um zwei Werktage verkürzt werden können und/oder die Fertigungszeiten durch Überstunden, Zusatzschichten o. Ä. verkürzt werden können.

2.5

2400	Forderungen a. LL.	90.023,50	an	5000	Umsatzerl. f. Erzeugnisse	75.650,00
				4800	USt.	14.373,50

Lagerbestand und Menge im Auftrag sinken um die ausgelieferte Menge 1.000 St.

2.6

5001	Preisnachl. und Rücks.	1.513,00	an	2400	Forderungen a. LL.	1.800,47
4800	USt.	287,47				

2.7 Bisher erzielten wir 31,25 EUR Gewinn je St.; eine Preissenkung auf 99,00 EUR führt aber zu einem Verlust, deshalb ist die wirtschaftliche Situation unbefriedigend.
Es wäre zu prüfen, ob der Deckungsbeitrag des Produkts größer oder gleich null ist.

Möglichkeiten der Kostenreduzierungen in den Bereichen:

Materialwirtschaft:
Günstigere Bezugsquellen suchen, Einkaufskonditionen neu verhandeln, Lagerkosten senken, indem die Mindestbestände gesenkt werden, Rahmenverträge abschließen ...

Produktion:
Ausschuss minimieren, Durchlaufzeiten verkürzen, Losgrößen optimieren, Energieeffizienzmaßnahmen ergreifen ...

Marketing:
Provisionssätze überprüfen bzw. senken, Werbekosten senken, günstigere Spediteure ermitteln ...

Personal:
Freiwillige Leistungen überprüfen, Personalfreisetzung, Personalleasing überprüfen ...

Argumente für unseren höheren Verkaufspreis:
bessere Produkt- und Materialqualität, längere Garantielaufzeit, passende Komplementärprodukte, Liefertreue, Nachkaufgarantie, persönliche Kundenbetreuung ...

Anlage 1

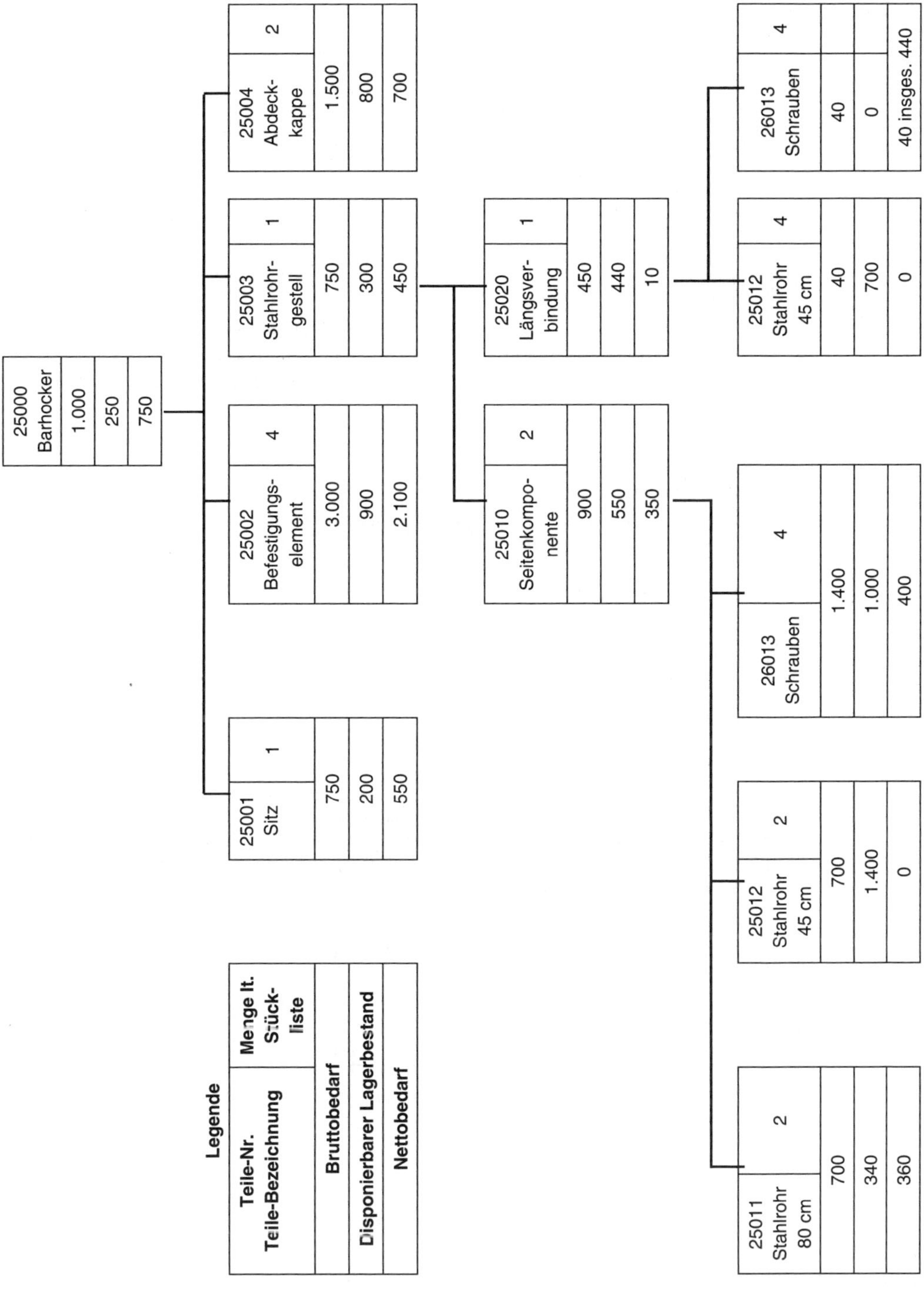
25000
Barhocker
1.000
250
750
25001
Sitz
1
750
200
550
25002
Befestigungs-
element
4
3.000
900
2.100
25003
Stahlrohr-
gestell
1
750
300
450
25004
Abdeck-
kappe
2
1.500
800
700
25010
Seitenkompo-
nente
2
900
550
350
25020
Längsver-
bindung
1
450
440
10
25011
Stahlrohr
80 cm
2
700
340
360
25012
Stahlrohr
45 cm
2
700
1.400
0
26013
Schrauben
4
1.400
1.000
400
25012
Stahlrohr
45 cm
4
40
700
0
26013
Schrauben
4
40
0
40 insges. 440
Legende
Teile-Nr.
Teile-Bezeichnung
Menge lt.
Stück-
liste
Bruttobedarf
Disponierbarer Lagerbestand
Nettobedarf

Prüfungsaufgaben Winter 2014/2015 (Aufgabe 1)

1.1 Baukastenstücklisten:

E1	
Bezeichnung	Menge
B1	1
T1	18
T2	4
T3	4
B2	1

B1	
Bezeichnung	Menge
T4	1
T5	2
T6	1
T7	2
T8	1

B2	
Bezeichnung	Menge
T9	1
T10	2
B3	2
T1	8

B3	
Bezeichnung	Menge
T7	2
T11	2

Strukturstückliste Tisch AS2:

Ebene/Baustufe			Bezeichnung	Menge/Einheit
1			B1	1 Stück
	2		T4	1 Stück
	2		T5	2 Stück
	2		T6	1 Stück
	2		T7	1 Stück
	2		T8	1 Stück
1			T1	18 Stück
1			T2	4 Stück
1			T3	4 Stück
1			B2	1 Stück
	2		T9	1 Stück
	2		T10	2 Stück
	2		B3	2 Stück
		3	T7	4 Stück
		3	T11	4 Stück
	2		T1	8 Stück

Die Strukturstückliste wird erstellt, um die Konsequenzen von Störungen im Produktions- bzw. Beschaffungsprozess zu erkennen.

1.2 Mehrfachverwendung von Baugruppen in unterschiedlichen Enderzeugnissen führt zu einer vereinfachten Beschaffung der erforderlichen Fremdbezugsteile. Daraus resultiert eine übersichtlichere und wirtschaftlichere Lagerhaltung.

Die Arbeitsorganisation wird flexibler und ermöglicht eine differenzierte Produktgestaltung. Die Produktion kann leicht angepasst werden. Deshalb wird das Baukastenprinzip bei komplexeren Erzeugnissen häufig angewandt.

1.3

Baugruppe B 1		Arbeitsplatz	Rüstzeit in Min.	Ausführungszeit in Min.	Ausführungszeit in Min. für 50 Tische	Auftragszeit in Min.
T4	Schubladenboden aussägen	010	25	3	150	175
T5	2 Schubladenseitenwände aussägen	012	25	2	100	125
T6	Schubladenrücken aussägen	015	25	2	100	125
T7	2 Scharniere stanzen	018	50	0,5	25	75
T8	leimen	200	25	4	200	225

Baugruppe B 2

T9	große Tischplatte aussägen	011	25	8	400	425
T10	2 kleine Tischplatten aussägen	013	25	5	250	275
T1	8 Schrauben anbringen	210	12,5	2	100	112,5

Baugruppe B 3

T7	2 Scharniere stanzen	300	50	0,5	50	100
T11	2 Halterungen anbringen	220	12,5	1	100	112,5

	Gesamte Auftragszeit in Min.		1.750
	Gesamte Auftragszeit in Std.		29,16

Rüstzeit: Zeit, die benötigt wird, um einen Arbeitsplatz für die Durchführung eines Arbeitsvorganges vorzubereiten und anschließend wieder in den Ausgangszustand zurückzuversetzen. Sie fällt für jeden Arbeitsvorgang unabhängig von der Stückzahl nur einmal an und ist deshalb auflagefix.

Ausführungszeit: Zeit, die für die Bearbeitung der Werkstücke am jeweiligen Arbeitsplatz benötigt wird. Sie ist von der Stückzahl abhängig und hat somit variablen Charakter.

Maßnahmen zur termingerechten Auslieferung:
- Verschiebung von eingeplanten Aufträgen
- Überstunden
- Sonder- bzw. Zusatzschichten
- kurzfristiges Fremdpersonal/Leiharbeit
- innerbetrieblicher Querausgleich

1.4

Bruttobedarf	(1 + 4) · 50	250
– verfügbarer Lagerbestand		20
– Bestellbestand		60
Nettobedarf		190

1.5 Kosten Eigenfertigung = Kosten Fremdbezug

$$\begin{aligned} 7.000 + 250\,x &= 405\,x \\ 7.000 &= 155\,x \\ x &= 7.000 : 155 \\ &= 45{,}16 \text{ Stück} \end{aligned}$$

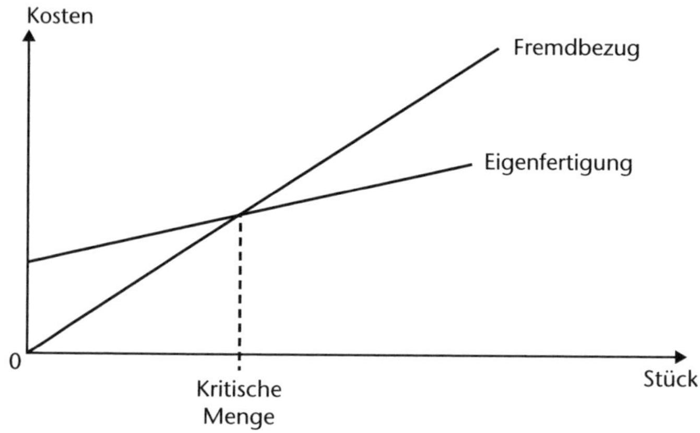

Vorschlag: Unter Kostengesichtspunkten ist die Eigenfertigung ab einer Menge von 46 günstiger als der Fremdbezug.

Vorteile Eigenfertigung: Kapazitätsauslastung, Erhaltung von Arbeitsplätzen und Fachwissen, Unabhängigkeit ...

Vorteile Fremdbezug: keine Investitionen, keine zusätzliche Fixkosten, Nutzung von Spezial-Know-how der Zulieferer, keine Personalbindung ...

1.6

Anzahl Lose	Losgröße	Durchschn. LB St.	Durchschn. LB in EUR Kapitaleinsatz	Lagerkosten in EUR	Auflagefixe Kosten in EUR	Gesamtkosten in EUR
1	600	300	75.000,00	15.000,00	1.500,00	16.500,00
2	300	150	37.000,00	7.500,00	3.000,00	10.500,00
3	200	100	25.000,00	5.000,00	4.500,00	9.500,00
4	150	75	18.750,00	3.750,00	6.000,00	9.750,00
5	120	60	15.000,00	3.000,00	7.500,00	10.500,00

Die optimale Losgröße liegt bei 200 Stück.

Handlungsempfehlung: Aufgrund der Berechnung ist eine Losgröße von 200 empfehlenswert, da dadurch die Gesamtkosten in Höhe von 9.500,00 EUR am niedrigsten sind.

Prüfungsaufgaben Sommer 2016 (Aufgabe 1, teilweise)

1.1 Siehe **Anlage 1.**

Herstellungszeit für die Alustange 25020 laut Arbeitsplan in Dezimalminuten:
Herstellungszeit = Rüstzeit + Bearbeitungszeit · Menge (Stück)
T = tr + te · x
T = 30 + 24 · 30 Stück (Nettobedarf)
T = 750 Dezimalminuten (1 Std. = 100 Dezimalminuten 750 : 100 =), dies entspricht einem Arbeitstag von 7,5 Stunden

Wenn die Bestellung der Alurohre 25022 am 86. BKT veranlasst wird, kann dem gewünschten Liefertermin des Kunden entsprochen werden, sofern die weiteren Produktions- und Wiederbeschaffungszeiten eingehalten werden.

Anlage 1

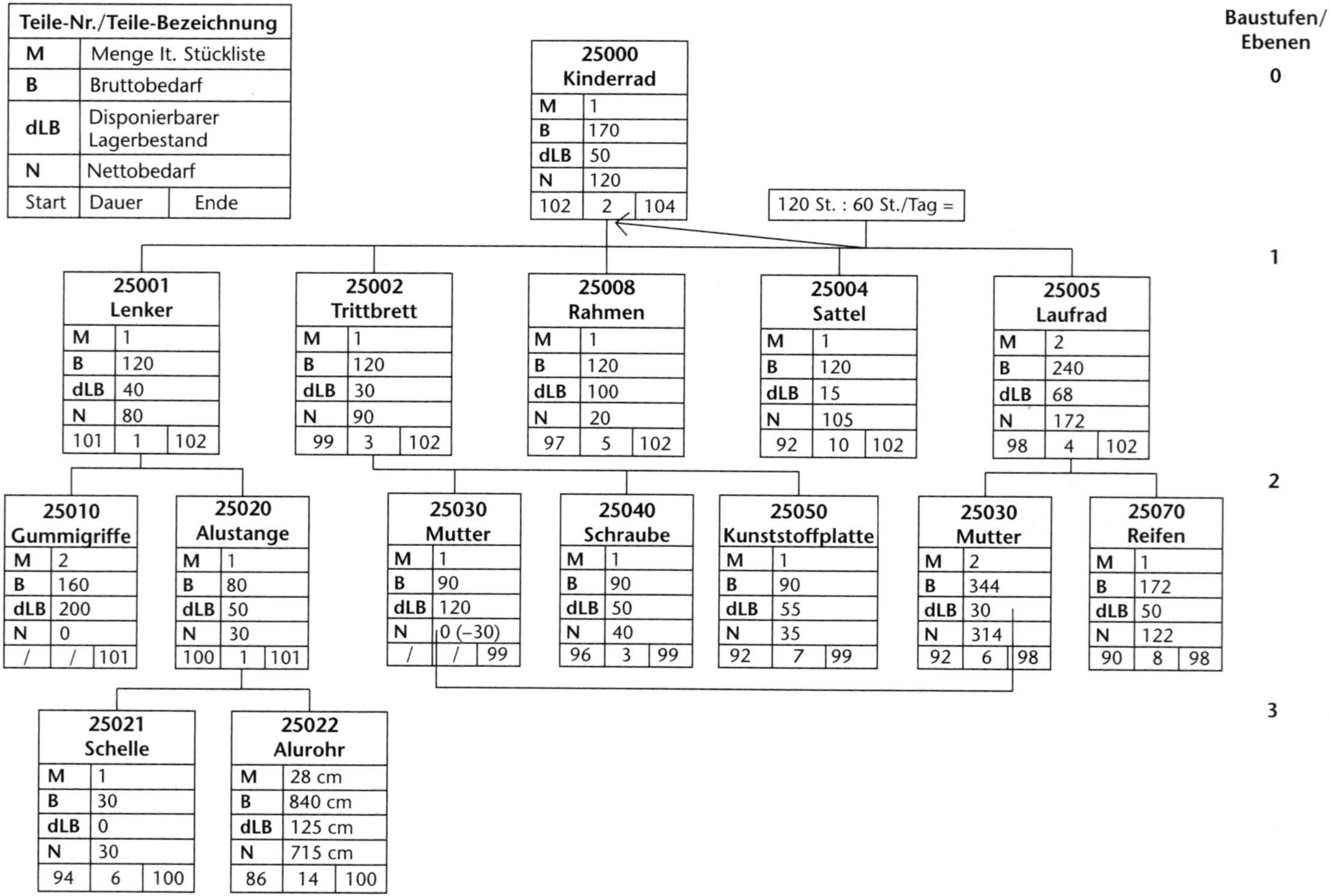
Teile-Nr./Teile-Bezeichnung
M Menge lt. Stückliste
B Bruttobedarf
dLB Disponierbarer Lagerbestand
N Nettobedarf
Start Dauer Ende
Baustufen/ Ebenen
0
1
2
3
25000 Kinderrad
M 1
B 170
dLB 50
N 120
102 2 104
120 St. : 60 St./Tag =
25001 Lenker
M 1
B 120
dLB 40
N 80
101 1 102
25002 Trittbrett
M 1
B 120
dLB 30
N 90
99 3 102
25008 Rahmen
M 1
B 120
dLB 100
N 20
97 5 102
25004 Sattel
M 1
B 120
dLB 15
N 105
92 10 102
25005 Laufrad
M 2
B 240
dLB 68
N 172
98 4 102
25010 Gummigriffe
M 2
B 160
dLB 200
N 0
/ / 101
25020 Alustange
M 1
B 80
dLB 50
N 30
100 1 101
25030 Mutter
M 1
B 90
dLB 120
N 0 (–30)
/ / 99
25040 Schraube
M 1
B 90
dLB 50
N 40
96 3 99
25050 Kunststoffplatte
M 1
B 90
dLB 55
N 35
92 7 99
25030 Mutter
M 2
B 344
dLB 30
N 314
92 6 98
25070 Reifen
M 1
B 172
dLB 50
N 122
90 8 98
25021 Schelle
M 1
B 30
dLB 0
N 30
94 6 100
25022 Alurohr
M 28 cm
B 840 cm
dLB 125 cm
N 715 cm
86 14 100

3 Beschaffungsprozesse

3.1 Aufgaben, Ziele und Schnittstellen der Beschaffung

1.–3. Vgl. Stofftelegramm.

3.2 Beschaffungsplanung

1. Mengen- und Zeitplanung

2. Bedarfsmenge: von den Betriebsabteilungen angeforderte Materialmenge innerhalb einer bestimmten Periode

   Bestellmenge: jeweils tatsächlich bestellte Menge

3. a) Entgegengerichtete Kostengrößen: Beschaffungs- und Lagerkosten

   Begründung: Hohe Bestellmengen bedeuten geringe Beschaffungskosten (hohe Mengenrabatte; geringere Bestellzahl je Periode, somit weniger Verwaltungsaufwand ...), jedoch hohe Lagerkosten (großes Lager notwendig, längere Lagerdauer ...) und umgekehrt.

   b) Optimale Bestellmenge: Summe aus Beschaffungs- und Lagerkosten erreicht ihr Minimum.

4. Meldebestand = tägl. Verbrauch · Lieferzeit + Eiserner Bestand

   a) $600 \cdot 8 + 5.000 = x$
   $x = 9.800$ Stück

   b) $12.000 = 600 \cdot 8 + x$
   $x = 7.200$ Stück

   c) $14.000 = x \cdot 8 + 6.000$
   $x = 1.000$ Stück

   d) $14.000 = 2.000\,x + 6.000$
   $x = 4$ Tage

5. 1. Vorratsbeschaffung: Bestellpunkt- und Bestellrhythmusverfahren

   2. Fertigungssynchrone Beschaffung

6.–7. Vgl. Stofftelegramm.

3.3 ABC-Analyse

1.–2. Vgl. Stofftelegramm.

3. a)

Art.-Nr.	Verbrauch/Jahr in EUR	% der Gesamtmenge einfach	kumuliert	% des ges. Verbr.wertes einfach	kumuliert	Gut? ABC
1	400.000,00	10	10	50	50	A
2	280.000,00	10	20	35	85	A
3	80.000,00	10	30	10	95	B
4	20.000,00	10	40	2,50	97,50	C
5	6.000,00	10	50	0,75	98,25	C
6	4.000,00	10	60	0,50	98,75	C
7	4.000,00	10	70	0,50	99,25	C
8	3.000,00	10	80	0,38	99,63	C
9	2.000,00	10	90	0,25	99,88	C
10	1.000,00	10	100	0,12	100	C
Σ	800.000,00					

b) Artikel 1 und 2 (A-Güter), z. T. Artikel 3 (B-Gut); Begründung: vgl. Stofftelegramm

c) ... 20 % ... ... 85 % ...

3.4 Beschaffungsmarktforschung

Vgl. Stofftelegramm.

3.5 Angebotsvergleich

1. Preis, Preisnachlässe, Liefer- und Zahlungsbedingungen, Qualität, Zuverlässigkeit, Kundendienst, Beratung, eventuelle Gegengeschäfte ...

2.

Entscheidungs-kriterien	Gewichtung %	Lieferer A		Lieferer B	
		Punkte	gewichtete Punkte	Punkte	gewichtete Punkte
Preis	30	3	90	3	90
Zuverlässigkeit	25	4	100	3	75
Kundendienst	15	5	75	3	45
Beratung	10	4	40	5	50
Insolvenzrisiko	20	2	40	5	100
Punktesumme	100		345		**360**

Lieferer B erhält den „Zuschlag“.

3.7 Zahlungsabwicklung

Vgl. Stofftelegramm.

3.9 Lager – Grundlagen

1./2. Vgl. Stofftelegramm.

3. a) Zentrales Lager: Lagerung sämtlicher Vorräte an einem Ort

   Dezentrales Lager: Lager an verschiedenen Orten, d. h. mehrere verteilte Lagerstandorte – möglichst nahe an Arbeitsplätzen

   b) Vorteile zentraler Lager:
   - übersichtlich
   - geringe Raum- und Einrichtungskosten
   - einfachere Kontrolle

   Nachteile zentraler Lager:
   - längere Transportwege (Kosten!)
   - höheres Risiko, da alle Güter an einem Ort lagern

   Vor- und Nachteile dezentraler Lager: analog umgekehrt

4. a) Festplatzsystem: Jedes Lagergut hat einen festen Lagerplatz.
   Freiplatzsystem: Unterbringung des Lagergutes am jeweils freien Platz (chaotisch)

   b), c) Vgl. Stofftelegramm.

3.10 Lagerkosten und Lagerkennziffern

1. Personalkosten, Raumkosten, Lagerzinsen, Lagereinrichtungskosten, Grundsteuer, Versicherungen

2. Eigenlager: Lager wird von uns selber bewirtschaftet.

   Fremdlager: Lager wird von einem Dienstleister bewirtschaftet.

3. Der **eiserne Bestand** sollte immer auf Lager sein, damit bei unvorhergesehenen Problemen im Beschaffungsbereich eine reibungslose Produktion gesichert ist.

4. **Meldebestand:** Bestand, bei dessen Erreichen neu bestellt werden muss
Meldebestand = täglicher Verbrauch · Lieferzeit + Mindestbestand

5. progressive Kostensteigerungen (Fremdlagermiete usw.)

6. Ursachen: geringerer Lagerabgang (weniger Verkäufe) bei konstantem durchschnittlichem Lagerbestand oder gestiegener durchschnittl. Lagerbestand bei konstanten Lagerabgängen

   Folgen: steigender Kapitalbedarf (Kapital länger im Lager gebunden), steigende Lagerkosten, sinkende Wirtschaftlichkeit

7. a) Durchschnittl. Lagerbestand $= \frac{10.000 + 18.000}{2} = 14.000,00$

   Umschlagshäufigkeit $= \frac{163.000}{14.000} = 11,64$

   Durchschnittl. Lagerdauer $= \frac{360}{11,64} = 30,9$ Tage

   Lagerzinssatz $= \frac{8 \cdot 30,9}{360} = 0,69\ \%$

   b) Durchschnittl. Lagerbestand $= \frac{63.640 + 888.480}{13} = 73.240,00$

   Umschlagshäufigkeit $= \frac{2.084.760}{73.240} = 28,46$

   Durchschnittl. Lagerdauer $= \frac{360}{28,46} = 12,7$ Tage

   Lagerzinssatz $= \frac{10 \cdot 12,7}{360} = 0,35\ \%$

   c) Durchschnittl. Lagerbestand $= \frac{227.800}{5} = 45.560,00$

   Umschlagshäufigkeit $= \frac{582.000}{45.560} = 12,77$

   Durchschnittl. Lagerdauer $= \frac{360}{12,77} = 28,2$ Tage

   Lagerzinssatz $= \frac{8 \cdot 28,2}{360} = 0,63\ \%$

8. a) **Kurve I:** Mindestbestand mehrmals unterschritten (riskant, da bei Beschaffungsproblemen Produktionsstillstand droht); in Phase 3 Rückgang Rohstoffverbrauch, Auffüllung weit vor Erreichen des Mindestbestands, Überschreitung Höchstbestand (progressive Kostensteigerungen); in Phase 4 Produktionsstillstand (Lieferprobleme, Stillstandskosten, äußerst problematisch)

   Kurve II: Höchstbestand einmal überschritten (s. o.), Mindestbestand nie erreicht (Lagerkosten noch senkbar); insgesamt relativ stabilisierte, gute Lagerhaltung

b) Durchschnittl. Lagerbestand = 6,5 Mio. EUR; UH = 78 : 6,5 = 12 Mal

Durchschnittl. Lagerdauer = 360 : 12 = 30 Tage

c) 12 < 15: Ungünstig im Vergleich zur Konkurrenz; Kapitaleinsatz und Lagerkosten relativ höher, Gewinn relativ niedriger

9. Die durchschnittl. Lagerdauer gibt an, wie viele Tage ein Gut im Durchschnitt gelagert wird.

10. a) Steigende durchschnittl. Lagerdauer bedeutet steigenden Lagerzinssatz (vgl. Formeln).

b) steigende Umschlagshäufigk. → durchschnittl. Lagerdauer sinkt → Lagerzinssatz sinkt

11. durchschnittl. LB sinkt → UH steigt → durchschnittl. LD sinkt → Lagerzinssatz sinkt

12. a) steigender Zinssatz, höhere Lagerdauer, höhere Lagerbestände

b) Durchschnittl. Lagerbestand $= \frac{216.800 + 198.600}{2} = 207.700{,}00$

Umschlagshäufigkeit $= \frac{1.661.600}{207.700} = 8$

Durchschnittl. Lagerdauer $= \frac{360}{8} = 45$ Tage

Lagerzinssatz $= \frac{16 \cdot 45}{360} = 2\ \%$

Zinsen = 2 % von 207.700,00 = 4.154,00 EUR

3.12 Prüfungsaufgaben

Prüfungsaufgaben Sommer 2009 (Aufgabe 1)

1.1.1

Materialarten	Verbrauchsmengen	Einstandspreis je Stück in EUR	Verbrauchswerte in EUR	Rang d. Materials nach Verbrauchswerten
Nachführung	100	11.680,00	1.168.000,00	4
Generator	100	39.550,00	3.955.000,00	2
Welle	100	2.750,00	275.000,00	7
Windmessinstrument	100	4.750,00	475.000,00	6
Rotorblatt	300	24.900,00	7.470.000,00	1
Getriebe	100	15.199,00	1.519.900,00	3
Bremse	200	4.617,50	923.500,00	5
Schraube M30x200	5.000	3,50	17.500,00	9
Schraube M10x100	20.000	1,30	26.000,00	8
	26.000		15.829.900,00	

Materialarten nach dem Rang ihrer Verbrauchswerte	Verbrauchswerte in %	Verbrauchswerte kum. in %	ABC-Gut
Rotorblatt	47,2	47,2	A
Generator	25,0	72,2	A
Getriebe	9,6	81,8	B
Nachführung	7,4	89,2	B
Bremse	5,8	95,0	B
Windmessinstrument	3,0	98,0	C
Welle	1,7	99,7	C
Schraube M10x100	0,2	99,9	C
Schraube M30x200	0,1	100,0	C

1.1.2 Einteilung der Materialarten in Gruppen nach ihrem Anteil am Gesamtwert aller Beschaffungsgüter

Konzentration von teuren Kontroll- und Planungsmaßnahmen im Beschaffungsbereich auf Materialarten mit hohem Anteil am Gesamtwert aller Beschaffungsgüter

Generator: A-Gut, deshalb u. a. Einzelbeschaffung, Just in time, Begründung: u. a. Lagerhaltung entfällt → keine Lagerkosten, geringere Kapitalbindung

Welle: C-Gut, deshalb u. a. einmalige Beschaffung des Jahresbedarfs, Begründung: Entstehende Lagerkosten sind vernachlässigbar, da nur geringer Wert

1.2.1

	Wiemer KG	**Hauser GmbH**	**Frehle GmbH**
Listeneinkaufspreis	705.600,00 EUR	720.000,00 EUR	690.000,00 EUR
– Liefererrabatt	0,00 EUR	21.600,00 EUR	0,00 EUR
= Zieleinkaufspreis	705.600,00 EUR	698.400,00 EUR	690.000,00 EUR
– Liefererskonto	14.112,00 EUR	13.968,00 EUR	0,00 EUR
= Bareinkaufspreis	691.488,00 EUR	684.432,00 EUR	690.000,00 EUR
+ Bezugskosten	3.000,00 EUR	0,00 EUR	6.000,00 EUR
= Bezugspreis	694.488,00 EUR	684.432,00 EUR	696.000,00 EUR
= Bezugspreis pro Stück	23.149,60 EUR	**22.814,40 EUR**	23.200,00 EUR

Lösung: Hauser GmbH

1.2.2

Kriterien	**Gewichtung**	**Wiemer KG**		**Hauser GmbH**		**Frehle GmbH**	
		Punkte	**Punkte gewichtet**	**Punkte**	**Punkte gewichtet**	**Punkte**	**Punkte gewichtet**
Preis	40	4	160	5	200	3	120
Lieferzuverlässigkeit	20	4	80	1	20	5	100
Qualität	30	1	30	4	120	5	150
Techn. Beratung	10	5	50	1	10	4	40
Summe	100	–	320	–	350	–	**410**

Lösung: z. B. Frehle GmbH; schülerindividuelle Lösung (abhängig von der Gewichtung)

1.2.3
- Angebot schriftlich = Antrag
- schriftliche Bestellung erfolgte nicht rechtzeitig, daher neuer Antrag
- Kaufvertrag kommt mit der Auftragsbestätigung bzw. Lieferung (= Annahme) zustande

1.3.1 Der neue Lieferant befindet sich im Verzug, da Fälligkeit und Verschulden gegeben sind. Eine Mahnung ist nicht erforderlich, da der Liefertermin kalendermäßig bestimmt ist.

1.3.2 Ohne Nachfristsetzung:

- Lieferung der Rotorblätter verlangen und eventuellen Verzögerungsschaden geltend machen

- Rücktritt vom Vertrag (Nachfristsetzung entfällt bei Terminkauf)

Mit Nachfristsetzung:

Schadenersatz statt der Leistung bzw. Ersatz vergeblicher Aufwendungen
§§ 280, 281, 323 BGB

1.3.3
- auf Lieferung der Rotorblätter bestehen, wenn der Lieferant weiterhin für die Windtec GmbH als Lieferant infrage kommt
- Rücktritt vom Vertrag, wenn künftig nicht mehr bei diesem Lieferanten bestellt werden soll
- Nachfrist setzen und Schadenersatz statt Leistung verlangen (höherer Einkaufspreis), wenn zukünftig nicht mehr bei diesem Lieferanten bestellt werden soll

1.4.1 Durchschnittlicher Lagerbestand:

$$\frac{50 + 4 + 16 + 56 + 14}{5} = 28 \text{ Stück}$$

Lagerumschlagshäufigkeit:
Wareneinsatz = 10 + 30 + 26 + 30 + 8 + 40 + 40 + 16 + 36 + 20 = 256 Stück

$$\text{Lagerumschlagshäufigkeit} = \frac{256}{28} = 9{,}1 \text{ Mal}$$

Durchschnittliche Lagerdauer: 360 : 9,1 = 39,56 Tage

1.4.2 Durchschnittlich gebundenes Kapital: 28 Stück · 15.199,00 EUR = 425.572,00 EUR

1.4.3 Umschlagshäufigkeit = Wareneinsatz/durchschnittlicher Lagerbestand
11 = 256 : x → x = 23,27 durchschnittlicher Lagerbestand

durchschnittlicher LB · P			= Kapitaleinsatz · Lagerzinssatz		= Lagerzinsen
Ist	28 · 15.199,00	=	425.572,00 · 0,07	=	29.790,04
Branche	23 · 15.199,00	=	349.577,00 · 0,07	=	24.470,39
			Kosteneinsparung	=	5.319,65

1.5.1	2000	Fremdbauteile	977.312,50	an	4400	Verbindl.	1.168.951,88
	2001	Bezugskosten	5.000,00				
	2600	Vorsteuer	186.639,38				
1.5.2	4400	Verbindl.	1.168.951,88	an	2800	Bank	1.145.572,84
					2300	Liefererskonto	19.646,25
					1600	Vorsteuer	3.732,79

Prüfungsaufgaben Sommer 2010 (Aufgabe 1, teilweise)

1.1

für Auftrag benötigte Menge	1.370 Stück
– disponierbarer Bestand laut Artikelkarte	660 Stück
= Nettobedarf	710 Stück

1.2 Die Bestellung wirkt sich im Feld „Menge in Auftrag“ aus (Erhöhung um 1.370 Stück).

1.3.1 Bestellpunkt = Menge, bei der bestellt werden muss, damit die Lieferung bei Erreichen des Mindestbestands eintrifft.

1.3.2 Vorteil: genaue Steuerung des Lagerbestandes

Nachteil: laufende Bestandserfassung erforderlich

5.1 Festplatzsystem: fester Lagerplatz für jeden Artikel
Freiplatzsystem: Einlagerung auf dem nächstgelegenen freien Platz, ein Artikel kann auf verschiedene Lagerstellen verteilt sein; chaotisches Lager

5.2 effektivere Auslastung vorhandener Lagerkapazitäten

5.3
- vollständige elektronische Erfassung der Lagerorte
- EDV-gestützte Ein- und Auslagerung

6.1

Modell 1		Modell 2
Grundmiete	5.740,00 EUR	
Lagerbelegung (4.000 m³ – 300 m³) · 1,80 EUR =	6.660,00 EUR	4.000 m³ · 3,10 EUR = 12.400,00 EUR
Gesamt	12.400,00 EUR	12.400,00 EUR

Bei 4.000 m³ sind beide Modelle gleich teuer. Modell 2 wäre kostengünstiger, wenn dieses Lagervolumen unterschritten wird.

6.2

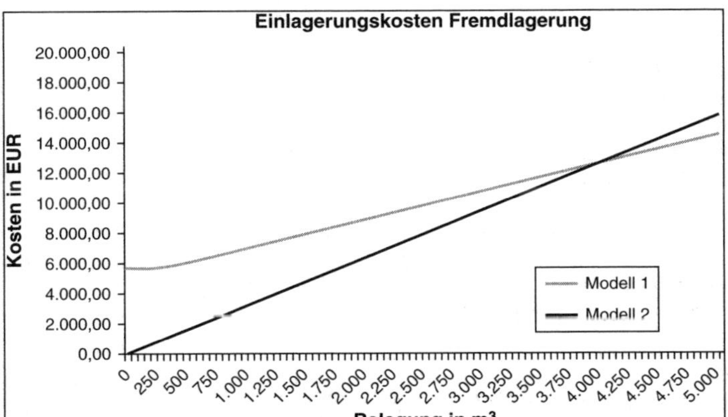

6.3.1 geringere Liefersicherheit, Verlust von Mengenrabatten

6.3.2 geringerer Sicherheitsbestand, geringere Bestellmenge

Prüfungsaufgaben Sommer 2012 (Aufgabe 2)

1.1 Es könnte ein Kaufvertrag zustande gekommen sein, und zwar durch die Bestellung vom 13.04. und die rechtzeitige Auftragsbestätigung durch den Lieferanten vom 14.04. Bedingung ist jedoch, dass die Auftragsbestätigung auch inhaltlich mit der Bestellung übereinstimmt. Zuvor ist definitiv noch kein Kaufvertrag entstanden, da bei der Bestellung vom 13.04. die Bindungsfrist an das Angebot vom 03.04. bereits überschritten war. Ein Angebot ist nur solange gültig, wie unter regelmäßigen Umständen mit Antwort zu rechnen ist (§ 147 Abs. 2 BGB). Dies ist nach zehn Tagen per Fax nicht mehr der Fall.

1.2.1
a) Prüfung der angelieferten Sendung
- Stimmt die Adresse?
- Stimmt die Anzahl der Frachtstücke?
- Liegen Beschädigungen der äußeren Verpackung vor?

b) Prüfung des Sendungsinhaltes anhand von Lieferschein und Bestelldurchschlag
- Stimmt die Menge?
- Ist der Liefertermin korrekt?
- Wurde der richtige Artikel geliefert?
- Stimmt die Güte (Qualität) der Ware?

c) mengenmäßige Erfassung des Wareneingangs

1.2.2 Siehe **Anlage 1**.

1.2.3 Vorschläge:
- Konventionalstrafe mit Lieferant vereinbaren, wonach dieser bei Qualitätsmängeln und/oder Lieferverzug eine Vertragsstrafe bezahlen muss.
- nur qualitätszertifizierte Lieferanten auswählen

1.3.1 **Disponierbarer Lagerbestand:**

tatsächlicher Lagerbestand	20.000 m
+ Bestellbestand	30.000 m
– reservierter Bestand	10.000 m
– Sicherheitsbestand	10.000 m
= disponierbarer Lagerbestand	= 30.000 m

Verfügbarer Lagerbestand:

tatsächlicher Lagerbestand	20.000 m
– Sicherheitsbestand	10.000 m
– reservierter Bestand	10.000 m
= verfügbarer Lagerbestand	= 0 m

1.3.2 Buchungssatz (verbrauchsorientiert)

6000	Aufw. für Rohstoffe	34.200,00	an	44001	Kreditor Aluwerk KA Verbindl. a. LL.	43.673,00
6001	Bezugskosten	2.500,00				
2600	Vorsteuer	6.973,00				

1.3.3 Buchungssatz

44001	Kreditor Aluwerk KA Verbindl. a. LL.	43.673,00	an	2800	Bank	42.799,54
				6003	Liefererskonti	734,00
				2600	Vorsteuer	139,46

1.3.4 Einzugsermächtigungsverfahren:
Der Zahlungspflichtige erteilt dem Zahlungsempfänger eine schriftliche Einzugsermächtigung. Beim Vorliegen einer Rechnung veranlasst der Zahlungsempfänger über seine Bank eine entsprechende Abbuchung vom Konto des Zahlungspflichtigen auf sein eigenes Konto. Ein Widerruf der Abbuchung ist binnen 6 Wochen möglich, bei unberechtigten Belastungen sogar ohne zeitliche Befristung.

Abbuchungsverfahren:
Der Zahlungspflichtige gibt seiner Bank einen Abbuchungsauftrag und informiert den Zahlungsempfänger darüber. Weiterer Ablauf wie beim Einzugsermächtigungsverfahren. Ein Widerruf einer ordnungsgemäßen Abbuchung ist nicht möglich, selbst wenn es sich um eine unberechtigte Belastung handelt.

Entscheidung und Begründung:
Obwohl eine Teilnahme am Lastschriftverfahren auch Vorteile mit sich bringt, z. B. muss man nicht an die rechtzeitige Überweisung denken, ist es hier nicht ratsam, dem Wunsch des Lieferanten zuzustimmen. Wie der Fall zeigt, könnte es zu einer mangelhaften Lieferung kommen, sodass man dem Lieferanten nicht automatisch den Rechnungsbetrag zukommen lassen sollte.
Wenn überhaupt, dann käme nur das Einzugsermächtigungsverfahren infrage, da dies dem Zahler die Sicherheit gibt, Zahlungen widerrufen zu können.

1.4 Reduktion der Lagerbestände (Sicherheitsbestand, Bestellverfahren, optimale Bestellmenge) führt zu einer Senkung der Kapitalbindungskosten.
Über eine geänderte Lagerorganisation (Lagerflächen, Lagerorte, Transportwege) können Raum- und Personalkosten eingespart werden.
Ein- und Auslagerungsprozesse können über eine chaotische Lagerhaltung effizienter gestaltet werden.

1.5.1 Täglicher Verbrauch · Beschaffungszeit + Sicherheitsbestand = MB
1.000 m · 20 Tage = 20.000 m + 10.000 m = 30.000 m
Der MB gibt an, wann eine Bestellung zu veranlassen ist, damit die Ware rechtzeitig eintrifft, ohne den Sicherheitsbestand angreifen zu müssen.

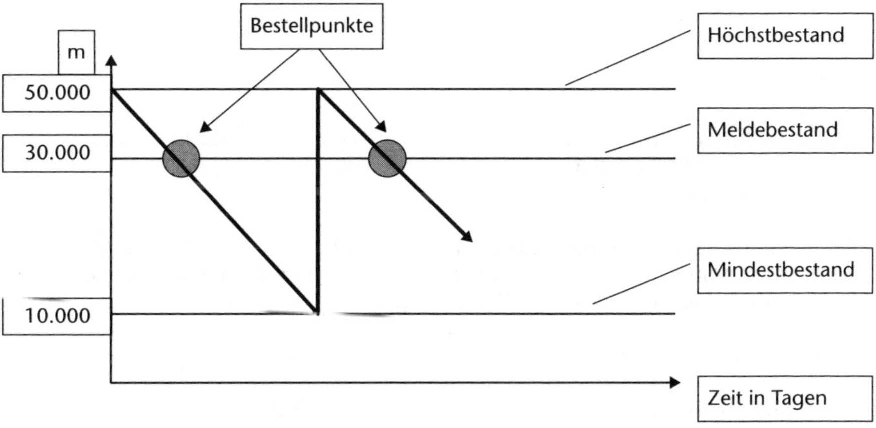

1.5.2 Die Optimale Bestellmenge berechnet das Minimum der Gesamtkosten pro Einheit, die sich aus den Bestellkosten (Bestellhäufigkeit · Bestellkosten) und den Lagerhaltungskosten (durchschnittlicher Lagerbestand · EP · Lagerzinssatz) zusammensetzen.

Folgende Angaben werden benötigt bzw. müssen eingegeben werden (Einkauf/Planung/optimale Bestellmenge):

- Einstandspreis der Artikel (kommt aus der Artikelkarte)
- Lagerzinssatz
- Jahresverbrauch
- Bestellkosten pro Bestellvorgang

Wenn es zu Bedarfsänderungen kommt, dann muss entsprechend reagiert werden, d. h., es wird bestellt, was benötigt wird, auch wenn es nicht optimal ist. Genauso muss reagiert werden, wenn bestimmte Gebindegrößen bzw. Abnahmemengen vorgegeben sind.

Anlage 1

Nature Camping GmbH

Camping im Einklang mit der Natur

Dreisamstr. 44, 79098 Freiburg i. Brsg.
Tel. 0761 4711-0 • Fax 0761 4711-120

Nature Camping GmbH, Dreisamstr. 44, 79098 Freiburg

Burger Metall AG
Abt. Verkauf
Frau Kunze
Gewerbestr. 230
68165 Mannheim

Ihr Zeichen:	LS 47101
Ihre Lieferung vom:	28.04.
Unser Zeichen:	EK-MM
Unsere Nachricht vom:	
Name:	Max Mustermann
Telefon:	4711-0
Telefax:	4711-120
E-Mail:	info@nature-camping.de
Datum:	28.04.

Anzeige eines Sachmangels nach § 434 Abs. 1 BGB – Mangel in der Beschaffenheit
LS-Nr. 47101

Sehr geehrte Frau Kunze,

leider müssen wir Ihnen mitteilen, dass bei den 30.000 m des von Ihnen gelieferten ultraleichten Rundrohres das Gewicht des Materials deutlich über dem vereinbarten Gewichtsbereich liegt.

Wir bitten Sie, das mangelhafte Material schnellstmöglich auf Ihre Kosten abzuholen (§ 439 Abs. 2 BGB), und machen hiermit unser Recht auf Nacherfüllung, und zwar der Ersatzlieferung nach § 439 Abs. 1 BGB, geltend.

Bitte senden Sie uns die mangelfreie Ware schnellstmöglich zu.

Mit freundlichen Grüßen

Nature Camping GmbH

i. A. Max Mustermann

Prüfungsaufgaben Winter 2013/2014 (Aufgabe 2)

2.1

Bezugskalkulation	Holzmüller GmbH		Schwarzwaldmöbel GmbH	
	%	EUR	%	EUR
Listenpreis		53,10		63,50
Liefererrabatt	–		15	9,53
Zieleinkaufspreis		53,10		53,98
– Liefererskonto	2	1,06	2	1,08
Bareinkaufspreis		52,04		52,90
+ Bezugskosten		0,00		0,00
Bezugspreis/Einstandspreis		52,04		52,90

Der rein rechnerische/quantitative Vergleich führt zu der Entscheidung: weiterhin Bezug von dem Kreditor Holzmüller GmbH.
Allerdings beträgt der rein rechnerische Vorteil lediglich 0,86 EUR pro Stück.
Wenn weitere Aspekte berücksichtigt werden, z. B.

- Nachhaltigkeit laut Unternehmensleitbild Schulmöbel OHG Freiburg,
- wiederholte Lieferschwierigkeiten der Holzmüller GmbH,

sollte der Schwarzwaldmöbel GmbH der Vorzug gegeben werden, da nach EMAS zertifiziert und sie kürzere Lieferzeiten nennt.

2.2 Zustandekommen des Vertrages

Verbindliches Angebot:	30.08.2013	
Bestellung:	17.09.2013	zu spät, neuer Antrag/WE 1
Fax:	17.09.2013	Antragsannahme/WE 2
Gesetzestexte:	§§ 145, 146, 147, 149, 150 BGB	

Aus rechtlicher Sicht ist hier eine AB erforderlich, da die Bestellung zu spät veranlasst wurde.
Die AB enthält gegenüber der Bestellung keine abweichenden Inhalte, d. h., WE 1 und WE 2 stimmen überein.

2.3 **Inhalte der E-Mail:**
An: swm@tradecom.de
Betreff: Lieferungsverzug über 600 Stühle „Ergo"

Bestellung, Auftragsbestätigung mit Mengen und Liefertermin (24.09.2013)

Die Schwarzwaldmöbel GmbH befindet sich im Lieferungsverzug, da die Fälligkeit gegeben und der Termin kalendermäßig bestimmt ist.
Mahnung ist nicht erforderlich, da der Termin kalendermäßig genau bestimmt ist.
Vertreten: Ist gegeben (unabhängig vom Verschulden), da es sich bei den Stühlen für die Klassenzimmer um Gattungswaren handelt.
Zudem hat die Schwarzwaldmöbel GmbH einen falschen Liefertermin disponiert.
Lösungsvorschlag: angemessene Nachfrist von einer Woche, ggf. Teillieferung.
Auf weitere Rechte würden wir in diesem Fall verzichten *(siehe Leitbild).*

Mit freundlichem Gruß

2.4 **Rechnungsprüfung**

Sachliche Prüfung: Anschrift/Lieferanschrift
Abstimmung mit Bestellung/AB/Lieferpapieren: Art, Menge, Einzelpreis, Preisminderungen, Umsatzsteuer, Lieferungs- und Zahlungsbedingungen ...
Rechnerische Prüfung: Gesamtpreise, Rabatte, Umsatzsteuer, Rechnungsbetrag

Buchung der Eingangsrechnung, erhalten am 18.10.2013, Rechnungsdatum 17.10.2013

2210/ 6080	Handelswaren/ Aufw. f. Handelsw.	32.385,00 EUR	44013	Kreditor Schwarzwald-möbel	38.538,15 EUR
2600	Vorsteuer	6.153,15 EUR			

Buchung bei der Bezahlung der Rechnung innerhalb der Skontofrist

44013	Kreditor Schwarz-waldmöbel	38.538,15 EUR	2800	Bank	37.767,39 EUR
			2213/ 6083	Liefererskonti/ Liefererskonti	647,70 EUR
			2600	Vorsteuer	123,06 EUR

2.5 Lagerkennzahlen:

Durchschnittlicher Lagerbestand:

$$\frac{90 + 130 + 180 + 150 + 70 + 110 + 100}{7} = \frac{830 \text{ Stück}}{7} = 118{,}6 \text{ Stück}$$

Wareneinsatz: 60 + 40 + 120 + 20 + 40 + 20 + 60 + 20 + 10 = 390 Stück

Umschlagshäufigkeit: $\frac{390}{118{,}6} = 3{,}3$ Mal

Im Vergleich zum Branchendurchschnitt liegt unsere Kennziffer deutlich schlechter.

Bisheriges Bestellverfahren:
Bestellrhythmusverfahren: Immer um den 02./03./04. eines jeden Monats (periodisch wiederkehrend) werden unterschiedliche Stückzahlen in Abhängigkeit vom Verbrauch geliefert. Die Bestellzeitpunkte sind fest eingeplant. Die Bestelltermine sind unabhängig vom Lagerbestand.

Nachteile:
Bei hohen Lagerabgangsmengen kann evtl. bis zur nächsten Lieferung die Produktionsbereitschaft eingeschränkt werden.
Bei geringen Lagerabgangsmengen in der abgelaufenen Periode ergeben sich evtl. große Lagermengen und damit werden weitere Lagerkosten verursacht.

Um unsere Kennziffer zu verbessern, wären u. a. folgende Maßnahmen sinnvoll:

- Bestellpunktverfahren für die Tischplatte einführen; dies führt dazu, dass beim Erreichen des Meldebestandes die Bestellung ausgelöst wird. Unnötig hohe Lagerbestände werden dadurch vermieden.
- Mindestbestände senken, dies führt ebenfalls zur Reduzierung der Lagerbestände.
- Just-in-time-Lieferung; hierbei können die Lagerbestände weitgehend abgebaut werden.

Über das Absenken der Lagerbestände kann die Umschlagshäufigkeit positiv beeinflusst werden.

Falls die Entscheidung auf die Beschaffung nach Bestellpunktverfahren fallen wird, ist es notwendig, die Menge festzulegen, die beim Erreichen des Meldebestandes zu bestellen ist. In diesem Zusammenhang wäre dann die Bestellmenge mit der „optimalen Bestellmenge" anzuraten. Sie gleicht den gegensätzlichen Verlauf von steigenden Lagerkosten bei höheren Bestellmengen und sinkenden Bestellkosten bei höheren Bestellmengen aus.

2.6 Bild/Skizze:

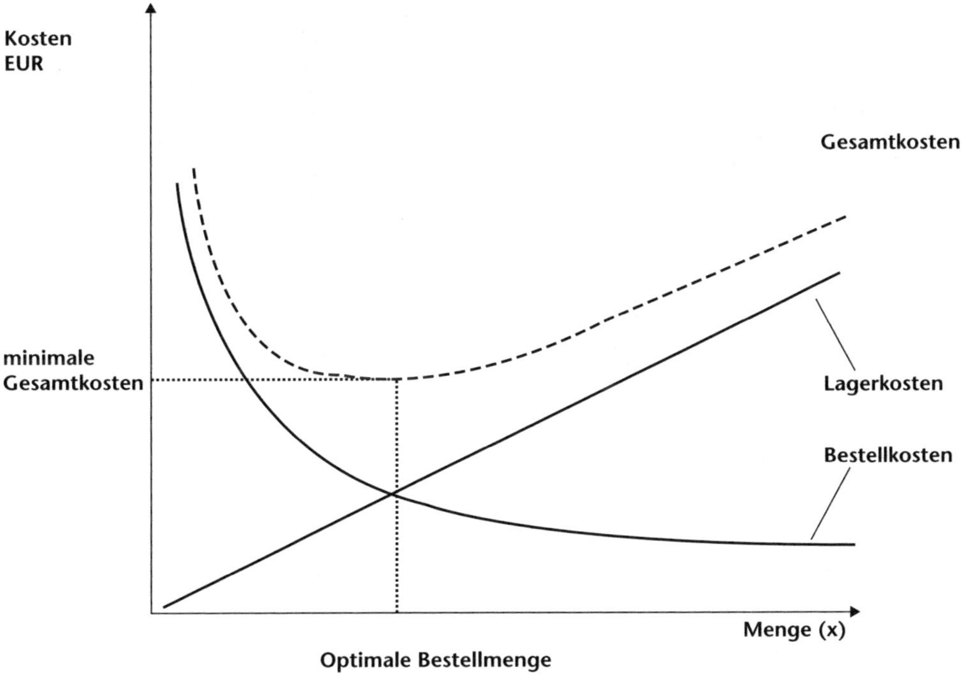

Wird die optimale Bestellmenge beschafft, erreichen wir die minimalen Gesamtkosten, die sich aus den Lagerkosten und den Bestellkosten zusammensetzen.

Prüfungsaufgaben Sommer 2015 (Aufgabe 1)

1.1 Es können hier sowohl externe als auch interne Bezugsquellen genutzt werden. Zu den externen Bezugsquellen gehören:

- Kataloge
- mittels Internetsuchmaschine verschiedene Lieferanten im WWW finden
- Branchenbücher
- Fachzeitschriften
- Gelbe Seiten etc.

Messe- oder Vertreterbesuche scheinen eher ungeeignet, da schnellstmöglich ein Lieferant gefunden werden muss.

Zu den internen Bezugsquellen gehören:

- eigene Lieferantenkartei durchsuchen
- Materialdatei/Konditionendatei etc.

Neben der Darstellung möglicher Bezugsquellen ist eine Einschätzung unter den gegebenen Bedingungen – insbesondere der Zeitdruck ist zu beachten – gefordert.

1.2 Quantitativer Angebotsvergleich:

	Dochito GmbH	Wachswelt OHG	Wachszieherei
Listeneinkaufspreis	660,00	570,00	540,00
– Rabatt	(15 %) 99,00	(5 %) 28,50	–
= Zieleinkaufspreis	561,00	541,50	540,00
– Skonto	(3 %) 16,83	(2 %) 10,83	(3 %) 16,20
= Bareinkaufspreis	= 544,17	= 530,67	= 523,80
+ Bezugskosten	0	25,00	20,00
= Einstandspreis	544,17	555,67	543,80

Qualitativer Angebotsvergleich:

		Dochito GmbH		Wachswelt OHG		Wachszieherei	
	Gewichtung	Ausprägung	Gew. Punkte	Ausprägung	Gew. Punkte	Ausprägung	Gew. Punkte
Preis	20	4	80	3	60	5	100
Lieferzeit	50	5	250	0	0	3	150
Qualität	20	4	80	5	100	2	40
Umweltverträglichkeit	10	1	10	5	50	4	40
	100		**420**		**210**		**330**

Rangliste: **1.** **3.** **2.**

Schülerabhängige Ausprägung (hier 1: Kriterium schlecht erfüllt; 5: Kriterium sehr gut erfüllt)

Schülerabhängige Begründung anhand obiger Entscheidungsmatrix. Die Wachswelt OHG muss in der Matrix aufgrund der zu langen Lieferzeit nicht zwingend berücksichtigt werden.

Aufgrund des besonderen Termindrucks erfolgt eine hohe Gewichtung der Lieferzeit. Die sonst übliche hohe Gewichtung des Preises ist aufgrund des Termindrucks geringer zu gewichten.

Die Wachswelt OHG scheidet als Lieferant aufgrund der zu langen Lieferzeit aus.

Bei der Auswahl von Stammlieferanten würden die Kriterien „Qualität" und „Umweltverträglichkeit" eine höhere Gewichtung erfahren.

1.3 Vorrangige Rechte des Käufers (Sidom GmbH) innerhalb einer angemessenen Nachfrist: Nachbesserung, Neulieferung, Neulieferung und zusätzlich Schadenersatz

Nachrangige Rechte des Käufers (Sidom GmbH) nach erfolglosem Ablauf der gesetzten Nachfrist: Minderung, Rücktritt vom Vertrag, Schadenersatz statt Leistung, Ersatz vergeblicher Aufwendungen

Hier ist das Recht „Minderung" zu wählen, da der Kunde der Sidom GmbH bereit ist, die Kerzen auch mit dem Mangel in der Farbe abzunehmen. Aufgrund der Leistungsverweigerung können sofort nachrangige Rechte geltend gemacht werden. Da unser Lieferant erklärt, dass keine Neulieferung möglich ist (verweigerte Nacherfüllung), wir die Kerzendochte aber schnell benötigen, fordern wir Erfüllung und Minderung des Kaufpreises. (Mängelrüge ist erfolgt.) Auch das Recht „Leistung" und zusätzlich Schadenersatz kann eingefordert werden. Auf Angabe der gesetzlichen Grundlagen (Paragrafen) kann verzichtet werden.

Vorschlag: Mängelanzeige (schülerabhängige Lösung)

Sehr geehrter Herr Zimmermann,

bei der Lieferung vom 12.05.2015 über 1.000 Stück „Spezialdocht 21 cm weiß" haben wir am 12.05.2015 Farbunterschiede festgestellt. Anstatt der bestellten Farbe Weiß wurden die Dochte in der Farbe Beige geliefert. Wie bereits telefonisch besprochen ist eine kurzfristige Ersatzlieferung der Dochte in Weiß nicht möglich. Daher machen wir von unserem Recht der Preisminderung Gebrauch. Wir erwarten – nicht zuletzt im Interesse einer weiteren Zusammenarbeit – eine Preisminderung in Höhe von 10 %.

Bitte senden Sie uns eine entsprechende Gutschrift.

Mit freundlichen Grüßen

1.4 Verbrauchsorientierte Buchung:

Konto	Bezeichnung	Betrag	Konto	Bezeichnung	Betrag
6000	Auf. f. Fremdbauteile	561,00	4400	Verb. a. LL.	667,59
2600	Vorsteuer	106,59			

Alternativ zum Konto Verbindlichkeiten ist auch das Konto des Kreditors zu nehmen (hier ist keine Kontonummer des Kreditors angegeben).

Bestandsorientierte Buchung:

Konto	Bezeichnung	Betrag	Konto	Bezeichnung	Betrag
2000	Rohstoffe	561,00	Kreditor	Dochito	667,59
2600	Vorsteuer	106,59			

Gutschrift:

Konto	Bezeichnung	Betrag	Konto	Bezeichnung	Betrag
Kreditor	Dochito	66,76	2002	Preisnachlässe	56,10
			2600	Vorsteuer	10,66

1.5 Bisher wurde das Bestellrhythmusverfahren angewandt. Regelmäßiger Zugang von 500 Einheiten zu Monatsbeginn.

Aus der Lagerdispositionskarte kann entnommen werden, dass der Docht 9815 einem schwankenden Verbrauch unterliegt. Vor allem im April und Mai steigt der Verbrauch an Dochten sehr stark an. Aus der Lagerkarte kann ferner entnommen werden, dass der

Bestand an Dochten außerhalb dieser Zeit zunehmend ansteigt. Trotz zum Teil hoher Lagerbestände z. B. im 4. Quartal, kann die Lieferbereitschaft mit dem bisher verwendeten Bestellrhythmusverfahren (monatliche Bestellung von 500 Stück) nicht gewährleistet werden, z. B. im 2. Quartal.

Der Mindestbestand wird viermal unterschritten. Im Betrachtungszeitraum sind zweimal gar keine Lagerbestände vorrätig.

Der durchschnittliche Verbrauch im 3. und 4. Quartal erfordert keine regelmäßigen monatlichen Bestellungen in Höhe von 500 Stück.
Das Bestellrhythmusverfahren ist aufgrund der dargestellten Probleme ungeeignet.

Formel durchschnittlicher LB Quartal: $= \frac{(AB + 3\ MEB)}{4}$

Hinweis: Quartal = 3 Monate

Formel durchschnittlicher LB 2. Quartal: $= \frac{(2.000 + 800 + 0 + 410)}{4} = 802{,}50$

Hinweis: Für das 3. und 4. Quartal sind die Endbestände der Monate Juni (410) und September (1.700) die Anfangsbestände.

Formel durchschnittlicher LB 3. Quartal: $= \frac{(410 + 820 + 1270 + 1.700)}{4} = 1.050{,}00$

Formel durchschnittlicher LB 4. Quartal: $= \frac{(1.700 + 2.025 + 2.445 + 2.885)}{4} = 2.263{,}75$

Formel durchschnittlicher Verbrauch pro Monat im Quartal $= \frac{\text{Summe der Abgänge pro Quartal}}{3}$

Formel durchschnittlicher Verbrauch pro Monat im 2. Quartal

$$= \frac{\text{Summe der Abgänge pro Quartal}}{3} = \frac{(1.000 + 700 + 600 + 700 + 50 + 40)}{3} = 1.030$$

Formel durchschnittlicher Verbrauch pro Monat im 3. Quartal

$$= \frac{\text{Summe der Abgänge pro Quartal}}{3} = \frac{(50 + 40 + 50 + 70)}{3} = 70$$

Formel durchschnittlicher Verbrauch pro Monat im 4. Quartal

$$= \frac{\text{Summe der Abgänge pro Quartal}}{3} = \frac{(50 + 50 + 75 + 80 + 60)}{3} = 105$$

Verbesserungsvorschlag:
Mindestbestand anpassen, d. h., bei einer durchschnittlichen Wochenproduktion wäre ein Mindestbestand von ca. 200 Stück ausreichend, um die Lagerkosten zu senken. Es empfiehlt sich eine auftragsbezogene Disposition, um die hohen Verbrauchszahlen der Monate April und Mai abzudecken.

Prüfungsaufgaben Sommer 2016 (Aufgabe 1, teilweise)

1.2

Artikelnummer	Jahresbedarf in Stück	Einstandspreis in EUR	Verbrauchswert in EUR	Wertanteil in %	Rang
40041	4.000	40,00	160.000,00	5,4	4
40042	8.000	50,00	400.000,00	13,4	3
40043	4.000	1,60	6.400,00	0,2	8
40044	16.000	3,00	48.000,00	1,6	6
40045	4.800	300,00	1.440.000,00	48,3	1
40046	48.000	0,20	9.600,00	0,3	7
40047	24.000	5,00	120.000,00	4,0	5
40048	8.000	100,00	800.000,00	26,8	2
Summe			**2.984.000,00**	**100,0**	

Rang	Artikelnummer	Wertanteil in %	Wertanteil in % kumuliert	Einordnung ABC
1	40045	48,3	48,3	A
2	40048	26,8	75,1	A
3	40042	13,4	88,5	B
4	40041	5,4	93,9	B
5	40047	4,0	97,9	C
6	40044	1,6	99,5	C
7	40046	0,3	99,8	C
8	40043	0,2	100,0	C

40044: C-Gut
Disposition nach dem Bestellpunktverfahren, Vorratshaltung, C-Teile-Management, z. B. Kanbansystem durch Fremdunternehmen, ...

40045: A-Gut
intensive Beschaffungsmarktforschung, auftragsbezogene Beschaffung, Just-in-time-Lieferung, sorgfältige Lagerbestandsüberwachung, Berechnung der optimalen Bestellmenge

1.3 Durchschnittlicher LB: $\frac{\text{AB + 12 Monatsendbestände}}{13} = \frac{\text{500 St. + 38.900 St.}}{13} = \text{3.030,77 St.}$

Umschlagshäufigkeit: $\frac{\text{Jahresverbrauch}}{\text{durchschn. LB}} = \frac{\sum \text{Abgänge}}{\text{durchschn. LB}} = \frac{\text{4800 St.}}{\text{3.030,77 St.}} = 1{,}58$

Beurteilung: Die Umschlagshäufigkeit hat sich im Vergleich zum Vorjahr (2,1) deutlich verschlechtert. Die Aussage des Geschäftsführers ist somit berechtigt.

Vorschläge: Erhöhung der Umschlagshäufigkeit, d. h. Verkürzung der Lagerdauer, durch Erhöhung des Jahresverbrauchs (der Verkaufszahlen) durch intensives Marketing und/oder Senkung des durchschnittlichen Lagerbestandes, z. B. durch häufigeres Bestellen, Festlegung von Lagerhöchstbeständen, auftragsbezogene Beschaffung, Beschaffung just in time, ...

1.4

Bezugskalkulation	%	EUR
Angebotspreis		362,50
– Rabatt	20	72,50
Zieleinkaufspreis		290,00
– Skonto	2	5,80
Bareinkaufspreis		284,20
+ Bezugskosten		0,00
Einstandspreis		284,20

Das Angebot des neuen Lieferanten liegt 15,80 EUR/Stück unter dem bisherigen Bezugspreis.

Das Kosteneinsparungspotenzial beträgt 4.800 St. · 15,80 EUR/Stück = 75.840,00 EUR. (Jahresbedarf 4.800 Stück vgl. **Anlage 4** ABC-Analyse oder **Anlage 5** Lagerkarte)

Vorteile Kauf auf Abruf	geringere Bestell- und Lagermengen, dadurch können eigene Lagerkapazitäten anderweitig verwendet werden und/oder Kosteneinsparung durch wegfallende Mietkosten, Personalkosten, ...
Nachteile Kauf auf Abruf	langfristige Preisbindung bei Preisverfall problematisch, bei unzuverlässiger Anlieferung Gefahr von Produktionsstillstand durch geringe Bestände, festgelegte Jahresmenge problematisch bei schwankendem Bedarf

1.5 Rechnungseingang: bestandorientiert

2000	Rohstoffe/Fremdbauteile	87.000,00	
2600	Vorsteuer	16.530,00	
4400	Kreditor Berger OHG		103.530,00

4400	Kreditor Berger OHG	103.530,00	
2800	Bank		101.459,40
2003	Lieferskonti		1.740,00
2600	Vorsteuer		330,60

4 Absatzprozesse

4.1 Marketing – Marktorientierung – Marketingziele – Marktforschung – Marktkennzahlen – Marktsegmentierung

1. a) **Marktorientierung:**
   - konsequente Ausrichtung (Orientierung) am Markt
   - Kunden- und/oder Konkurrenzorientierung

   b) **Globalisierung:**
   - Internationalisierung des Wettbewerbs
   - Angebot und Nachfrage auf internationalen Märkten

   c) **Absatzmarketing:**
   - Steuerung des Betriebes vom Markt her
   - alle Maßnahmen, die ein Unternehmen treffen muss, um sich einen Markt zu schaffen, zu erhalten und zu erweitern

   d) **Marktforschung:** Systematische Markterkundung mit wissenschaftlichen Methoden; Klärung der Fragen: Was, wie viel, an wen, wann, wo, bei welcher Konkurrenz kann verkauft werden? Wie verhält sich der Käufer bei Preis- bzw. Qualitätsänderungen?

   e) **Marktanalyse:** einmalige, tiefgreifende Marktforschung

   f) **Marktbeobachtung:** fortlaufende Marktforschung

   g) **Marktprognose:** Marktvoraussage

   h) **Sekundärforschung:** Marktforschung durch Auswertung bereits vorhandenen Materials

   i) **Primärforschung:** direkte Forschung am Markt (Beobachtung, Befragung, Experiment)

   j) **Teilmasse:** repräsentativer Teil einer Gesamtmasse

   k) **Gesamtmasse:** sämtliche infrage kommenden Personenkreise

   l) **Zufallsauswahl:** rein zufällige Personenauswahl

   m) **Quotenverfahren:** Die zu befragende Teilmasse wird so ausgewählt, dass ihre Zusammensetzung der Gesamtmasse entspricht.

2. Betriebsinterne Daten: Buchhaltungszahlen, Kundendatei ...
   Betriebsexterne Daten: Statistisches Jahrbuch, Brancheninformationen ...

3. a) $$\text{Marktanteil} = \frac{\text{Absatzvolumen} \cdot 100}{\text{Marktvolumen}} = \frac{5 \cdot 100}{25}$$

   Marktanteil = 20 %

   $$\text{Marktsättigung} = \frac{\text{Marktvolumen} \cdot 100}{\text{Marktpotenzial}} = \frac{25 \cdot 100}{50}$$

   Marktsättigung = 50 % = viel Luft nach oben = Expansion

   b) Maßnahmen:
   - Werbung verstärken = Tag der offenen Tür, Teilnahme an regionalen Festen – Vereine anschreiben; Aktionen bei und mit Getränkemärkten und Gastwirtschaften
   - Produktdifferenzierung (Biermischgetränke, Bier aus biologischem Anbau)
   - Produktvariation (unterschiedliche Flaschengrößen z. B. 0,5 l und 0,33 l)

   c) $\text{Marktsättigung} = \frac{25 \cdot 100}{28} = 92{,}6\ \%$ = Expansion ist problematisch, da der Markt schon fast gesättigt ist. Es sollte versucht werden, den eigenen Marktanteil zu behalten bzw. evtl. leicht auszubauen.

4.2 Absatzpolitische Instrumente

1. Produktinnovation (Produktdifferenzierung, Produktdiversifikation) – Produktvariation – Produkteliminierung

2. a) **Breites Prod.programm:** Herstellung vieler artverwandter Produkte
   Tiefes Prod.programm: Produktionsprogramm mit relativ vielen Produktionsstufen
   b) **Produktvariation:** Verbesserung = Variation bereits existierender Produkte
   c) **Produktdiversifikation:** Aufnahme völlig neuer Produkte (Kombination v. Prod.feldern)
   d) **Produktdifferenzierung:** Typenerweiterung
   e) **Produktinnovation:** Entwicklung und Einführung völlig neuer Produkte
   f) **Produktelimination:** Herausnahme von Produkten aus dem Produktionsprogramm = Bereinigung des Produktionsprogramms
   g) **Lebenszyklus:** vgl. Stofftelegramm

3. **Vorteile der Produktdiversifikation:** Risikominderung, Umsatzsteigerung, Nutzung des Firmenimages und vorhandenen technischen Know-hows, gleichmäßigere Beschäftigung bei Saisonbetrieben, günstigerer Einkauf bei gleichen Grundstoffen ...

4. a) **Marktsegmentierung:** Marktaufteilung in Teilmärkte nach best. Gesichtspunkten
   b) **Kernsortiment:** Hauptbestandteil des Sortiments
   c) **Randsortiment:** Ergänzung des Kernsortiments

5. Kosten, Nachfrage, Konkurrenz

6. a) **Preisdifferenzierung:** Das gleiche Produkt wird zu unterschiedl. Preisen angeboten.
   b) Vgl. Stofftelegramm.

7. Absatzwege, Absatzmittler

8. a) **Direkter Absatz:** Direktverkauf an Verbraucher
   b) Vgl. Stofftelegramm.

9./10. Vgl. Stofftelegramm.

11. **Abschlussprovision:** Provision für den Abschluss von Kaufverträgen
    Delkredereprovision: Provision für die Übernahme der Haftung für den Zahlungseingang
    Inkassoprovision: Provision für den Geldeinzug

12. a) **Ausgleichsanspruch:** Recht auf angemessenen finanziellen Ausgleich nach Beendigung des Vertragsverhältnisses, falls der Unternehmer weiterhin von den vermittelten Kunden profitiert; maximal eine Jahresprovision
    b) Der Unternehmer macht auch nach Beendigung des Vertragsverhältnisses mit den vom Handelsvertreter geworbenen Kunden Geschäfte, sodass Ausgleichszahlung korrekt ist.

13. Der Handelsvertreter haftet für den Geldeingang und wird daher nur Abschlüsse mit „sicheren" Kunden tätigen.

14. Es darf sich nicht um Konkurrenzartikel handeln, sondern nur um Komplementärartikel (sich ergänzende Artikel).

15. Vgl. Stofftelegramm.

16. a) Kosten R: 40.000 + 2 % von 2 Mio. = 80.000,00 EUR am günstigsten
Kosten H: 6 % von 2 Mio. = 120.000,00 EUR
Kosten K: 16.000 + 5 % von 2 Mio. = 116.000,00 EUR

b) Kosten Reis. = Kosten H.
40.000 + 0,02x = 0,06x
x = 1 Mio. EUR

c) Kosten Reis. = Kosten K.
40.000 + 0,02x = 16.000 + 0,05x
x = 800.000,00 EUR

d) Kosten H. = Kosten K.
0,06x = 16.000 + 0,05x x = 1,6 Mio. EUR

e)

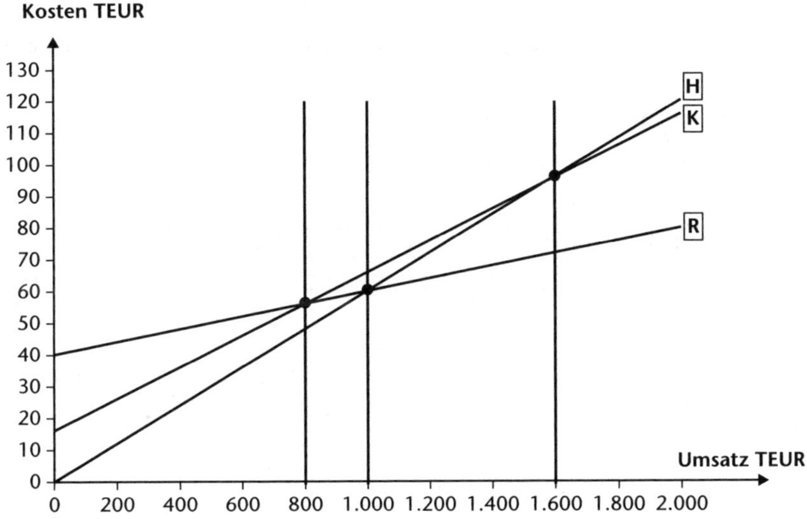

17. Werbung (Werbepläne), Verkaufsförderung (Salespromotion), Merchandising, Public Relations (Öffentlichkeitsarbeit), Sponsoring, Product-Placement, Direktmarketing, Eventmarketing, Co-Branding

18. Erhaltungswerbung = Kundenstamm erhalten
Expansionswerbung = neue Kunden gewinnen
Einführungswerbung = neue Produkte bekannt machen

19. AIDA-Modell

20. Werbeobjekt, Werbeziel, Werbebotschaft, Streukreis, Streugebiet, Streuzeit, Werbemittel/ Werbeträger, Werbeetat

21./22. Vgl. Stofftelegramm.

23. Begriffe der Werbeerfolgskontrolle:

Ökonomischer Werbeerfolg: Gegenüberstellung von Werbeaufwand und Werbeerfolg

Außerökonomischer Werbeerfolg: messbar durch Erinnerungsverfahren oder Wiedererkennungsverfahren

24. a), b) Notw. Mindestzahl neuer Bestellung: 100.000 : 80 = 1.250 Stück = „Gewinnschwelle"
An zusätzlichen Bestellungen gingen ein: 2.000 Stück → Aktion war erfolgreich.

4.3 Prüfungsaufgaben

Prüfungsaufgaben Winter 2008/2009 (Aufgabe 2)

1.

$$\text{Marktanteil in \%} = \frac{\text{Umsatz Fruchtsaft} \cdot 100}{\text{Marktvolumen}} = \frac{20 \cdot 100}{90} = 22{,}22\ \%$$

$$\text{Marktsättigung} = \frac{\text{Marktvolumen} \cdot 100}{\text{Marktpotenzial}} = \frac{90 \cdot 100}{130} = 69{,}20\ \%$$

2. Handelsvertreter zählen zum indirekten Absatzweg und stellen ein fremdes Absatzorgan dar. Nachteile:

- kein direkter Kundenkontakt für das Unternehmen
- keine Weisungsgebundenheit
- vertreibt nicht ausschließlich unsere eigenen Produkte

3.1

Handelsvertreter		Handlungsreisender	
	6 Handelsvertreter	Kosten/Monat	Kosten/Jahr
Reisekostenpauschale		(12 ·) 150,00	1.800,00
Fixum		(13 ·) 2.500,00	32.500,00
		5 Reisende	
Umsatz	20.000.000,00	20.000.000,00	
Provision	(5 %) 1.000.000,00	(2 %) 400.000,00	2 % · 20.000.00,00
Gehalt		162.500,00	32.500,00 · 5
Arbeitgeberanteil		(15 %) 84.375,00	15 % · 562.500,00
Reisekosten		9.000,00	1.800,00 · 5
Gesamtkosten	1.000.000,00	655.875,00	
Bewertung/Entscheidung	Die Handelsreisenden wären beim bisherigen Umsatz von 20 Mio. günstiger.		

3.2 $K_{HV} = K_R$
$0{,}05x = 0{,}02x + (12 \cdot 150 + 13 \cdot 2.500) \cdot 5 + (0{,}02x + 13 \cdot 2.500 \cdot 5) \cdot 0{,}15 = 7.254.629{,}63$
Ab einem Umsatz von 7.254.629,64 EUR sind die fünf Reisenden günstiger als die sechs Handelsvertreter.

4.1 Die Marktforschung versucht, Trends oder Änderungen im Konsumverhalten von Verbrauchern zu erfassen. Durch Marktforschung können zukünftiger Bedarf bzw. Veränderungen bei den Kundenwünschen ermittelt werden. Unternehmen können dann mit ihrer Unternehmenspolitik entsprechend reagieren.

4.2 schülerabhängige Antworten

4.3 Segmentierung Produktgruppen:
- Apfelwein, Apfelmost
- nach Nektaren, Direktsäften, Schorle
- nach Flaschengrößen z. B. 0,2-l-Flasche
- 1-l-Flasche, 5-l-Box

Segmentierung nach Abnehmern:
- Hotels, Restaurants (kleine Flaschen)
- Sportvereine (Apfelschorle)
- Erwachsene (Apfelmost)
- Kinder (Fruchtsäfte)

4.4 **Mögliche Lösungen:**

Exklusivpreispolitik: qualitativ hochwertiges Markenprodukt in exklusiver Verpackung

Skimmingpreisstrategie: hohe Einführungspreise und bei aufkommenden Konkurrenzprodukten Preise anpassen

Penetrationspreise: niedrige Einführungspreise, um das Produkt schnell bekannt zu machen

4.5
- Räumliche Preisdifferenzierung:

  Bei Kunden im Ausland wird ein anderer Preis verlangt als bei Kunden im Inland.

- Zeitliche Preisdifferenzierung:

  Im Herbst, wenn Apfelernte ist, wird ein niedrigerer Preis verlangt als im Sommer.

- Persönliche Preisdifferenzierung:

  Rabatt für Großabnehmer wie z. B. Fußballvereine

- Sachliche Preisdifferenzierung:

  exklusives Design bei 0,2-Liter-Flasche für hochpreisige Gastronomie im Verhältnis zur 1-Liter-Flasche für Sportvereine

5.1 „Das einzigartige Verpackungssystem – garantiert dauerhafte Qualität, Frische und Geschmack wie am ersten Tag.“

Zulässig; vergleichende Werbung ist zulässig, wenn in der Werbung wesentliche, nachprüfbare und typische Eigenschaften eines Produktes mit dem eines Wettbewerbers verglichen werden.

5.2 Werbeträger (Fachzeitschrift für Sportvereine, TV, Radio ...)
Werbeetat (für die Werbung verfügbare Finanzmittel)
Werbemittel (Anzeige, Spots ...)
Streugebiet (Wo wird geworben?)
Streukreis (Welche Zielgruppe wird angesprochen?)
Streuzeit (Wann wird geworben?)

5.3 **Lebenszyklusanalyse**

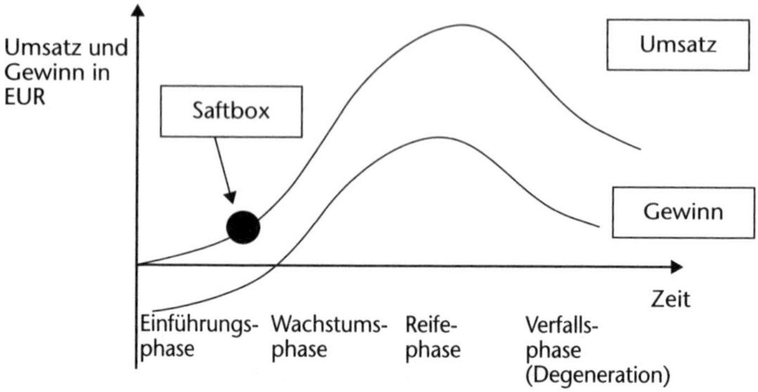

Auch Darstellung mit fünf Phasen möglich.

- Das Produkt befindet sich in der Einführungsphase.
- Die Phase I des Lebenszyklus ist gekennzeichnet durch hohe Kosten für die Einführungswerbung und Verkaufsförderungsmaßnahmen, durch geringe Umsätze, die langsam ansteigen, und Anfangsverluste bis zum Erreichen der Gewinn-Schwelle.

5.4
- Question Mark: hohes Marktwachstum und ein relativ geringer Marktanteil
- Offensivstrategie: Investitionen in diesem Bereich besonders stark fördern, neue Märkte und Zielgruppen erschließen, offensive Kommunikationspolitik anwenden

Prüfungsaufgaben Sommer 2011 (Aufgabe 2)

1. Portfolio: Instrument zur Unternehmensführung

   Es zeigt, wie sich das Produktionsprogramm hinsichtlich Marktwachstum, Marktanteil und Umsatz im Moment verhält.

   Produkt 1 und 2: starkes Marktwachstum, noch relativ wenig Umsatz, geringer Marktanteil (Question Mark)
   Produkt 3: noch starkes Marktwachstum, hoher Marktanteil, hoher Umsatz (Star)
   Produkt 4: geringes Marktwachstum, noch hoher Marktanteil, noch hoher Umsatz (Cash cow)
   Produkt 5: geringes Marktwachstum, geringer Marktanteil, geringer Umsatz (Poor dog)

   Beurteilung:
   Ausgewogenes Portfolio, da Produkt 4 genügend finanzielle Mittel erbringt, um Produkte 1 und 2 offensiv zu fördern.

2. Question Mark: erfordert selektive Vorgehensweise.
   Je nach Risikoeinschätzung: Offensiv- oder Desinvestitionsstrategie

3. Einführungsphase: Produkt 1 und 2
   Wachstumsphase: Produkt 3
   Sättigungsphase: Produkt 4
   Degenerationsphase: Produkt 5

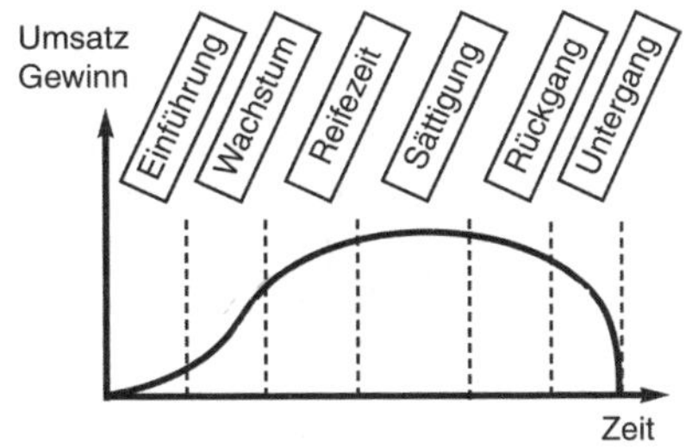

4.1 Zielgruppe, z. B.:
- Alter 50+
- relativ sportlich bzw. eher unsportlich
- Pendler
- höheres Einkommen

4.2 Marketingpolitische Instrumente, z. B.:
- Distributionspolitik: Vertrieb über Fachhandel (mit Beratung)
- Produktpolitik: Erstinspektion frei, Produktdifferenzierung Material: Alu, Carbon
- Preispolitik: Hochpreispolitik (geringe Rabatte)
- Kommunikationspolitik: hochwertige Werbebroschüren (Hochglanz) usw.

5. Zusätzlicher Gewinn $313 \cdot (55 - 42) =$ 4.069,00 EUR

Kosten der Werbeaktion:		
Rechnung Grafiker	370,00 EUR	
Rechnung Internetdienstleister	995,64 EUR	
Kosten Aussteller (89 · 42,00 EUR)	3.738,00 EUR	
Summe		5.103,64 EUR
Verlust		1.034,64 EUR

$$\text{Wirtschaftlichkeit: } \frac{\text{zusätzlicher Gewinn}}{\text{Werbekosten}} = \frac{4.069}{5.104} = 0{,}8 \rightarrow \text{unwirtschaftlich, da} < 1 \text{ (Verlust)}$$

$$\frac{1.034{,}64}{55 - 42} = 79{,}6 \rightarrow 80 \text{ Stück (Kostendeckung)}$$

313 + 80 = 393 Stück

6. 2.500,00 EUR + 0,035 · 36.000,00 EUR = 3.760,00 EUR (Reisender)
   0,115 · 36.000,00 EUR = 4.140,00 EUR (Handelsvertreter)

   Bei dem gegebenen Umsatz ist der Handlungsreisende 380,00 EUR günstiger.

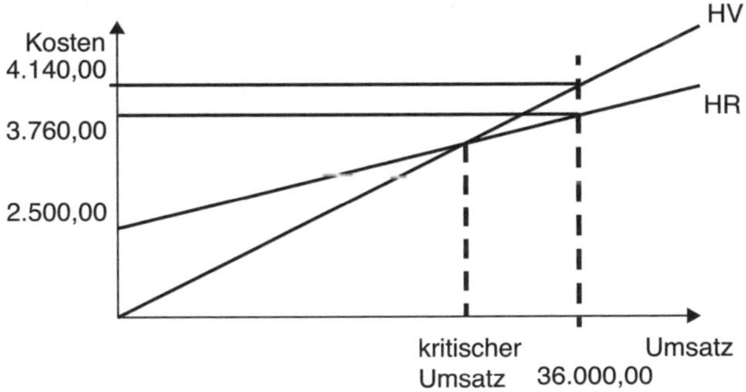

Außerdem spielen bei der Entscheidung noch weitere Faktoren eine Rolle, wie z. B.:
- Passt der neue Mitarbeiter ins Team?
- Weisungsgebundenheit
- fachliches Können bzw. Leistungsfähigkeit

7. Verkaufsförderung (Salespromotion), z. B.:
   - Produkte zum Probefahren und Kauf anbieten
   - Servicestand mit technischem Kundendienst aufbauen
   - mit der Präsenz bei der Tour werben
   - Trikotwerbung
   - Give-aways
   - Verpflegung

8. - Welches Image verbinden Sie mit dem E-Bike?
   - Wofür würden Sie das E-Bike verwenden?
   - Wie oft verwenden Sie Ihr Fahrrad?
   - Welchen Preis wären Sie bereit, für dieses Produkt zu zahlen? usw.

   Jeweils mit Ausprägungsmerkmalen

Prüfungsaufgaben Winter 2012/2013 (Aufgabe 1)

1.

Produkte	Frischmilch	Früchtequark	Buttermilch	Kefir
Umsatz	2.640.000,00 EUR	510.000,00 EUR	12.000,00 EUR	1.050,00 EUR
– var. Kosten	2.112.000,00 EUR	212.500,00 EUR	1.500,00 EUR	105,00 EUR
DB1	**528.000,00 EUR**	**297.500,00 EUR**	**10.500,00 EUR**	**945,00 EUR**
– produktfixe Kosten	211.200,00 EUR	144.500,00 EUR	9.600,00 EUR	2.000,00 EUR
Gewinn/Verlust	316.800,00 EUR	153.000,00 EUR	900,00 EUR	–1.055,00 EUR

2.

$$\text{Marktanteil in \%} = \frac{\text{Absatz} \cdot 100}{\text{Marktvolumen}}$$

$$\text{Marktwachstum in \%} = \frac{\text{Differenz} \cdot 100}{\text{Absatz 2010}}$$

	Marktanteil in %		Marktwachstum in %	
	Berechnung	**Ergebnis**	**Berechnung**	**Ergebnis**
Frischmilch	= 3.520 · 100 : 15.800	22,3	= 120 · 100 : 3.400	3,5
Früchtequark	= 850 · 100 : 6.080	14,0	= 350 · 100 : 500	70,0
Buttermilch	= 30 · 100 : 500	6,0	= 1 · 100 : 29	3,4
Kefir	= 2,1 · 100 : 80	2,6	= –1,9 · 100 : 4	–47,5

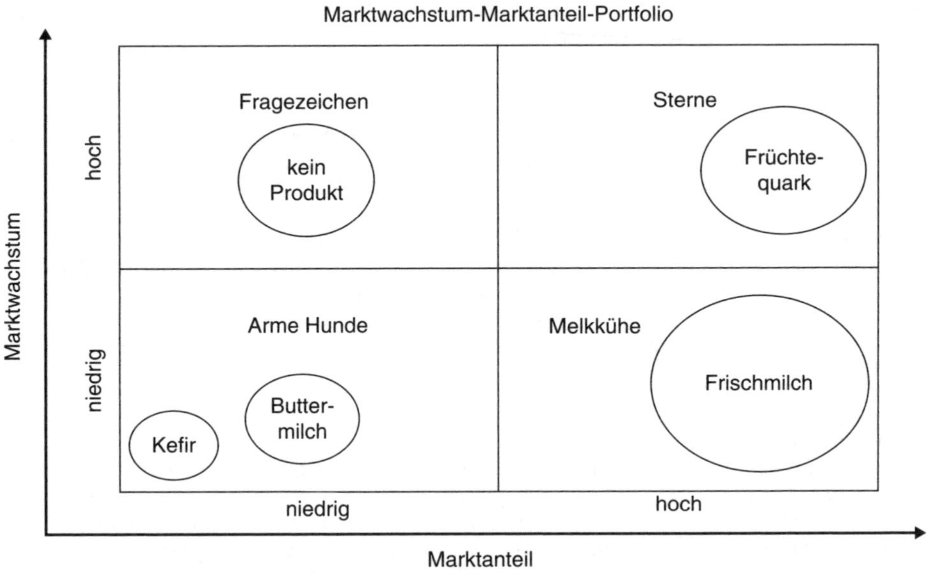

Stichwortartige Notiz zur Analyse und Strategie an den Abteilungsleiter:

- Situation des Unternehmens verbesserungsbedürftig
- Frischmilch: Cash cow (hoher Marktanteil, geringes Marktwachstum), Abschöpfungspreisstrategie
- Früchtequark: Star (hoher Marktanteil, hohes Marktwachstum), Investitionsstrategie
- Buttermilch: Poor dog (geringer Marktanteil, geringes Marktwachstum), Desinvestitionsstrategie oder Relaunch
- Kefir: Poor dog (geringer Marktanteil, negatives Marktwachstum), Desinvestitionsstrategie
- Vorschlag Produktentwicklungsabteilung muss dringend umgesetzt werden, da kein Fragezeichen existiert, große Chancen für zukünftige Marktpositionierung, da hohes Marktwachstum in diesem Segment besteht

3. Merkmale der Zielgruppe:
   - hohes Einkommen, aufgrund des Preises
   - ernährungsbewusste, gesundheitsbewusste Konsumenten
   - Familienstand, z. B. Single-Haushalte
   - trendbewusste Markenkäufer
   - ...

4. Die Schüler sollen bewusst Bezug nehmen auf das Produkt und die Zielgruppe.

   Produktpolitik:
   - hohe Qualität, hoher Fruchtanteil, keine Konservierungsstoffe, genfrei, Biosiegel, zertifizierte Lieferanten, rückstandskontrolliert
   - verschiedene abwechslungsreiche Varianten, je nach Jahreszeit, um regional-ökologische Gesichtspunkte zu verwirklichen und damit umweltbewusste Verbraucher anzusprechen
   - Eine recyclingfähige oder biologisch abbaubare Verpackung spricht umweltbewusste Verbraucher an.

- Das „Frühstückchen“ könnte einen Zusatznutzen bieten – z. B. cholesterinsenkend, gute Nährstoffergänzung, deckt den Energiebedarf für den ganzen Vormittag ...
- ...

Preispolitik:
- Hochpreisstrategie unterstreicht die Markenqualität und die Besonderheit unseres Produkts für die gehobene Mittelschicht und grenzt uns von Discountprodukten ab.
- Ein hoher Preis ist notwendig, um die beste Qualität der Zutaten verwenden zu können und die Zertifizierung sowie unabhängige Qualitätskontrollen zu ermöglichen.
- Um dem „Frühstückchen“ den Einzug in die Regale der Supermärkte zu erleichtern, werden dem Einzel- und Großhandel attraktive Mengenrabatte und Zahlungsmodalitäten (Zahlungsziele, Skonti, Boni ...) in der Einführungsphase zugestanden.
- Bei den Verbrauchern gilt es, Preisbarrieren zu beachten. Deshalb berücksichtigen wir den Grundsatz der psychologischen Preisgrenze und verkaufen das „Frühstückchen“ zu einem gebrochenen Preis.
- ...

Kommunikationspolitik:
- Zur Einführung sollte eine umfangreiche Werbeaktion durchgeführt werden. Dabei müssen Werbeträger und Werbemittel gewählt werden, die von unserer Zielgruppe (gehobene Mittelschicht, Ernährungsbewusste, Umweltbewusste ...) wahrgenommen werden. Darunter fallen Fachzeitschriften (zu den Themen Essen, Gesundheit, Familie ...), Webseiten (Blogs zur Ernährungsberatung, Werbebanner auf Gesundheitsseiten oder in sozialen Netzwerken ...), Fernsehspots (z. B. am Rande von Verbrauchermagazinen).
- Veranstaltungssponsoring (Gesundheitstage, Breitensportveranstaltungen ...)
- Salespromotion: Schulung von Verkäufern zur Verbesserung der Beratungsqualität, Verteilung von Warenproben, um unser Produkt bekannt zu machen (Verkostungsaktionen in Supermärkten), Infoblätter/Flyer zur Kundeninformation und -bindung
- Werksbesichtigungen, um die hohe Qualität von Zutaten und Verarbeitung den Kunden zu zeigen ...
- Werbezeitpunkt zur Neueinführung und dann jahreszeitgemäße Werbung, die Bezug auf die verwendeten Früchte nimmt ...
- Erstellung eines CI-Konzepts: einheitliche Farben (Corporate Design), die für Ökologie und Natürlichkeit stehen (z. B. Weiß/Grün), einheitliches Verhalten der Mitarbeitenden (Corporate Behaviour) bei Kundenfragen und Reklamationen und Abgestimmtheit der Kommunikationsinstrumente (Corporate Communication) zur Erzeugung einer einheitlich positiven Außenwirkung ...
- ...

Distributionspolitik:
- Der Lebensmittelhandel wird von wenigen großen Einzelhandelsketten dominiert. Es gibt so gut wie keinen Großhandel in diesem Bereich. Deshalb wird das „Frühstückchen“ auf dem Wege des indirekten Absatzes über den Einzelhandel vertrieben. Ein direkter Absatz an den Endverbraucher – etwa über E-Commerce – ist nicht sinnvoll wegen zu hoher Transport- und Kühlkosten bei den geringen Bestellmengen der Privathaushalte.
- Entweder wir greifen auf den Vertrieb über Reisende zurück oder wir vertreiben dieses neue Produkt exklusiv über Handelsvertreter, die bei den anfänglich geringen Umsätzen am kostengünstigsten sind. Für die Reisenden spricht die Kenntnis unseres Unternehmens und seiner Produkte (CI-Konzept), der bereits bestehende Zugang zu den Einzelhändlern sowie ein besserer Austausch zwischen uns als Hersteller und dem Handel. Für den Handelsvertreter spricht dagegen, dass er unser Produkt im Kontext seines weiteren,

eventuell ergänzenden Sortiments vertritt, uns Kontakte zu weiteren Einzelhändlern eröffnet und wahrscheinlich aufgrund seiner provisionslastigen Bezahlung über eine höhere Motivation verfügt.

- Biomärkte besitzen eine zu geringe Kundenbasis, um unsere Umsatzziele erreichen zu können. Discounter locken die aus unserer Sicht falsche Klientel an und fördern mit ihrem Verkauf ausschließlich über den Preis nicht unser Markenimage (CI). Deshalb sollten wir das „Frühstückchen" in Vollsortiment-Supermärkten vertreiben. Sie bieten eine große gemischte Kundenbasis, die uns auskömmliche Umsätze ermöglicht. Hier passt ein hochwertiges biologisches Produkt für die Mittelschicht, welches ein gutes Preis-Leistungs-Verhältnis bietet, gut ins Sortiment.

Prüfungsaufgaben Sommer 2015 (Aufgabe 2, teilweise)

2.1

	Produkt	Marktvolumen 2013 (Mio. EUR)	Marktvolumen 2014 (Mio. EUR)	Marktwachstum (in %)	Umsatz MobilTec 2014 (Mio. EUR)	Umsatz größter Konkurrent 2014 (Mio. EUR)	Relativer Marktanteil
1.	Tablet-PC	8.000	9.600	20,00	500	490	1,02
2.	Smartphone	12.000	12.960	8,00	15	1.500	0,01
3.	Festnetz-Telefon	1.000	1.030	3,00	160	100	1,60
4.	Pulsgurt	500	625	25,00	210	30	7,00
5.	Standard-Handy	2.000	2.100	5,00	300	600	0,50
6.	Mobil Fit Clock	50	63	26,00	3	5	0,60
7.	Telefax	100	102	2,00	50	10	5,00

Beispielrechnung für Tablet-PC:

$$\text{Marktwachstum in \%} = \frac{(\text{Marktvolumen 2014} - \text{Marktvolumen 2013}) \cdot 100}{\text{Marktvolumen 2013}}$$

$$= \frac{(9.600 - 8.000) \cdot 100}{8.000} = 20\ \%$$

$$\text{Relativer Marktanteil} = \frac{\text{eigener Umsatz}}{\text{Umsatz des stärksten Konkurrenten}} = \frac{500}{490} = 1,02$$

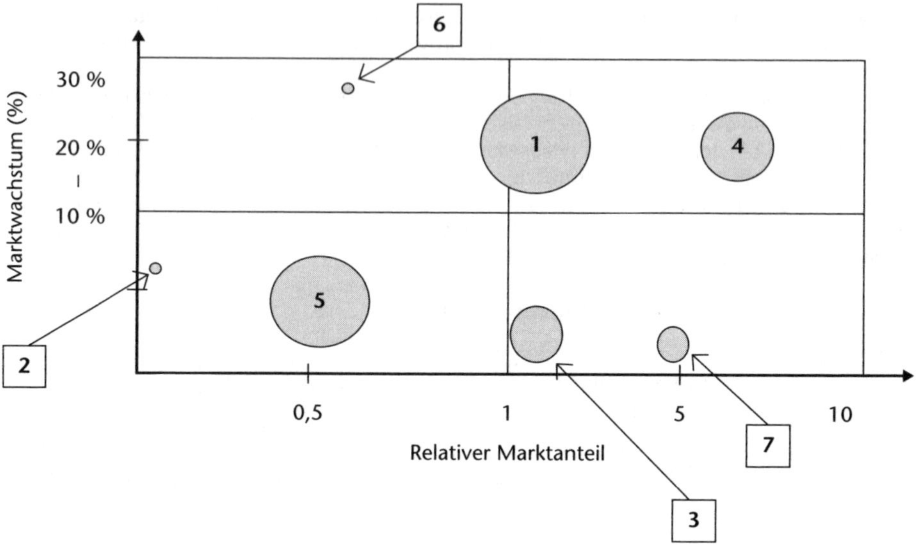

Analyse:
Mobil Fit Clock (6.) befindet sich in der Einführungsphase/frühen Wachstumsphase, sie hat als „Fragezeichen" noch geringen Marktanteil, aber hohes Marktwachstum. Empfehlung: Offensivstrategie, mit hoher finanzieller Förderung zu einem „Stern" machen.

Pulsgurt (4.) und Tablet-PC (1.) befinden sich in der Wachstumsphase, als „Sterne" sind sie Marktführer auf dem Wachstumsmarkt. Empfehlung: Investitionsstrategie, d. h., durch umfangreiche Finanzmittel versuchen, mit dem Marktwachstum Schritt zu halten.

Festnetz-Telefon (3.) und Telefax (7.) sind als „Melkkühe" ebenfalls Marktführer, aber auf einem Markt, der nur wenig wächst. Empfehlung: Durch gezielte Erhaltungsinvestitionen die Marktposition so lange halten, wie sie noch Gewinn bringen (Abschöpfungsstrategie).

Standard-Handy (5.) ist trotz geringen Marktwachstums und geringen Marktanteils wichtiger Umsatzträger, daher ebenfalls Abschöpfungsstrategie fahren.

Smartphone (2) hat als „armer Hund" geringes Marktwachstum und sehr geringen Marktanteil. Empfehlung: Falls sich nicht durch den Verkauf der Mobil Fit Clock ein größerer Synergieeffekt ergibt, sollte das Produkt vom Markt genommen werden (Desinvestitionsstrategie).

Einwände:
Die einzelnen Produkte stehen teilweise auch in einem engen Verhältnis zueinander und können nicht unabhängig analysiert werden (synergetische Verflechtungen).

Isolierte Produktentscheidungen können negative Folgen für andere Produkte haben (Beispiele: Smartphone und Mobil Fit Clock).

Es besteht die Gefahr, sich zu sehr auf Wachstumsmärkte zu konzentrieren (Mobil Fit Clock) und bestehende Produkte zu vernachlässigen (Standard-Handy).

5 Personalwirtschaft

5.1 Aufgaben und Ziele der Personalwirtschaft

1. Personalbedarfsplanung, Personalbeschaffung, Personaleinsatz, Personalentwicklung (Personalförderung und -betreuung), Arbeitsbewertung und Entlohnung, Lohn- und Gehaltsabrechnungen, Führen von Personalakten ...

2. Vgl. Stofftelegramm.

3. Schlüsselqualifikationen:
   - fachliche Kompetenz
   - persönl. Kompetenz (Zuverlässigkeit, Sorgfalt, Kreativität ...)
   - soziale Kompetenz (Kooperations- und Teamfähigkeit, Toleranz ...)
   - innovative Kompetenz (Kreativität, lebenslanges Lernen ...)

4. - unternehmensextern (mittelbare oder unmittelbare Personalanwerbung)
   - unternehmensintern (innerbetriebliche Stellenausschreibungen)

5. • Bewerbungsschreiben + Lichtbild • Zeugnisse • Lebenslauf • evtl. Referenzen

6. Betriebsrat (Unterrichtung)

7. Vgl. Stofftelegramm.

8. • Fachkenntnisse • Arbeitsqualität • Fortbildungsbereitschaft • Teamfähigkeit
   • Arbeitseinsatz • Arbeitsquantität • Kreativität

5.2 Der Einzelarbeitsvertrag (Grundlagen)

1. HGB, BGB

2. Formvorschrift Arbeitsvertrag: Schriftform

3. Rechte: Vergütung, Urlaub, Zeugnis, Fürsorge ...

   Pflichten: Dienstleistung, Verschwiegenheit, Wettbewerbsverbot ...

4. Einfaches Zeugnis: beschreibt Art und Dauer der Beschäftigung

   Qualifiziertes Zeugnis: informiert zusätzlich über Führung + Leistung

5. a) **Gesetzliches Wettbewerbsverbot:** Ohne Genehmigung des Arbeitgebers darf der kaufmännische Angestellte
   - kein eigenes Handelsgewerbe betreiben,
   - keine Geschäfte in der Branche des Arbeitgebers tätigen.

   b) - Selbsteintrittsrecht bzw. Schadenersatz
      - fristlose Kündigung

6. a) **Vertragliches Wettbewerbsverbot:** Für den Angestellten gilt – falls vertraglich vereinbart – das Wettbewerbsverbot auch nach seinem Ausscheiden aus dem Unternehmen.

   b) Voraussetzungen: Schriftform, Vereinbarung einer Karenzentschädigung bei Minderverdienst, keine wesentliche Berufserschwernis, Verbotsdauer maximal zwei Jahre

7. vier Wochen zum 15. oder zum Monatsende

8. **Vertragliche Kündigungsfrist:** Untergrenze vgl. 7.

   Kündigungsfrist des Arbeitnehmers darf nicht länger als die des Arbeitgebers sein.

9. Bei wichtigem Grund: Diebstahl, Beleidigung, Arbeitsverweigerung ...

10. a) Kündigungsfrist vier Wochen zum 15. oder zum Monatsende
    Letzter Kündigungstermin: 03.07. zum 31.07.

    b) Nein! Die Kündigung ist eine empfangsbedürftige Willenserklärung, d. h., sie muss dem Arbeitgeber am letztmöglichen Termin bereits zugegangen sein.

11. Vgl. Stofftelegramm.

12. Vorteile: vgl. Stofftelegramm

Nachteil für den Arbeitnehmer:	keine Weiterbeschäftigungsgarantie nach Fristablauf
Nachteil für den Arbeitgeber:	Fluktuationsproblem (qualifizierte Arbeitnehmer können problemlos nach Fristablauf „wechseln“)

5.3 Allgemeiner und besonderer Kündigungsschutz

1. Kündigungsschutzgesetz, Kündigungsfristengesetz

2. a) Allgemeiner Kündigungsschutz: Schutz vor sozial ungerechtfertigter Kündigung
   Kündigung in folgenden Fällen unwirksam:
   - Der Arbeitgeber liefert keinen Kündigungsgrund.
   - Die Kündigung ist betrieblich nicht notwendig.
   - Soziale Gesichtspunkte wurden bei der Auswahl nicht ausreichend berücksichtigt.

   b) Arbeitnehmer, die mindestens sechs Monate im gleichen Betrieb sind. Betrieb hat mehr als zehn Arbeitnehmer.

3. **Betriebsratsmitglieder und Jugendvertreter:** während Amtszeit und innerhalb eines Jahres danach nicht kündbar; Ausnahme: fristlose Kündigung bei wichtigem Grund

Werdende Mütter:	• während der Schwangerschaft bis vier Monate nach Entbindung • während Erziehungsurlaub bis drei Jahre nach der Geburt
Schwerbehinderte:	Hauptfürsorgestelle muss der Kündigung zustimmen.
Auszubildende:	nach der Probezeit unkündbar; Ausnahme: fristlose Kündigung bei wichtigem Grund

Langjährige Angestellte: 1/2/3/4/5/6/7 Monate zum Monatsende (ME), wenn mindestens 2/5/8/10/12/20 Beschäftigungsjahre

4. a) 4 Monate auf ME
   b) 2 Monate auf ME
   c) 5 Monate auf ME
   d) 4 Monate auf ME
   e) 7 Monate auf ME
   f) unkündbar (Ausnahme: fristlos/wichtiger Grund)
   g) Währ. Probezeit: fristlos/wichtiger Grund
      Nach Probezeit: unkündbar (Ausnahme: wichtiger Grund)

5. a) 5 Monate auf ME
   b) 4 Wochen zum 15. oder zum ME

6. Kündigungsfrist vier Monate auf ME; Kündigung somit spätestens 30.05.

5.4 Arbeitsgerichtsbarkeit

1. Arbeitsgerichtsgesetz

2. a) Arbeitsgericht Stuttgart (Arbeitsstätte)
   b) Versuch einer gütlichen Einigung (ohne Streitverfahren)
      Zweck: Vermeidung eines kostenpflichtigen Gerichtsverfahrens
   c) Anwalt, Verbandsvertreter oder er selbst
   d) **Berufung beim Landesarbeitsgericht** einlegen
      Voraussetzungen:
      - Streitwert über 600,00 EUR oder Zulassung der Berufung durch das Arbeitsgericht
      - Prozessvertretung durch Anwalt oder Verbandsvertreter

      Revision beim Bundesarbeitsgericht einlegen, wenn mit Urteil des Landesarbeitsgerichts nicht einverstanden

      Voraussetzungen:
      - Urteil muss von grundsätzlicher Bedeutung sein oder von bisheriger Rechtsprechung abweichen.
      - Prozessvertretung durch Anwalt

3. vor allem für Streitigkeiten zwischen Arbeitgeber und Arbeitnehmer, Tarifvertragsparteien bzw. aus Betriebsverfassungs- und Mitbestimmungsgesetz; §§ 2, 2a Arbeitsgerichtsgesetz

5.5 Handlungsvollmacht und Prokura

1. Vollmacht = Vertretungsbefugnis: Recht, in fremdem Namen Rechtsgeschäfte abzuschließen

2. **Allgemeine Handlungsvollmacht (Gesamtvollmacht):** Vollmacht für alle gewöhnlichen Rechtshandlungen des betreffenden Handelsgewerbes; Bsp.: Geschäftsführer, Filialleiter

   Artvollmacht: Vollmacht für bestimmte Arten wiederkehrender Rechtsgeschäfte; Bsp.: Einkäufer, Verkäufer

   Einzelvollmacht: Vollmacht für einzelnes Rechtsgeschäft; Bsp.: Kauf Maschine, Kauf Halle

3. a) Artvollmacht, b) allg. HV, c) Einzelvollmacht, d) keine, e) Einzelvollmacht, f) Artvollmacht

4. Kaufvertrag: gültig, da gewöhnliches Geschäft

   Darlehensvertrag: ungültig, es sei denn, er hat eine Sondervollmacht gemäß § 54 Abs. 2 HGB

5. a) Artvollmacht, b) Nein; die Kunststoff GmbH kannte die Beschränkung nicht (§ 54 Abs. 3 HGB).

6. **Prokura:** Vollmacht für alle gewöhnlichen und außergewöhnlichen (gerichtlichen und außergerichtlichen) Rechtsgeschäfte irgendeines Handelsgewerbes

7. **Einzelprokura:** Ein Prokurist ist allein vertretungsberechtigt.

   Gesamtprokura: gemeinsame Vertretung durch mehrere Prokuristen

   Filialprokura: Die Prokura ist auf eine Filiale beschränkt.

8.	**Allg. Handlungsvollmacht**	**Prokura**
Umfang	alle gewöhnlichen Geschäfte des betreff. Handelsgewerbes	alle gewöhnl. + außergewöhnl. Geschäfte irgendeines Handelsgewerbes
Einschränkungen des Umfangs	Außenverhältnis: gültig, wenn Dritter informiert wurde	im Außenverhältnis unwirksam
Erteilung	• auch durch Nichtkaufmann • auch stillschweigend mögl.	• nur durch HGB-Kaufmann • ausdrücklich
HR-Eintrag	kein Eintrag	Eintrag notwendig
Beginn	mit Erteilung + Bekanntgabe	Innenverhältnis: mit Erteilung Außenverh.: wenn Dritte informiert spätestens mit Veröffentl. HR-Eintrag
Zeichnung	i. V.	ppa.
Beendigung	vgl. Stofftelegramm	

9.

	a	b	c	d	e	f	g	h	i	j	k	l	m	n	o	p
H	+	–	+	–	+	+	–	–	–	+	–	+	–	–	+	–
P	+	+	+	+	+	+	–	+	–	+	–	+	+	+	+	+

10. a) Kaufvertrag rechtsgültig, da Beschränkung der Prokura im Außenverhältnis unwirksam

    b) Schadenersatz oder Kündigung (Vertragsverletzung); Beschränkung Prokura im Innenverhältnis möglich

11. Darlehensvertrag rechtsgültig, da Handelsregistereintrag lediglich deklaratorisch; die Prokura ist Dritten gegenüber schon vor Handelsregistereintrag rechtswirksam, wenn sie Kenntnis davon erlangt haben.

12. a) Kaufvertrag gültig, da Widerruf der Prokura erst mit Handelsregistereintrag und Veröffentlichung bzw. vorheriger Info des Dritten rechtsgültig ist. Am 13.05. war der Widerruf noch nicht bekannt. Im Innenverhältnis kann der Unternehmer vom Prokuristen ggf. Schadenersatz verlangen.

    b) Am 18.05. wusste Dritter vom Widerruf. Kaufvertrag ist somit für Unternehmer nicht rechtswirksam.

13. a) **Gesamtvollmacht** (= Allg. HV): Vollmacht für alle gewöhnlichen Rechtsgeschäfte des betreffenden Handelsgewerbes

    Gesamtprokura: Mehrere Prokuristen vertreten gemeinsam.

    b) **Einzelvollmacht:** Handlungsvollmacht für ein einzelnes Rechtsgeschäft

    Einzelprokura: Ein Prokurist ist allein vertretungsberechtigt.

14. Bei Gesamtprokura können mehrere Prokuristen nur gemeinsam handeln. Insofern findet eine gegenseitige Kontrolle statt – unüberlegte Einzelentscheidungen werden vermieden.

15. Die Filiale muss sich hinsichtlich Firma (= Handelsname) vom Hauptgeschäft unterscheiden (§ 50 Abs. 3 HGB).

16. Ein Prokurist darf gewöhnliche und außergewöhnliche Rechtshandlungen durchführen, also auch die Branche ändern. Dies wird hier geschehen sein.

5.6 Personalführung, -betreuung, -entwicklung und -motivation

1. Vgl. Stofftelegramm.

2.

Autoritärer Führungsstil:	**Kooperativer Führungsstil:**
• Vorgesetzter: – entscheidet allein – verantwortet allein – befiehlt und kontrolliert	• Vorgesetzter + Mitarbeiter kontrollieren, entscheiden, verantworten gemeinsam. • Vorgesetzter delegiert intensiv.
• Untergebene: – keine Mitbestimmung – keine Mitwirkung – wenig Entscheidungen – wenig Verantwortung	• Informationsaustausch zwischen Vorgesetztem und Mitarbeitern • gemeinsame Zielsetzungen fixieren • gemeinsame Entscheidungsfindung

3. a) Laufbahnpläne, Beurteilung, Gespräche, „Training-on-the-job“, „Training-off-the-job“

   b) Training-on-the-job: Personalförderung am Arbeitsplatz (Coaching, planmäßige Unterweisung, Jobrotation, Übertragung von Sonderaufgaben ...)

   Training-off-the-job: Personalförderung außerhalb des Arbeitsplatzes (Schulungen, Seminare, Fachliteratur ...)

4. Vgl. Stofftelegramm.

5.7 Arbeitszeitmodelle

Vgl. Stofftelegramm.

5.8 Arbeitsbewertung: Arbeitsstudien

1.–3. Vgl. Stofftelegramm.

4. a) Rüstzeiten: Auftrag lesen, Unklarheiten klären, Material bereitstellen, Einstellen Maschine, Arbeitsplatz aufräumen

   Ausführungszeiten: Bearbeitung des Werkstückes

   b) Vorgabezeit (Auftragszeit) = Rüstzeit + Ausführungszeit
   = 15 + 5 + 35 + 30 +15 + (100 · 9) = **1.000 Minuten**

   c) 1.000 Minuten : 100 Stück = 10 Min. : St. 60 Minuten : 10 Min. : St. = **6 Stück**

5. 70 Stück = 100 %
   84 Stück = x % = 120 %

6./7. Vgl. Stofftelegramm.

8. Rüstzeit = Rüstgrundzeit + Rüstverteilzeit = 60 + 3 = 63 Minuten

   Ausführungsgrundzeit = 100 · (40 + 10) = 5.000 Minuten

   Ausführungszeit = Ausführungsgrundzeit + Ausführungsverteilzeit
   = 5.000 + 10 % von 5.000 = 5.500 Minuten

   Auftragszeit = Rüstzeit + Ausführungszeit = 63 + 5.500 = 5.563 Minuten

9. a) Rüstgrundzeit: 20 Minuten
   Ausführungsgrundzeit: 300 Minuten

   b) Rüstverteilzeit: 1 Minute
   Ausführungsverteilzeit: 30 Minuten

   c) Rüstzeit: 21 Minuten

   d) Stückzeit: 11 Minuten

   e) Ausführungszeit: 330 Minuten

   f) Auftragszeit: 351 Minuten

5.9 Entlohnungssysteme

1. a) Zeit-, Prämien-, Akkordlohn

   b) Betr. Zeit- und Akkordlohn: vgl. Stofftelegramm
   Prämienlohn: Die Anwendung des Prämienlohnes ist sinnvoll, wenn

   1. der Arbeitnehmer das mengenmäßige Produktionsergebnis z. B. durch Automation nur noch geringfügig beeinflussen kann, der Akkordlohn folglich nicht mehr anwendbar ist.

   2. Akkordentlohnung nicht durchführbar, weil die Ermittlung genauer Akkordsätze nur schwer möglich ist.

2. Vgl. Stofftelegramm.

3. Bei Tarifänderungen sind beim Stückzeitakkord lediglich die Minutenfaktoren zu ändern (weniger Zeit- und Rechenaufwand).

4. Vgl. Stofftelegramm.

5. a) **Akkordrichtsatz** = Grundlohn + Akkordzuschlag
= Stundenverdienst bei Normalleistung

b) **Stückakkordsatz** = Akkordrichtsatz : Normalleistung je Std.
= Verdienst je Stück bei Normalleistung

c) **Zeitakkordsatz** = 60 (bzw. 100) : Normalleistung je Std.
= (Dezimal-)Minuten je Stück bei Normalleistung

d) **Minutenfaktor** = Akkordrichtsatz : 60 (bzw. 100)
= Verdienst in 1 Minute bei Normalleistung

6. a) Bruttolohn = Stück · Stückakkordsatz

b) Bruttolohn = Stück · Zeitakkordsatz · Minutenfaktor

7. a)

Grundlohn	9,00 EUR
+ Akkordzuschlag 10 %	0,90 EUR
Akkordrichtsatz 30 St.	9,90 EUR

b) Zeitakkordsatz = 60 : 30 St. = 2 Min.
bzw.: 30 St. = 60 Min.
1 St. = 2 Min.

c) Minutenfaktor = 9,90 : 60 = 0,165 EUR bzw.: 60 Min. = 9,900 EUR
1 Min. = 0,165 EUR

d)

Arbeiter	Stückzahl/Std.	Zeitakkordsatz	Minutenfaktor	Stundenlohn
Üblich	30	2 Min.	0,165	9,90
Flott	31	2 Min.	0,165	10,23
Oberflott	32	2 Min.	0,165	10,56

8.1 a)

Grundlohn	8,35 EUR
+ Akkordzuschlag 15 %	1,25 EUR
Akkordrichtsatz	9,60 EUR

b) • höhere Belastungen bei Akkordarbeit
• Bei Stockungen, z. B. in der Materialzufuhr, würde ein unverschuldeter Minderverdienst entstehen.

c) Min.faktor = 9,60 : 60 = 0,16 EUR

8.2 a) Minutenfaktor = Akkordrichtsatz : 60
Akkordrichtsatz = Minutenfaktor · 60 = 0,15 · 60 = 9,00 EUR

b) Bruttolohn/Std. = Stück · Zeitakkordsatz · Minutenfaktor = 7 · 12 · 0,15 = 12,60 EUR

c) Normalleistung: 12 Min. je Stück = 5 Stück in 60 Minuten
Stückakkordsatz = Akkordrichtsatz : Normalleistung je Std. = 9 : 5 = 1,80 EUR

9.

Grundlohn	8,00 EUR
+ Akkordzuschlag 20 %	1,60 EUR
Akkordrichtsatz	9,60 EUR

Minutenfaktor = 9,60 : 60 = 0,16 EUR

Bruttolohn = 2.000 · 5 · 0,16 = 1.600,00 EUR

10. a) • gleichartige Tätigkeiten • sich ständig wiederholende Tätigkeiten
• Arbeitstempo beeinflussbar • Leistung muss messbar sein

b)

Grundlohn	9,00 EUR
+ Akkordzuschlag 20 %	1,80 EUR
Akkordrichtsatz	10,80 EUR

Minutenfaktor = 10,80 : 60 = 0,18 EUR

Bruttolohn = Stück · Zeitakkordsatz · Minutenfaktor

405 = 500 · x · 0,18 → x = 4,5 Min./St.

11. Vgl. Stofftelegramm.

5.10 Lohn- und Gehaltsabrechnung und -buchung

5.10.2 Lohn- und Gehaltsabrechnung

Abkürzungen: **vL-AG** = vermögenswirksame Leistung des Arbeitgebers
SolZ = Solidaritätszuschlag
KiSt. = Kirchensteuer
RV, KV, PV, AV = Renten-, Kranken-, Pflege-, Arbeitslosenversicherung
vS = vermögenswirksames Sparen
st + sv Gehalt = steuer- und sozialversicherungspflichtiges Gehalt

Lösung Fall 1	West (EUR)		Ost (EUR)
Bruttogehalt	**2.500,00**		**2.500,00**
+ vL-AG	20,00		20,00
= st + sv Gehalt	2.520,00		2.520,00
– Lohnsteuer	250,00		250,00
– SolZ (5,5 % v. 250,00)	13,75		13,75
– KiSt. (8,0 % v. 250,00)	20,00	(9 % v. 250,00)	22,50
– KV (8,2 % v. 2.520,00)	206,64		206,64
– RV (9,35 % v. 2.520,00)	235,62		235,62
– AV (1,5 % v. 2.520,00)	37,80		37,80
– PV (1,275 % v. 2.520,00)	32,13		32,13
= Nettogehalt	1.724,06		1.721,56
– vS	40,00		40,00
= Überweisungsbetrag	**1.684,06**		**1.681,56**

Beim **KiSt.-Satz** von **9 % (West)** gelten in den **Fällen 1 und 2** die Abrechnungen **Ost.**

Lösung Fall 2	West (EUR)		Ost (EUR)
Bruttogehalt	**3.000,00**		**3.000,00**
+ vL-AG	20,00		20,00
= st + sv Gehalt	3.020,00		3.020,00
– Lohnsteuer	400,00		400,00
– SolZ (5,5 % v. 400,00)	22,00		22,00
– KiSt. (8,0 % v. 400,00)	32,00	(9 % v. 400,00)	36,00
– KV (8,2 % v. 3.020,00)	247,64		247,64
– RV (9,35 % v. 3.020,00)	282,37		282,37
– AV (1,5 % v. 3.020,00)	45,30		45,30
– PV (1,275 % v. 3.020,00)	38,51		38,51
= Nettogehalt	1.952,18		1.948,18
– vS	40,00		40,00
= Überweisungsbetrag	**1.912,18**		**1.908,18**

Lösung Fall 3	**West (EUR)**		**Ost (EUR)**
Bruttogehalt	**5.000,00**		**5.000,00**
+ **vL-AG**	20,00		20,00
= **st + sv Gehalt**	**5.020**,00		5.020,00
– **Lohnsteuer**	800,00		800,00
– **SolZ** (5,5 % v. 800,00)	44,00		44,00
– **KiSt.** (8,0 % v. 800,00)	64,00	(9 % v. 800,00)	72,00
– **KV** (8,2 % v. 4.350,00 BBG)	356,70		356,70
– **RV** (9,35 % v. 5.020,00)	469,37		469,37
– **AV** (1,5 % v. 5.020,00)	75,30		75,30
– **PV** (1,275 % v. 4.350,00 BBG)	55,46		55,46
= **Nettogehalt**	**3.155,17**		**3.147,17**
– **vS**	40,00		40,00
– **Vorschuss**	500,00		500,00
= **Überweisungsbetrag**	**2.615,17**		**2.607,17**

Beim **KiSt.-Satz** von **9 % (West)** gilt im **Fall 3** die Abrechnung **Ost**.

Beim **KiSt.-Satz** von **9 % (West)** ergäben sich im **Fall 4** folgende Werte:

- Kirchensteuer: 9 % von 1.600,00 EUR = 144,00 EUR
- Nettogehalt somit: 3.886,86 EUR
- Überweisungsbetrag somit: 3.846,86 EUR

Lösung Fall 4	**West (EUR)**		**Ost (EUR)**
Bruttogehalt	**6.800,00**		**6.800,00**
+ **vL-AG**	20,00		20,00
= **st + sv Gehalt**	6.820,00		6.820,00
– **Lohnsteuer**	1.600,00		1.800,00
– **SolZ** (5,5 % v. 1.600,00)	88,00		88,00
– **KiSt.** (8,0 % v. 1.600,00)	128,00	(9 % v. 1.600,00)	144,00
– **KV** (8,2 % v. 4.350,00 BBG)	356,70		356,70
– **RV** (9,35 % v. 6.350,00 BBG)	593,73	(9,35 % v. 5.700,00 BBG)	532,95
– **AV** (1,5 % v. 6.350,00 BBG)	95,25	(1,5 % v. 5.700,00 BBG)	85,50
– **PV** (1,275 % v. 4.350,00 BBG)	55,46		55,46
= **Nettogehalt**	**3.902,86**		**3.957,39**
– **vS**	40,00		40,00
= **Überweisungsbetrag**	**3.862,86**		**3.917,39**

5.10.3 Lohn- und Gehaltsbuchungen

	Soll		Betrag	Haben		Betrag
1.	265	Ford. an Mitarbeiter	800,00	282	Kasse	800,00
2.a)	484	Verb. geg. SV-Trägern	1.701,40	280	Bank	1.701,40
b)	63	Gehälter	4.289,00	280	Bank	1.466,85
				483	So. Verb. geg. Fin.	1.074,15
				484	Verb. geg. SV-Trägern	870,00
				486	Verb. a. vL	78,00
				265	Ford. an Mitarbeiter	800,00
c)	640	AGA SV	831,40	484	Verb. geg. SV-Trägern	831,40
d)	483	So. Verb. geg. Fin.	1.074,15	280	Bank	1.152,15
	486	Verb. a. vL	78,00			
3.a)	484	Verb. geg. SV-Trägern	1.564,90	280	Bank	1.564,90
b)		Bruttogehalt				3.900,00
	+	vermögenswirksame Leistung des Arbeitgebers				39,00
	=	steuer- und sozialversicherungspflichtiges Gehalt				3.939,00
	–	Lohn- und Kirchensteuer, Solidaritätszuschlag				800,00
	–	Beiträge zu Sozialversicherung: Renten-, Kranken-, Arbeitslosen-, Pflegeversicherung				790,00
	–	vermögenswirksames Sparen (Sparrate)				78,00
	–	Vorschussverrechnung				500,00
	=	Nettogehalt (Auszahlung)				1.771,00
c)	63	Gehälter	3.939,00	280	Bank	1.771,00
				483	So. Verb. geg. Fin.	800,00
				484	Verb. geg. SV-Trägern	790,00
				486	Verb. a. vL	78,00
				265	Ford. an Mitarbeiter	500,00
d)	640	AGA SV	764,90	484	Verb. geg. SV-Trägern	764,90
e)	483	So. Verb. geg. Fin.	800,00	280	Bank	878,00
	486	Verb. a. vL	78,00			
4.	620	Löhne	86.340,00	483	So. Verb. geg. Fin.	13.250,00
				484	Verb. geg. SV-Trägern	14.720,00
				486	Verb. a. vL	1.404,00
				265	Ford. an Mitarbeiter	2.000,00
				571	Zinserträge	780,00
				280	Bank	54.186,00
	640	AG-Anteil SV	13.942,94	484	Verb. geg. SV-Trägern	13.942,94

5. • Lohn- und Kirchensteuern, Solidaritätszuschlag: Finanzamt
   • Sozialversicherungsbeiträge: Krankenkassen
   • Vermögenswirksames Sparen: Bausparkassen
   • Fondssparpläne, Bausparverträge und Banksparpläne: Banken, Sparkassen und Versicherungen

6. Einkünfte aus nichtselbstständiger Arbeit

7. Die Lohnsteuer belastet den Unternehmer erfolgsmäßig nicht. Im Rahmen der Lohn- bzw. Gehaltsabrechnung wird sie dem Arbeitnehmer abgezogen und ans Finanzamt abgeführt.

8.

Bruttogehalt	4.000,00
+ vermögenswirksame Leistung des Arbeitgebers	19,50
= steuer- und sozialversicherungspflichtiges Gehalt	4.019,50
– Lohn- und Kirchensteuer, Solidaritätszuschlag	600,00
– Beiträge zur Sozialversicherung	800,00
– vermögenswirksames Sparen (Sparrate)	78,00
– Vorschussverrechnung	500,00
= Nettogehalt (Auszahlung)	2.041,50

5.11 Prüfungsaufgaben

Prüfungsaufgaben Winter 2009/2010 (Aufgabe 1)

1. Laut dem Zukunftspanel wird es in Zukunft vor allem im gewerblich-technischen Bereich in den fachlichen Ebenen des Meisters, des Technikers und der Ingenieure zu Rekrutierungsproblemen kommen. Langfristiges Ziel müsste es daher sein, Schüler/-innen frühzeitig auch für einen Beruf in diesen Bereichen zu gewinnen. Ausweitung der Ausbildungszahlen im gewerblich-technischen Bereich, Kooperation mit Schulen (Anbieten von Praktika, Unterstützung betriebsnaher Projekte), vor allem mit Haupt- und Realschulen in den sogenannten MINT-Fächern (Mathematik, Informatik, Naturwissenschaft, Technik), Ausweitung des Fortbildungsangebots. Flexible Unterstützung (Zeit/Geld) von Mitarbeitern, die sich weiterqualifizieren wollen (z. B. Techniker, Meister). Frühzeitige Gewinnung von zukünftigen Mitarbeitern durch das Anbieten von Praktika/Diplomarbeitsthemen, längerfristige Förderprogramme für Studenten und ehemalige Auszubildende (z. B. studienbegleitende Praktika auch im Ausland), um diese an das eigene Unternehmen zu binden.

2.1 Die im Betrieb vorkommenden Arbeiten werden beispielhaft beschrieben, als Ganzes bewertet und entsprechend ihrem Schwierigkeitsgrad einem Katalog von Lohngruppen pauschal zugeordnet. Vorteil ist die einfache Handhabung; Nachteile ergeben sich z. B. aus der geringen Differenzierung nach Anforderungsarten.

2.2 Schlüssige Abweichungen bei der Punktevergabe sind zulässig.

Analytische Arbeitsplatzbewertung: Tätigkeit des Industriemechanikers – Produktionstechnik		
Anforderungen	Bewertung	
	Höchstpunktzahl	Ist-Punktzahl
1. Können		
a) Ausbildung, Fachkenntnisse, Erfahrung	8	6
b) Geschicklichkeit	4	2
2. Belastung		
a) geistige Beanspruchung	5	4
b) körperliche Beanspruchung	6	4
3. Verantwortung		
a) für Betriebsmittel und Erzeugnisse	4	3
b) für die Gesundheit anderer	3	2
c) für die Arbeit anderer	3	3
4. Umwelteinflüsse		
a) Temperatur, Erkältungsgefahr	2	1
b) Öl, Fett, Schmutz, Staub	4	3
c) Unfallgefährdung	2	1
d) Lärm	3	2
e) hinderliche Schutzkleidung	1	1
Gesamtarbeitswert	**45**	**32**

2.3 Zur Durchführung von unterschiedlichen Reparaturmaßnahmen an den Produktionsmaschinen wird eine mittlere Geschicklichkeit verlangt. Der Umgang mit NC-Maschinen, die Anwendung verschiedener Metallbearbeitungstechniken sowie die selbstständige Problemlösungsfähigkeit aufgrund von Fehleranalysen erfordern sehr große Fachkenntnisse und Erfahrungen.

2.4 Schülerindividuelle Lösung, z. B.: AW-Gruppe 6, Stundenlohn: 12,19 EUR

2.5 Aufgrund der wechselnden Tätigkeiten sind Zeitaufnahmestudien als Grundlage der Vorgabezeitermittlung nicht sinnvoll. Auch die bei Reparaturen gebotene Sorgfalt verbietet gerade eine Leistungsentlohnung im Akkord.

3.1 Akkordrichtsatz = Grundentgelt + Akkordzuschlag = 15,00 EUR + 20 % = 18,00 EUR
Minutenfaktor = Akkordrichtsatz : 100 DezMin = 18,00 EUR : 100 Min. = 0,18 EUR : DezMin
Normal-Leistung = 100 Min. : Vorgabezeit = 100 Min. : 5 DezMin : Stk. = 20 St. : Std.
Ist-Leistung = (Leistungsgrad · Normal-Leistung) : 100 = 125 · 20 St. : Std. : 100 = 25 St. : Std. Wochen-Ist-Leistung = 25 St. : Std. · 40 Std. = 1.000 Stück

3.2 Wochenverdienst = Vorgabezeit · Minutenfaktor · Stückzahl
= 5 Min./St. · 0,18 EUR/Min. · 1.000 St. = 900,00 EUR

Durchschnittlicher Stundenlohn = Wochenverdienst : 40 Std. = 22,50 EUR/Std.

3.3 Der von Unternehmen und Beschäftigten gemeinsam finanzierte Beitragssatz zur gesetzlichen Krankenversicherung beträgt von Januar an einheitlich 14,6 %. Hinzu kommen 0,9 %, den die Mitglieder allein tragen.

Gehaltsabrechnung in EUR		
Steuer- und sozialversicherungs-pflichtiges Entgelt	3.210,00	3.210,00
Lohnsteuer (StKl. III, 2 Kinder)	327,50	
Solidaritätszuschlag	0,00	
Kirchensteuer	7,59	335,09
RV AN (3.210,00 · 9,95 %)	319,40	
AV AN (3.210,00 · 1,4 %)	44,94	
KV AN (3.210,00 · 8,2 %)	263,22	
PV AN (3.210,00 · 0,975 %)	31,30	658,86
		993,95
Nettoverdienst		2.216,05
So. Abzüge (vL)	40,00	40,00
Überweisungsbetrag		2.176,05

4.1 Aufgrund der Spezialisierung und der Marktkenntnis kann eine effektivere Versandabwicklung vermutet werden, schlussendlich daher Zeit- und Kostenersparnis.

Chancen: Bessere Auswahl geeigneter Versendungsformen, dadurch geringere Versandkosten (Vertriebsgemeinkosten), schnellere Reaktionsgeschwindigkeiten, aufgrund der Spezialisierung weniger Fehler

Risiken: Verlust an Unabhängigkeit, Know-how-Verlust, Image, Personalentlassungen, Informationsbarrieren, fehlende Kundenbeziehungen, Kundenakzeptanz (z. B. bei Mängeln)

4.2 Es handelt sich um betriebsbedingte Kündigungen. Das KSchG greift, da die Elto GmbH mehr als zehn Beschäftigte hat. Nach § 1 KSchG sind sozial ungerechtfertigte Kündigungen rechtsunwirksam. Nach der Reform des KSchG im Jahr 2004 ist die bei betriebsbedingten Kündigungen oft erforderliche Sozialauswahl jetzt auf die Kriterien Dauer der Betriebszugehörigkeit, Lebensalter, Unterhaltspflichten des Arbeitnehmers sowie Schwerbehinderung beschränkt.

Herr Schneider ist zu 50 % schwerbehindert und genießt entsprechend dem § 85 ff. des SGB IX besonderen Kündigungsschutz. Zwar sind auch Schwerbehinderte kündbar, allerdings sind die Auflagen (z. B. Genehmigung des Integrationsamtes) vergleichsweise hoch.

Für Frau Hambach gilt noch nicht das KSchG, da Ihr Arbeitsverhältnis im Unternehmen noch keine sechs Monate bestand (§ 1 Abs. 1 KSchG). Sie genießt nach § 622 Abs. 1 BGB eine Kündigungsfrist von vier Wochen (in der Probezeit zwei Wochen). Ihr sollte daher spätestens Ende November auf Ende Dezember 2009 gekündigt werden. Problematisch mag hierbei erscheinen, dass ihr Ehemann in leitender Funktion im Unternehmen beschäftigt ist.

Herr Winterkorn genießt als Betriebsratsmitglied gemäß § 15 Abs. 1 KSchG einen besonderen Kündigungsschutz und ist nicht kündbar.

(Hier schülerindividuelle Antwort möglich, es kommt allerdings auf die Begründung an)

Frau Meisner hat erhebliche familiäre Belastungen zu tragen. Darüber hinaus hat sie die höchste Qualifikation von allen vier Arbeitnehmern im Versand. Eine Kündigung könnte auch aufgrund ihrer Betriebszugehörigkeit als sozial ungerechtfertigt bewertet werden: Herr Schneider ist erst seit 2005 im Unternehmen. Er genießt allerdings ebenso wie Herr Winterkorn einen besonderen Kündigungsschutz. Allerdings ist Frau Meisner gut qualifiziert und noch jung, und daher erscheint u. U. eine Kündigung auch als sozial gerechtfertigt. Würde ihr gekündigt, sollte dies spätestens Ende Oktober auf Ende Dezember geschehen, da sie gemäß § 622 Abs. 2 Nr. 2 BGB mit ca. 6,5 Jahren Betriebszugehörigkeit eine Kündigungsfrist von zwei Monaten zum Ende des Kalendermonats hat.

Bei allen Arbeitnehmern bis auf Frau Hambach ist gemäß § 1 Abs. 2 Nr. 1b KSchG bzw. § 89 Abs. 1 SGB IX außerdem zu prüfen, ob ein anderer Arbeitsplatz im Unternehmen für die Arbeitnehmer infrage kommen könnte.

Prüfungsaufgaben Winter 2010/2011 (Aufgabe 1)

1. Beschreibung: Mitarbeiter werden in die Entscheidungsfindung einbezogen, Verwirklichung gemeinsam gesetzter Ziele, Ausschöpfung der vorhandenen Mitarbeiterpotenziale, zeitgemäßes Motivationsinstrument

   Vorteile:
   - besseres Betriebsklima
   - mehr Motivation der Mitarbeiter
   - höhere Entscheidungsqualität

   Nachteile:
   - Entscheidungen werden verzögert
   - Mitarbeiter benötigen entsprechende Qualifikation
   - Engagement der Mitarbeiter ist notwendig

2.

Quantitative Personalbedarfsermittlung	Stellen	
Berechnungsschema	**FA**	**M**
Gegenwärtig vorhandene Stellen (Soll-Personalbestand)	0	0
+ Anzahl neuer Stellen im Planungszeitraum	30	2
– Anzahl entfallener Stellen im Planungszeitraum	0	1
= Bruttopersonalbedarf (I)	**30**	**1**
Gegenwärtiger Personalbestand (Ist-Personalbestand)	0	0
– bekannte und erwartete Abgänge	10	1
+ bereits feststehende Zugänge	13	0
= fortgeschriebener Personalbestand (II)	**3**	**–1**
Bruttopersonalbedarf (I)	30	1
– fortgeschriebener Personalbestand (II)	3	–1
= Nettopersonalbedarf	**27**	**2**

3.1 Vorteile:
- neue Impulse
- größere Auswahl an geeigneten Bewerbern
- weniger Rivalität und Unzufriedenheit
- anderes Know-how

3.2 Z. B.:
- Anforderungen an den Stelleninhaber (z. B. Arbeitsaufgabe)
- besondere Belastungen, Flexibilität, Schichtarbeit, äußere Belastungseinflüsse
- Beschreibung des Unternehmens
- Fähigkeiten (z. B. Ausbildung, Berufserfahrung, spezielle Kenntnisse)
- Leistungen des Unternehmens (z. B. Vergütung, Arbeitszeit)
- Mitarbeiterführung

4.1

	Grundzeit	Verteilzeit	Gesamtzeit
Rüstzeit	20 Min.	1 Min.	21 Min.
+ Ausführungszeit	360 Min.	36 Min.	396 Min.
= Auftragszeit 417 Min.			

4.2 1. Schritt: Betrieb bestimmt die Höchstpunktwerte für die vier Hauptanforderungsarten (evtl. mit Gewichtung)

2. Schritt: Bewertung der Arbeit anhand der Stellenbeschreibung mit der jeweiligen Ist-Punktzahl

3. Schritt: Ermittlung der Summe der Arbeitswerte

4. Schritt: Einstufung in die Entgeltgruppen nach der Gesamtpunktzahl (Umsetzung in Lohnsätze)

5.1 Akkordrichtsatz = 16,00 EUR + 15 % = 18,40 EUR

$$\text{Stückakkordsatz} = \frac{\text{Akkordrichtsatz}}{\text{Normal-Leistung je Std.}} = \frac{18{,}40}{12} = 1{,}5333\ldots\ \text{EUR}$$

Bruttolohn = Stück · Stückakkordsatz = 525 · 1,5333... = 805,00 EUR

5.2 Effektiver Stundenlohn = 805 : 37,5 = 21,47 EUR

6.1

Bruttogehalt	2.780,00
– Lohnsteuer (Steuerklasse I = ledig)	467,50
– Solidaritätszuschlag	25,71
– Kirchensteuer aus Anlage 2 = konfessionslos	
– Krankenversicherung (7,9 %)	219,62
– Rentenversicherung (9,95 %)	276,61
– Arbeitslosenversicherung (1,4 %)	38,92
– Pflegeversicherung (0,975 %)	27,11
= Nettogehalt	1.724,53

6.2

63	Gehälter	2.780,00	an	280 Bank	1.724,53
				483 So. Verb. geg. Fin.	493,21
				484 Verb. geg. SV-Trägern	562,26

6.3

KV	194,60 EUR
RV	276,61 EUR
AV	38,92 EUR
PV	27,11 EUR
	537,24 EUR

640 AGA SV	537,24	an 484 Verb. geg. SV-Trägern	537,24

7. Vorteile:
- einfache Handhabung
- leichte Auswertung
- gute Vergleichbarkeit
- größere Objektivität

Nachteile:
- Vorgesetzter hat keinen Spielraum bei den Kriterien.
- Auf individuelle Verhältnisse kann nicht eingegangen werden.
- keine Gewichtung
- Schlüsselqualifikationen wurden zu wenig berücksichtigt.

8.1 Innerbetrieblicher Zeitvergleich sowie Branchenvergleich (Benchmarking) ermöglichen dem Betrieb, die aktuelle Lage zu beurteilen, um entsprechende Schritte für eine positive Unternehmensführung einzuleiten.

8.2
- besseres Entlohnungssystem (evtl. mit verstärkten Leistungsanreizen)
- Änderungen beim Führungsstil
- Prämien, Erfolgsbeteiligung
- Aufbau einer betrieblichen Altersvorsorge

Folge: besseres Betriebsklima, geringere Fluktuationsrate

9.1 Die Kündigungsfrist beträgt vier Wochen zum 15. oder zum Ende eines Monats. Frühestes Ausscheiden ist mit Ablauf des 31.08.2009 möglich.

9.2
- Auszubildende
- Schwerbehinderte
- werdende Mütter
- Wehr- und Zivildienstleistende
- Betriebsräte

Prüfungsaufgaben Sommer 2012 (Aufgabe 1)

1. Stellenanzeige

Wir sind ein mittelständisches Unternehmen der metallverarbeitenden Industrie mit Hauptsitz unmittelbar an der Schweizer Grenze und beschäftigen derzeit ca. 200 Mitarbeiter. Zum 01.10.2012 ist nun die Stelle des/der

Assistenten/Assistentin der Abteilung Verkauf

neu zu besetzen.

Zu Ihrem Aufgabengebiet gehören:

- Unterstützung des Verkaufsleiters
- Umsetzung organisatorischer Vorgaben
- Auftrags- und Terminkoordinierung
- Korrespondenz
- Abwicklung von Aufträgen
- Absprachen mit der Produktion
- Planung von verkaufsfördernden Maßnahmen

Sie vertreten den Leiter Verkauf und haben Kontakt mit allen außerbetrieblichen Stellen. Alle Sachbearbeiter Verkauf sowie das Sekretariat sind Ihnen unterstellt.

Sie bringen idealerweise folgende Eigenschaften mit:

- langjährige Berufserfahrung
- Organisationsgeschick
- Belastbarkeit
- Fremdsprachenkenntnisse (Englisch und Spanisch)
- Teamfähigkeiten
- Kontaktfreudigkeit

Wenn Sie sich vorstellen können, diese Aufgabe in einem jungen, aufgeschlossenen Team zu bewältigen, dann freuen wir uns auf Ihre Bewerbung an:
Bla-Sa GmbH, Bahnhofstr. 97, 79855 Freiburg, Personalbüro, Herr Blauer

2.

Kriterien	Gewicht	Frau Bercher		Frau Dressler	
		Bewertung	G · B	Bewertung	G · B
Berufserfahrung	40	5	200	5	200
Belastbarkeit	30	4	120	4	120
Sprachkenntnisse	20	2	40	3	60
Kommunikations-/ Teamfähigkeit	10	4	40	5	50
Summe	100		400		430

schülerabhängige Antworten

3. **Arbeitsvertrag**

Zwischen *Bla-SA GmbH* – nachfolgend Firma genannt – und *Claudia Dressler* – nachfolgend Mitarbeiter genannt – wird folgender Arbeitsvertrag geschlossen.

§ 1 Beginn des Arbeitsverhältnisses
Das Arbeitsverhältnis beginnt am *01.10.2012.*

§ 2 Tätigkeit
Der Mitarbeiter wird als kaufmännischer Angestellter eingestellt. Ihm wird die stellvertretende Leitung der Abteilung *Verkauf* übertragen. Das Aufgabengebiet umfasst die *Unterstützung des Verkaufsleiters* sowie die *Umsetzung organisatorischer Vorgaben.* Für den Umfang des Aufgabengebietes ist im Übrigen die dem Mitarbeiter ausgehändigte Stellenbeschreibung maßgebend.

§ 3 Vergütung
Der Mitarbeiter erhält ein monatliches Bruttogehalt in Höhe von EUR *3.729,00,* zahlbar nachträglich am letzten Werktag des Monats.

§ 4 Arbeitszeit
Die wöchentliche Arbeitszeit beträgt 37 Stunden. Der Mitarbeiter verpflichtet sich, seine ganze Arbeitskraft für die Firma einzusetzen und soweit erforderlich und zumutbar auch über die betriebsübliche Arbeitszeit von Wochenstunden hinaus tätig zu werden.

§ 5 Urlaub
Der Erholungsurlaub beträgt *24* Werktage im Kalenderjahr. Die Lage des Urlaubs ist mit der Firma abzustimmen. ~~Nach einem Anstellungsverhältnis von 2 Jahren verkürzt sich der Urlaub um *5* Tage.~~

§ 6 Arbeitsverhinderung/Krankheit
(1) Ist der Mitarbeiter durch Krankheit oder sonstige Ereignisse an der Arbeitsleistung verhindert, so hat er der Firma unverzüglich Mitteilung zu machen und dabei die Gründe der Verhinderung anzugeben. Er hat dabei gleichzeitig auf etwaige dringliche Arbeiten hinzuweisen.
(2) Eine Arbeitsunfähigkeit durch Krankheit ist außerdem binnen drei Tagen durch eine ärztliche Bescheinigung oder eine entsprechende Mitteilung der Krankenkasse nachzuweisen; dabei ist die voraussichtliche Dauer der Arbeitsunfähigkeit anzugeben.

§ 7 Gehaltsfortzahlung bei Krankheit/Tod
Die Fortzahlung der Vergütung erfolgt im Krankheitsfall nach den gesetzlichen Bestimmungen und beträgt daher derzeit *6 Wochen.*

Freiburg, den ____________________

Arbeitgeber/ges. Vertreter ____________________ Arbeitnehmer ____________________

Kurzmitteilung an Herrn Blauer

Im Arbeitsvertrag fehlen folgende Punkte:

- *Anschrift der Vertragsparteien*
- *Arbeitsort*
- *Zusammensetzung des Arbeitsentgelts*
- *Hinweis auf Tarifvertrag etc.*
- *Kündigungsfristen*

4.

Gehalt für Frau Dressler (3.390,00 + 10 %)	3.729,00
Abgaben	
– Rentenversicherung (9,95 %)	371,04
– Arbeitslosenversicherung (1,5 %)	55,94
– Pflegeversicherung (0,975 %) BBG berücksichtigen! (3.712,50)	36,20
– Krankenversicherung (8,2 %) BBG berücksichtigen! (3.712,50)	304,43
Summe Sozialabgaben	767,61
Steuern	
– Lohnsteuerklasse II (alleinerziehend, 2 Kinder)	650,58
– Solidaritätszuschlag 2 Kinder	15,64
– Kirchensteuer[1] 2 Kinder	25,60
Summe Steuern	691,82
Netto (3.729,00 – 767,61 – 691,82)	2.269,57

Buchung der Gehaltsabrechnung

Arbeitgeberanteil SV	
– Rentenversicherung (9,95 %)	371,04
– Arbeitslosenversicherung (1,5 %)	55,94
– Pflegeversicherung (0,975 %) BBG berücksichtigen!	36,20
– Krankenversicherung (7,3 %) BBG berücksichtigen!	271,01
Summe	734,19

[1] (Annahme: Sie ist kirchensteuerpflichtig; alternativ ohne Berechnung der Kirchensteuer Lösung auch möglich)

63 Gehälter	3.729,00	an	483	So. Verb. geg. Fin.	691,82
			484	Verb. geg. SV-Trägern	767,61
			28	Bank	2.269,57

AG-Anteil:

64 AG-Anteil SV	734,19	an	484	Verb.geg.SV-Trägern	734,19

Abführung der Beiträge an Finanzamt und SV-Träger:

483 So. Verb. geg. Fin.	691,82	an	28	Bank	2.193,62
484 Verb. geg. SV-Trägern (767,61 + 734,19)	1.501,80				

Prüfungsaufgaben Winter 2013/2014 (Aufgabe 1)

1.1.1

Abteilung:	Buchhaltung
gegenwärtig vorhandene Stellen (Soll-Personalbestand)	9
+ Anzahl neuer Stellen im Planungszeitraum	0
– Anzahl entfallener Stellen im Planungszeitraum	1
Bruttopersonalbedarf (I)	**8**
gegenwärtiger Personalbestand (Ist)	10
– bekannte und erwartete Abgänge	2
+ bereits feststehende Zugänge	
fortgeschriebener Personalbestand (II)	8
Nettopersonalbedarf (I–II)	**0**

Abteilung:	Produktionsbereich Abfüllung
gegenwärtig vorhandene Stellen (Soll-Personalbestand)	30
+ Anzahl neuer Stellen im Planungszeitraum	3
– Anzahl entfallener Stellen im Planungszeitraum	0
Bruttopersonalbedarf (I)	**33**
gegenwärtiger Personalbestand (Ist)	30
– bekannte und erwartete Abgänge	3
+ bereits feststehende Zugänge	0
fortgeschriebener Personalbestand (II)	27
Nettopersonalbedarf (I–II)	**6**

1.1.2

	Checkliste für die Personalbeschaffung	Abteilung	Erledigt
	Information des Betriebsrates	Personalabteilung	
	interne Stellenausschreibung veröffentlichen	PA (HR)	
	eingegangene Bewerbungen sichten und erfassen	PA	
	Bewerbungen auswerten	PA, Fachabteilung	
	Bewerber zum Bewerbergespräch einladen	PA	
	Bewerbergespräch durchführen und auswerten	PA, Fachabteilung	

Checkliste für die Personalbeschaffung	Abteilung	Erledigt
Personalentscheidung treffen und Bewerber informieren	PA, Fachabteilung	
Information des Betriebsrates	PA	
Absagen an die nicht zum Zuge gekommenen Bewerber	PA	

Spartenleiter: Entscheidung externe oder interne Personalbeschaffung

Argumente für die interne Personalbeschaffung	Argumente für die externe Personalbeschaffung
Bewerber hat gute Kenntnisse über interne Abläufe, Ansprechpartner und die Firmenphilosophie	neuen Kenntnisse/Methoden durch externen Bewerber
Stärken und Schwächen des Bewerbers sind der Unternehmensleitung weitestgehend bekannt	größere Auswahlmöglichkeit bei der externen Stellenbesetzung
Motivation für vorhandenes Personal steigt durch Aufstiegschancen	Absagen demotivieren interne Bewerber

1.2 Schülerindividuelle Lösung:

Arbeitsanforderung	Höchstpunktzahl	Ist-Punktzahl
I. Fachkönnen		
a) Fachkenntnisse/Berufsausbildung, Berufserfahrung	7	5
b) Geschicklichkeit/Handfertigkeit	4	2
II. Anstrengung		
a) geistige Beanspruchung	6	2
b) körperliche Beanspruchung	5	2
III. Verantwortung		
a) für Werkstücke und Betriebsmittel	3	1
b) für die Gesundheit anderer	4	1
c) für die Arbeitsgüte	3	2
IV. Umwelteinflüsse		
a) Temperaturbeeinflussung	2	1
b) Öl, Fett, Schmutz, Erschütterung	4	1
c) Gase, Dämpfe, Erschütterungen	2	2
d) Unfallgefährdung	2	1
e) Lärm, Blendung, Lichtmangel, Erkältungsgefahr	3	1
Summe der Punkte Arbeitswert	45	21

Erreichte Ist-Punktzahl: 21
Entgeltgruppe: 4

1.3.1	Gehalt	4.000,00 EUR	
	Abzüge Sozialversicherung		
	Rentenversicherung	378,00 EUR	(9,45 %)
	Arbeitslosenversicherung	60,00 EUR	(1,5 %)
	Pflegeversicherung (BBG)	40,36 EUR	(1,025 % von BBG)
	Krankenversicherung (BBG)	322,88 EUR	(8,2 % von BBG)
	Summe Sozialabgaben	801,24 EUR	
	Abzüge Steuer		
	Lohnsteuer, Klasse III, Kinderfreibetrag 1,0	459,33 EUR	
	Solidaritätszuschlag	16,83 EUR	
	Kirchensteuer	24,48 EUR	
	Summe Steuer	500,64 EUR	
	Nettogehalt	2.698,12 EUR	

1.3.2 Buchungen:

(484	Verb. geg. SV-Trägern	1.567,04 EUR	280	Bank	1.567,04 EUR)

(Alternative Lösung bei Vorauszahlung der Sozialversicherungsbeiträge AG und AN)

63	Gehälter	4.000,00 EUR	483	So. Verb. geg. Fin.	500,64 EUR
			484	Verb. geg. SV-Trägern	801,24 EUR
			280	Bank	2.698,12 EUR
64	AG-Anteil SV	765,80 EUR	484	Verb. geg. SV-Trägern	765,80 EUR
483	So. Verb. geg. Fin.	500,64 EUR	280	Bank	500,64 EUR

1.4 Kündigung ist möglich aus verhaltensbedingten Gründen (KSchG), allerdings erst nach erfolgter Abmahnung und keiner Besserung des Verhaltens.
Der Betriebsrat muss vor der Kündigung gehört werden (BetrVG).
Schutz vor sozial ungerechtfertigter Kündigung.
Gesetzliche Kündigungsfrist vier Wochen auf den 15. bzw. auf das Monatsende.

Prüfungsaufgaben Sommer 2015 (Aufgabe 2, teilweise)

2.2

Kriterium	Reisender	Handelsvertreter
Vertragsverhältnis/ Rechtsstellung	Arbeitsvertrag kfm. Angestellter	Agenturvertrag selbstständiger Kaufmann
Weisungsgebundenheit	stark weisungsgebunden	freie Gestaltung seiner Tätigkeit, nicht weisungsgebunden
Entgelt	Gehalt + Provision	Provision
Arbeitsweise	eher unternehmensorientiert	eher einkommensorientiert
Fachkenntnis „Mobil Fit Clock“	eher hoch	eher gering
Marktnähe	eher gering	bei Mehrfirmenvertreter hoch

Kosten HR					=	Kosten HV		
Fixe Kosten	+	variable Kosten	·	Menge (Umsatz)	=	variable Kosten	·	Menge (Umsatz)
K_{fix}	+	K_v	·	x	=	K_v	·	x
(3.000,00 EUR · 12 + 800 · 12)	+	4%	·	x	=	3%	·	x
45.600,00 EUR	+	4%	·	x	=	3%	·	x

In die Formel 1 Mio. EUR Umsatz einsetzen. Ergebnisse siehe Tabelle.
Bezüglich der Zeichnung ist darauf zu achten, dass bei einem Umsatz von 0,00 EUR die Kosten für den Reisenden nur dem Fixkostenanteil in Höhe von 45.600,00 EUR entsprechen. Beim Vertreter ist es der Wert 0. Die Gerade startet dann im Ursprung (Schnittpunkt Kosten und Umsatzachse) des Koordinatensystems.

Umsatz Mio. EUR	Kosten Reisender EUR	Kosten Vertreter EUR
1.000.000,00	75.600,00	40.000,00
2.000.000,00	105.600,00	80.000,00
3.000.000,00	135.600,00	120.000,00
4.000.000,00	165.600,00	160.000,00

Umsatz Mio. EUR	Kosten Reisender EUR	Kosten Vertreter EUR
5.000.000,00	195.600,00	200.000,00
6.000.000,00	225.600,00	240.000,00
7.000.000,00	255.600,00	280.000,00
8.000.000,00	285.600,00	320.000,00
9.000.000,00	315.600,00	360.000,00
10.000.000,00	345.600,00	400.000,00

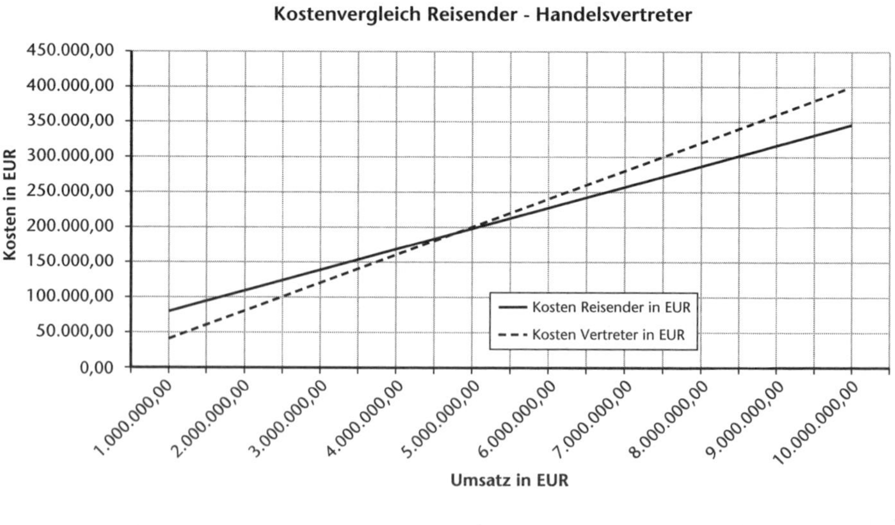

Da bereits im nächsten Jahr mit einem Jahresumsatz von 6 Mio. EUR gerechnet wird, ist der Reisende künftig kostengünstiger.

2.3 Externe Stellenbesetzung

Abteilung Marketing ist derzeit unterbesetzt, externe Personalbeschaffung vermeidet weitere Engpässe bzw. ein „Besetzungskarussell".
Die Gefahr der „Betriebsblindheit" wird vermieden.
Extern angeworbene MA können neue Ideen in das Unternehmen einbringen.

Aufgaben:
- Vorstellung und Verkauf unserer Produkte
- Kundenberatung und Kundenbetreuung
- laufende Marktbeobachtung
- Erfassung von Kundenwünschen ...

Anforderungen:
- Kommunikationsfähigkeit, sichere Gesprächsführung
- sicheres Auftreten
- Erfahrung im Vertrieb
- Pkw-Führerschein, Reisebereitschaft
- selbstständige Arbeitsweise ...

Eingeladen werden sollten:

- Laura Hermann:
  - im Vergleich zu den Mitbewerbern bester Schulabschluss
  - durch Ausbildung zur Groß- und Außenhandelskauffrau mit den Bedürfnissen der MobilTec-Kunden vertraut
  - Vertriebserfahrung durch zehnjährige Tätigkeit als Handlungsreisende
  - Kommunikationsfähigkeit durch passende Zusatzqualifikationen (Verkaufsförderung, Rhetorik) erweitert

- Marie Müller:
  - gute Schulbildung
  - als Industriekauffrau aus der Computerbranche Nähe zum Produktspektrum der MobilTec AG
  - seit zehn Jahren Berufserfahrung im PC-Bereich
  - Fachkompetenz durch EDV-Kurse der VHS erweitert
  - Bisheriger Arbeitgeber ist ebenfalls am Firmensitz der MobilTec AG.

Prüfungsaufgaben Winter 2015/2016 (Aufgabe 2)

2.1

Quantitative Personalbedarfsermittlung	Stellen	
Berechnungsschema		
Gegenwärtig vorhandene Stellen (Soll-Personalbestand)	120	
+ Anzahl neuer Stellen im Planungszeitraum	6	(5 % v. 120)
– Anzahl entfallener Stellen im Planungszeitraum	0	
= Bruttopersonalbedarf (I)	**126**	
Gegenwärtiger Personalbestand (Ist-Personalbestand)	118	
– bekannte und erwartete Abgänge	15	(8 + 7)
+ bereits feststehende Zugänge	11	(8 + 3)
= fortgeschriebener Personalbestand (II)	**114**	
Bruttopersonalbedarf (I)	126	
– fortgeschriebener Personalbestand (II)	114	
= Nettopersonalbedarf	**12**	

2.2.1 Z. B.
Pro Akkordentlohnung:

- Arbeitsproduktivität steigt
- steigt die Arbeitsproduktivität stärker als die Lohnkosten pro Stunde, sinken die Lohnstückkosten
- ggf. höhere Motivation der Mitarbeiter durch leistungsbezogene Entlohnung

Pro Stundenlohn:

- qualitativ hochwertige Produkte des Unternehmens erfordern hohe Sorgfalt, geringe Fehlerquoten
- höhere Arbeitszufriedenheit durch geringeren Zeitdruck
- einfache Berechnung des Bruttoentgelts

2.2.2 Akkordrichtsatz: 18,00 EUR · 1,3 = 23,40 EUR/Std.
Minutenfaktor: 23,40 EUR : 60 Min. = 0,39 EUR/Min.

2.3

- Durch Nutzung von Stellenanzeigen besteht eine größere Auswahl an Bewerbern.
- Externe Bewerber bringen betriebsfremde und eigene Erfahrungen und Ideen ein.
- Ehemalige Mitarbeiter von Wettbewerbern verfügen über bessere Marktkenntnisse.

2.4 Die Stelle wird in EG6 (2.908,00 EUR) eingeordnet: Sie erfordert eine dreijährige Berufsausbildung, umfasst kaufm. Sachbearbeitung, erfordert aber keine Personalverantwortung.

Vorteil summarischer Verfahren:	einfache Handhabung durch katalogisierte Beispiele
Nachteil:	mangelnde Vergleichbarkeit und Subjektivität der Einschätzung, da Anforderungen nicht differenziert bewertet werden

2.5 Zusätzliche Aufgaben:

- Personalführung
- Personalbeurteilung
- Umsatzplanung

Zusätzliche Anforderungen:

- Führungserfahrung
- Ausbildung: geeignete Zusatzqualifikation, z. B. Fachwirt, Fachkaufmann
- unternehmerisches Denken

2.6

Gehaltsabrechnung						
Bruttogehalt (Steuerbrutto)		5.022,00 EUR				
Steuerabzüge						
Lohnsteuer		1.124,33 EUR				
KiSt.		85,14 EUR				
SolZ		58,53 EUR				
	Verb. FA	1.268,00 EUR				
SV-Beiträge					**SV-AG**	
KV	8,2%	338,25 EUR	4.125,00 EUR	BBG	7,3%	301,13 EUR
PV	1,175%	48,47 EUR	4.125,00 EUR	BBG	1,175%	48,47 EUR
RV	9,35%	469,56 EUR	5.022,00 EUR		9,35%	469,56 EUR
AV	1,5%	75,33 EUR	5.022,00 EUR		1,5%	75,33 EUR
	SV-AN	931,61 EUR				894,48 EUR
Nettogehalt		2.822,39 EUR				

6300	Gehälter	5.022,00	an	4830	So. Verb. geg. Fin.	1.268,00
				4840	Verb. geg. SV-Trägern	931,61
				2800	Bank	2.822,39
6400	AG SV	894,49	an	4840	Verb. geg. SV-Trägern	894,49
4830	So. Verb. geg. Fin.	1.268,00	an	2800	Bank	3.094,10
4840	Verb. geg. SV-Trägern	1.826,10				

Hinweis: Eine Verwendung des Kontos 2640 SV-Beitragsvorauszahlung ist möglich, aber nicht notwendig.

6 Investition und Finanzierung

6.1 Bilanzieller Zusammenhang zwischen Investition und Finanzierung

1. Finanzierung = Mittelherkunft: sichtbar auf der Passivseite der Bilanz (Eigen-, Fremdkap.)
   Investition = Mittelverwendung: Umwandlung des Geldkapitals in Produktionsgüter
   → sichtbar auf der Aktivseite der Bilanz

2. Vgl. Stofftelegramm.

6.2 Kapitalbedarfs- und Investitionsrechnung, Finanzplan

1. **Kapitalbedarf für das Anlagevermögen:**

   Baukosten + Nebenkosten + Werkzeuge + div. Maschinen + Transportmittel + eis. Bestand = **3.080.000,00 EUR**

   Kapitalbedarf für das Umlaufvermögen:

	tägl. Ausg. pro St.	Tagesbedarf	Kapitalbindg.	Kapitalbedarf
Material	30,00	30.000,00	50 Tage	1.500.000,00
Löhne	40,00	40.000,00	40 Tage	1.600.000,00
FGK		4.000,00	40 Tage	160.000,00
Lagerung FE		500,00	35 Tage	17.500,00
Vertriebs-GK		500,00	18 Tage	9.000,00
Verwalt.-GK		1.000,00	60 Tage	60.000,00
Kapitalbedarf für das Anlagevermögen:				**3.346.500,00**

   3.080.000,00 + 3.346.500,00 = **6.426.500,00** EUR Kapitalbedarf insgesamt

2./3. Vgl. Stofftelegramm.

4. a) <u>Kosten Verfahren I</u> = <u>Kosten Verfahren II</u>
   200 x + 10.000 = 300 x + 8.000
   kritische Menge x = 20

   b) Bis zur Produktionsmenge von 20 Stück ist Verfahren II günstiger, danach Verfahren I.

5.

	Anlage A	Anlage B
Abschreibungen	100.000,00 EUR	150.000,00 EUR
Kapitalrückfluss	150.000,00 + 100.000,00 = 250.000,00 EUR	170.000,00 + 150.000,00 = 320.000,00 EUR
Kapitalrückfl.zeit (Amortisationszeit) = Kapitaleinsatz/ Kapitalrückfluss	$\frac{1.000.000}{250.000}$ = 4 Jahre	$\frac{1.200.000}{320.000}$ = 3,75 Jahre

6. Rentabilität Investition A: 160.000,00 : (2.000.000,00 : 2) · 100 = 16 %

   Rentabilität Investition B: 140.000,00 : (1.400.000,00 : 2) · 100 = 20 %

   → Investition B ist vorzuziehen.

7.1

		Protex 518		20900/43
Preis		366.000,00		399.000,00
+ Werkzeug		108.000,00		86.000,00
+ Montage		6.700,00		0,00
+ Bezugskosten		8.900,00		
= Summe		489.600,00		
– Liefererskonto	2 %	9.792,00	3 %	14.874,00
= Anschaffg.kosten		479.808,00		480.926,00
Abschreibungen	8 Jahre	59.976,00	8 Jahre	60.115,75
+ Gewinn		35.000,00		58.000,00
= Summe		94.976,00		118.115,75

Amortisationszeit „Protex 518“ = 479.808,00 : 94.976,00 = 5,05 Jahre

Amortisationszeit „20900/43“ = 480.926,00 : 118.115,75 = 4,07 Jahre

Die Maschine 20900/43 ist trotz höheren Einstandspreises aufgrund der geringeren Amortisationszeit zu bevorzugen.

7.2 $$\text{Rentabilität} = \frac{(\text{Gewinn} + \text{kalk. Zinsen}) \cdot 100}{\text{durchschnittlicher Kapitaleinsatz}}$$

$$\text{Rentabilität (Protex)} = \frac{35.000 \cdot 100}{239.904} = 14{,}59\ \%$$

$$\text{Rentabilität (20900)} = \frac{58.000 \cdot 100}{240.463} = 24{,}12\ \%$$

Auch unter Renditegesichtspunkten ist die Anlage 20900/43 vorzuziehen.

8.1.1 Vorbereitung:

		EUR
Anlagen		1.700.000,00
Behörden		60.000,00
Organisation		50.000,00
Werbung		80.000,00
Mindestbestand R, H, B		60.000,00
		1.950.000,00
Laufender Geschäftsbetrieb:		
Materialeinzelkosten (20 + 45 + 40 + 30 – 60 = 75)	75 · 6.000,00	450.000,00
Materialgemeinkosten	25 %	112.500,00
Fertigungslöhne (45 + 40 + 30 = 115)	115 · 8.000,00	920.000,00
Fertigungsgemeinkosten	110 %	1.012.000,00
Verwaltungs- und Vertriebsgemeinkosten	135 · 3.500,00	472.500,00
		2.967.000,00
Gesamtkapitalbedarf		4.917.000,00

8.1.2 zu geringe Nachfrage, verspätete Kundenzahlungen, Kostenänderungen u. a.

8.2.1

	Maschine 1	Maschine 2
Abschreibung (Anschaffungskosten : Nutzungsdauer)	25.000,00	29.000,00
kalk. Zinsen $\left(\frac{\text{Anschaffungsk. + evtl. Restwert}}{2} \cdot \frac{\text{kalk. Zinssatz}}{100}\right)$	12.500,00	14.500,00
sonstige fixe Kosten	15.000,00	12.000,00
variable Kosten (k_v · Kapazität)	50.000,00	52.500,00
Gesamtkosten	102.500,00	108.000,00
Gesamterlös (Kapazität · Marktpreis : Stück)	116.000,00	145.000,00
Gewinn	13.500,00	37.000,00
Rentabilität ([13.500 + 12.500] : 125.000 · 100 = 10,80 %)	20,80 %	35,51 %
Amortisation 250.000 : (13.500 + 25.000) = 6,5	6,5 Jahre	4,4 Jahre

8.2.2 Sowohl unter Rentabilitäts- als auch unter Amortisationsgesichtspunkten ist die Maschine 2 vorzuziehen.

8.2.3

	Maschine 1	Maschine 2
Abschreibung	25.000,00	29.000,00
kalk. Zinsen	12.500,00	14.500,00
sonstige fixe Kosten	15.000,00	12.000,00
variable Kosten	50.000,00	42.000,00
Gesamtkosten	102.500,00	97.500,00
Gesamterlös	116.000,00	116.000,00
Gewinn	13.500,00	18.500,00
Rentabilität	20,80 %	22,75 %
Amortisationszeit in Jahren	6,5	6,1

Die Entscheidung fällt weiterhin zugunsten von Maschine 2 aus.

6.4 Beteiligungsfinanzierung (Eigenfinanzierung)

1. Einzelunternehmung: Einbringung von Kapital durch Einzelunternehmer; aus Privatvermögen wird Eigenkapital

   KG: Kapitalerhöhung durch bisherige Gesellschafter oder neue Gesellschafter

   GmbH: Kapitalerhöhung (Erhöhung des gezeichneten Kapitals) durch bisherige Gesellschafter

   oder Aufnahme neuer Gesellschafter

2. Vgl. Stofftelegramm.

6.5 Fremdfinanzierung

6.5.1 Kontokorrentkredit und Darlehen

1. Vgl. Stofftelegramm.

2. a) Vgl. Stofftelegramm.
   b) Tilgung des Gesamtbetrages auf einmal

c) nicht kündbar durch den Kreditgeber vor Vertragsablauf
d) Vorteile:
- nur laufende Zinsbelastung (keine laufende Tilgung)
- Während der Laufzeit ist der Gesamtbetrag verfügbar.

Nachteile:
- hohe Liquiditätsbelastung bei Gesamttilgung
- höhere Zinsbelastung insgesamt

3.

Alternative 1: Fälligkeitsdarlehen					
Jahr	Anfangsschuld	Zinsen	Tilgung	Zins + Tilgung	Restschuld
01	120.000,00	12.000,00	---	12.000,00	120.000,00
02	120.000,00	12.000,00	---	12.000,00	120.000,00
03	120.000,00	12.000,00	---	12.000,00	120.000,00
...					
10	120.000,00	12.000,00	120.000,00	132.000,00	---
Summen	---	120.000,00	120.000,00	240.000,00	---

Alt. 2: (Kündigungsdarlehen) Unterschiede zu Alt. 1: Laufzeit unbestimmt; andere Summen

Alternative 3: Abzahlungsdarlehen (Ratendarlehen)					
Jahr	Anfangsschuld	Zinsen	Tilgung	Zins + Tilgung	Restschuld
01	120.000,00	12.000,00	12.000,00	24.000,00	108.000,00
02	108.000,00	10.800,00	12.000,00	22.800,00	96.000,00
03	96.000,00	9.600,00	12.000,00	21.600,00	84.000,00
04	84.000,00	8.400,00	12.000,00	20.400,00	72.000,00
05	72.000,00	7.200,00	12.000,00	19.200,00	60.000,00
06	60.000,00	6.000,00	12.000,00	18.000,00	48.000,00
07	48.000,00	4.800,00	12.000,00	16.800,00	36.000,00
08	36.000,00	3.600,00	12.000,00	15.600,00	24.000,00
09	24.000,00	2.400,00	12.000,00	14.400,00	12.000,00
10	12.000,00	1.200,00	12.000,00	13.200,00	---
Summen ---		66.000,00	120.000,00	186.000,00	---

Alternative 4: Annuitätendarlehen					
Jahr	Anfangsschuld	Zinsen	Tilgung	Zins + Tilgung	Restschuld
01	120.000,00	12.000,00	8.000,00	20.000,00	112.000,00
02	112.000,00	11.200,00	8.800,00	20.000,00	103.200,00
03	103.200,00	10.320,00	9.680,00	20.000,00	93.520,00
04	93.520,00	9.350,00	10.650,00	20.000,00	82.870,00
05	82.870,00	8.290,00	11.710,00	20.000,00	71.160,00
06	71.160,00	7.120,00	12.880,00	20.000,00	58.280,00
07	58.280,00	5.830,00	14.170,00	20.000,00	44.110,00
08	44.110,00	4.410,00	15.590,00	20.000,00	28.520,00
09	28.520,00	2.850,00	17.150,00	20.000,00	11.370,00
10	11.370,00	1.140,00	11.370,00	12.510,00	---
Summen ---		72.510,00	120.000,00	192.510,00	---

Kostenvergleich: Summe der Zinsen insgesamt beim

- Fälligkeitsdarlehen (Alternative 1): 120.000,00 EUR
- Kündigungsdarlehen (Unterstellung: Kündigung nach zehn Jahren): 120.000,00 EUR
- Abzahlungsdarlehen: 66.000,00 EUR
- Annuitätendarlehen: 72.510,00 EUR

6.5.2 Leasing

1.–4. Vgl. Stofftelegramm.

5. a) Financial Leasing

5. b)

Ende des Jahres	Kreditkauf			Leasing	Differenz
	Tilgung	Zinsen von der Restschuld	Summe		Kredit-Leasing
1	40.000,00	20.000,00	60.000,00	50.000,00	10.000,00
2	40.000,00	16.000,00	56.000,00	50.000,00	6.000,00
3	40.000,00	12.000,00	52.000,00	50.000,00	2.000,00
insgesamt	120.000,00	48.000,00	168.000,00	150.000,00	+18.000,00
Liquiditätsvorteil bei Leasing in den ersten drei Jahren: 18.000,00 EUR → Entscheidung: Leasing					

5. c)

Ende des Jahres	Aufwand Kreditkauf			Aufwand Leasing	50 % Steuerminderung	
	Abschreib.	Zinsen	Summe	Leasingrate	Kreditkauf	Leasing
1	25.000,00	20.000,00	45.000,00	50.000,00	22.500,00	25.000,00
2	25.000,00	16.000,00	41.000,00	50.000,00	20.500,00	25.000,00
3	25.000,00	12.000,00	37.000,00	50.000,00	18.500,00	25.000,00
					61.500,00	75.000,00
→ Steuerminderungsvorteil bei Leasing in den ersten drei Jahren: 13.500,00 EUR						

6.1 Vorteile Darl. geg. Leasing:
- Problematik einer unkündbaren Grundmietzeit entfällt
- freie Verfügbarkeit der finanzierten Anlagen

6.2 Vgl. Stofftelegramm.

6.3.1

	Kreditfinanzierung					Mietfinanzierung	
Jahr	Zins	Tilgung	Geldabfluss	Abschreibungen	Aufwand	%-Satz	Mietzahlung
1	13.000,00	40.000,00	53.000,00	25.000,00	38.000,00	46	92.000,00
2	10.400,00	40.000,00	50.400,00	25.000,00	35.400,00	36	72.000,00
3	7.800,00	40.000,00	47.800,00	25.000,00	32.800,00	36	72.000,00
4	5.200,00	40.000,00	45.200,00	25.000,00	30.200,00	4	8.000,00
5	2.600,00	40.000,00	42.600,00	25.000,00	27.600,00	4	8.000,00
6	---	---	---	25.000,00	25.000,00	4	8.000,00
7	---	---	---	25.000,00	25.000,00	4	8.000,00
8	---	---	---	25.000,00	25.000,00	4	8.000,00
	39.000,00	200.000,00	239.000,00	200.000,00	239.000,00		276.000,00

6.3.2 Aufwandsverteilung: bei Kredit gleichmäßiger, was steuerlich evtl. vorteilhaft ist
Gesamtbelastung: bei Kredit geringer
Investitionsrisiko: bei Leasing nach drei Jahren gering, davor hoch

6.6 Innenfinanzierung: Offene Selbstfinanzierung

1. a) Offene Selbstfinanzierung = Nichtausschüttung von Gewinnen
   b) Eigenkapital c) Vgl. Stofftelegramm.
2. KG: Gutschrift nicht ausgeschütteter Gewinne der Komplementäre auf Kapitalkonten
   GmbH: Einstellung nicht ausgeschütteter Gewinne in Rücklagen (Erhöhung Eigenkapital)
3. a) Geschäftsführer: Interesse an hoher Rücklagenbildung (geringer Ausschüttung), um der GmbH möglichst wenig liquide Mittel zu entziehen
   Gesellschafter: Interesse an hoher Ausschüttung (geringer Rücklagenbildung), da zumeist „Geldbedarf"
   Weiteres vgl. Stofftelegramm
   b) Vgl. Stofftelegramm.
4. Gewinnverteilung: 420.000,00 EUR

	Komplementär Bruckmüller	Komplementär Neuer	Kommanditist Mager
Anfangskapital	600.000,00	600.000,00	250.000,00
Verzinsung 6 %	36.000,00	36.000,00	15.000,00
Restgewinn	133.200,00	133.200,00	66.600,00
	2	2	1
Gesamter Gewinnanteil	169.200,00	169.200,00	81.600,00
Privatentnahmen	34.000,00	28.000,00	0
im Unternehmen verbleibender Gewinn	135.200,00	141.200,00	

Selbstfinanzierung → 135.200,00 + 141.200,00 = 276.400,00 EUR. Die 81.600,00 EUR des Kommanditisten stellen eine Verbindlichkeit der KG gegenüber dem Kommanditisten dar. Es wäre eine Fremdfinanzierung.

6.7 Innenfinanzierung: Umfinanzierung

Vgl. Stofftelegramm.

6.8 Innenfinanzierung: Finanzierung aus Abschreibungen

1.–4. Vgl. Stofftelegramm.

5. Vorteile:
   - Kapital steht zinsfrei zur Verfügung
   - keine Mitspracherechte von Kapitalgebern

   Probleme:
   - unsichere zukünftige Absatzlage → kalkulatorische Abschreibungen evtl. nicht in Preise kalkulierbar
   - Investitionen auf Basis der Abschreibungsrückflüsse bedeuten Unstetigkeit im betrieblichen Wachstum. Bei plötzlichem Investitionsbedarf ist diese Finanzierungsart untauglich.

6.9 Kreditsicherheiten

1. a)

Kreditsicherheiten
- Einfacher Personalkredit
- Verstärkter Personalkredit
  - Bürgschaft
- Realkredite
  - Sicherungsübereignungskredit
  - Grundschuldkredit

b) Personalkredite: Kreditsicherung durch eine (mehrere) Person(en)
Realkredite: Kreditsicherung durch eine Sache

2. **Kreditvertrag** zwischen Schuldner und Gläubiger (formfrei, i. d. R. schriftlich)
Bürgschaftsvertrag zwischen Bürgen und Gläubiger (Schriftform; formfrei, wenn Kaufmann i. S. des HGB die Bürgschaft im Rahmen seines Handelsgeschäfts abgibt)

3. 1. Bürgschaft kann auch mündlich abgeschlossen werden.
   2. stets selbstschuldnerische Bürgschaften

4. Gläubiger wird Eigentümer, Schuldner bleibt Besitzer (Besitzkonstitut).

5./6./7. Vgl. Stofftelegramm.

8.
- Rangsicherung
- schnelle Kreditaufnahme möglich (kein Zeitverlust durch Eintragung)

9./10. Vgl. Stofftelegramm.

11. Bei einer Zwangsversteigerung des Grundstücks werden die Forderungen in der Reihenfolge 1., 2., 3., ... Rang befriedigt. Je niedriger der Rang, umso größer ist also die Sicherheit.

12.

Sparkasse Goggelshausen:	volle Befriedigung in Höhe von 200.000,00 EUR
Voba Hasenbüttel:	Erstattung von 130.000,00 EUR (Defizit: 20.000,00 EUR)
Firma Teufel & Co.:	geht leer aus

13. Grundstücke, Gebäude: **Grundschuld**
Maschinen, Betriebs- und Geschäftsausstattung, Fuhrpark: **Sicherungsübereignung**

14.1 **Investitionskredit:** langfristiger Kredit zur Errichtung und Erweiterung von Anlagen, häufig durch Grundpfandrechte gesichert

1. Rang: Reihenfolge der Eintragung im Grundbuch bestimmt Platz des Berechtigten bei Verwertung des Grundstücks. 1. Rang wird zuerst befriedigt.

Eigentümergrundschuld: Rechte aus der Grundschuld stehen Eigentümer selbst zu.

14.2
- Einigung und Übergabe des Grundschuldbriefes in Höhe von 250.000,00 EUR
- Bestellung einer Grundschuld in Höhe des Restes von 500.000,00 EUR

14.3.1 **Sicherungsübereignung:** Bedingtes Eigentum an beweglicher Sache wird durch Einigung auf Gläubiger übertragen. Übergabe wird durch Besitzkonstitut ersetzt.

14.3.2 Gefahren bei Sicherungsübereignung:
- Sache anderweitig bereits übereignet
- Sache evtl. an gutgläubigen Dritten veräußert
- Beschädigung/Zerstörung der Sache
- Sache evtl. schwer verwertbar

14.3.3 Sicherungsübereignung:

Anschaffungswert	600.000,00 EUR
– Abschreibung 3 · 25 %	450.000,00 EUR
Restwert	150.000,00 EUR

Nominal ausreichend, jedoch bei Berücksichtigung einer Sicherheitsmarge zu niedrig

6.11 Prüfungsaufgaben

Prüfungsaufgaben Sommer 2010 (Aufgabe 2)

2.1.1

Abzahlungsdarlehen				
Jahr	Kreditsumme am Jahresanfang	Tilgung	Zinsen	Mittelabfluss/ Liquiditätsbelastung
1	369.000,00 EUR	92.250,00 EUR	23.985,00 EUR	116.235,00 EUR
2	276.750,00 EUR	92.250,00 EUR	17.988,75 EUR	110.238,75 EUR
3	184.500,00 EUR	92.250,00 EUR	11.992,50 EUR	104.242,50 EUR
4	92.250,00 EUR	92.250,00 EUR	5.996,25 EUR	98.246,25 EUR
	Summe	**369.000,00 EUR**	**59.962,50 EUR**	**428.962,50 EUR**

Annuitätendarlehen				
Jahr	Kreditsumme am Jahresanfang	Tilgung	Zinsen	Mittelabfluss/ Liquiditätsbelastung
1	369.000,00 EUR	83.109,17 EUR	25.830,00 EUR	108.939,17 EUR
2	285.890,82 EUR	88.926,81 EUR	20.012,36 EUR	108.939,17 EUR
3	196.964,00 EUR	95.151,70 EUR	13.787,48 EUR	108.939,18 EUR
4	101.812,30 EUR	101.812,32 EUR	7.126,86 EUR	108.939,18 EUR
	Summe	**369.000,00 EUR**	**66.756,70 EUR**	**435.756,70 EUR**

Fälligkeitsdarlehen				
Jahr	Kreditsumme am Jahresanfang	Tilgung	Zinsen	Mittelabfluss/ Liquiditätsbelastung
1	384.375,00 EUR	0,00 EUR	25.368,75 EUR	25.368,75 EUR
2	384.375,00 EUR	0,00 EUR	25.368,75 EUR	25.368,75 EUR
3	384.375,00 EUR	0,00 EUR	25.368,75 EUR	25.368,75 EUR
4	384.375,00 EUR	384.375,00 EUR	25.368,75 EUR	409.743,75 EUR
	Summe	**384.375,00 EUR**	**101.475,00 EUR**	**485.850,00 EUR**

2.1.2 Das Fälligkeitsdarlehen hat in den ersten drei Jahren den geringsten Mittelabfluss. In der momentan angespannten Lage wäre es die erste Wahl.

Das Abzahlungsdarlehen hat insgesamt den geringsten Mittelabfluss.

Leasing $36 \cdot 10.500 + 12 \cdot 2.500 = 408.000{,}00$ EUR

In den ersten drei Jahren ist der Liquiditätsbedarf beim Leasing höher, in vier Jahren insgesamt geringer.

2.1.3 Beim Leasing sind zur Anschaffung keine Kreditsicherheiten erforderlich. Es ist kein großer Geldkapitalbedarf notwendig. Keine Fremdkapitalausweisung in der Bilanz. Rasche Anpassung an den technischen Fortschritt möglich. Flexible Ausgestaltung der Leasingverträge, z. B. Fullservice.

2.1.4 $p_{eff.} = \frac{z \cdot 100}{K} = \frac{(25.369,00 + 3.843,75) \cdot 100}{369.000,00} = \underline{7,92\ \%}$

Kosten für das Disagio: (384.375,00 – 369.000,00 = 15.375,00 : 4 Jahre = 3.843,75)

2.1.5

Grundstück/Gebäude, davon 80 %	1.000.000,00 EUR
– bereits eingetragene Grundschuld	900.000,00 EUR
für Kredit zur Verfügung stehend	100.000,00 EUR
Sicherungsübereignung 50 % von 369.000,00 EUR	184.500,00 EUR
Sicherungsübereignung 50 % von 530.000,00 EUR	265.000,00 EUR
Kreditsicherheit insgesamt	549.500,00 EUR

Kreditsicherheiten sind ausreichend vorhanden.

2.1.6 Eigenkapitalquote vor der Kreditfinanzierung: $\frac{1.350.000,00 \cdot 100}{3.220.000,00} = 41,93\ \%$

Eigenkapitalquote nach der Kreditfinanzierung: $\frac{1.350.000,00 \cdot 100}{3.589.000,00} = 37,61\ \%$

Die Eigenkapitalquote verringert sich. Im Vergleich mit den Durchschnittswerten der Industrie ist dies immer noch ein weit überdurchschnittlicher Wert.

2.2 Ein oder mehrere Gesellschafter leisten Einlagen aus ihrem Privatvermögen, die ihren Kapitalkonten gutgeschrieben werden. Es können auch neue Gesellschafter (Komplementäre oder Kommanditisten) aufgenommen werden. Kommanditisten sind im Gegensatz zu den Komplementären von der Geschäftsführung und Vertretung ausgeschlossen (Vollhafter).

2.3

	Lineare Abschreibung
AK	369.000,00 EUR
– Abschreibung	30.750,00 EUR
Buchwert	338.250,00 EUR
– Abschreibung	46.125,00 EUR
Buchwert	292.125,00 EUR

Lineare Abschreibung jährlich: 12,5 % von 369.000,00 = 46.125,00 EUR

Zeitanteilige Abschreibung 2010: 46.125,00 · 8 : 12 = 30.750,00 EUR

Die Abschreibungsbeträge mindern das Betriebsergebnis in der Höhe der Abschreibungsbeträge. Die Liquidität des Unternehmens wird durch die Abschreibungsbeträge nicht beeinflusst, da die Aufwendungen nicht liquiditätswirksam sind.

2.4.1 Kritische Menge: $320\,x = 120.000 + 295\,x$

$x = 4.800$

Ab einer Menge von 4.800 Stück wird ein Gewinn erzielt.

2.4.2

	1. Jahr (8.000 Stück)	2. Jahr (8.800 Stück)
Umsatz	2.560.000,00 EUR	2.816.000,00 EUR
– Kosten	2.480.000,00 EUR	2.716.000,00 EUR
zusätzl. Gewinn	80.000,00 EUR	100.000,00 EUR

2.5 Chancen: Neues Produktfeld schafft einen Risikoausgleich, zukunftsträchtige Geschäftsfelder, Erschließung neuer Märkte, Sicherung der Beschäftigung u. Ä.

Risiken: fehlende Vertriebsstrukturen, fehlendes Know-how, Investitionsrisiken, subventionsabhängiger Markt u. Ä.

Prüfungsaufgaben Sommer 2011 (Aufgabe 1)

1. Ermittlung der Ausgaben für die Herstellung der Betriebsbereitschaft:

Anschaffungswert des Grundstücks	531.000,00 EUR
+ Kosten für die Produktionshalle	3.750.000,00 EUR
+ Kosten für Maschinen und sonst. Einrichtungen	4.250.000,00 EUR
+ Betriebsorganisation	250.000,00 EUR
+ Eiserner Bestand (5 Tage · 25,00 EUR · 4.000 Stück)	500.00,00 EUR
Ausgaben für die Herstellung der Betriebsbereitschaft	9.281.000,00 EUR

Ermittlung des Kapitalbedarfs für die Durchführung des betrieblichen Leistungsprozesses:

Fertigungsmaterial für 42 Tage : 4.000 Stück zu 25,00 EUR	4.200.000,00 EUR
+ MGK 75 % = 3.150.000,00 EUR	
davon ausgabewirksam 50 %	1.575.000,00 EUR
Materialkosten für 42 Tage	5.775.000,00 EUR
Fertigungslöhne für 39 Tage : 1.500,00 EUR je Tag	58.500,00 EUR
+ FGK 150 % = 87.750,00 EUR	
davon ausgabewirksam 60 %	52.650,00 EUR
Fertigungskosten für 39 Tage	111.150,00 EUR
Ausgabewirksame Herstellkosten	5.886.150,00 EUR
+ Verw. und Vertr. GK 40 %	2.354.460,00 EUR
Ausgaben für die Durchführung des betrieblichen Leistungsprozesses	8.240.610,00 EUR

Ermittlung des Gesamtkapitalbedarfs:

Kapitalbedarf für die Herstellung der Betriebsbereitschaft	9.281.000,00 EUR
+ Kapitalbedarf für die Durchführung des betrieblichen Leistungsprozesses	8.240.610,00 EUR
Gesamtkapitalbedarf	17.521.610,00 EUR

Kapitalbindung:
Material: 18 + 4 + 10 + 25 – 15 = 42 Tage
Fertigung: 4 + 10 + 25 = 39 Tage

2.1

	A. Wäschle	C. Wendelin	D. Sawitzki	R. Wäschle	Insgesamt
Einlage	7.500.000,00	3.200.000,00	160.000,00	100.000,00	10.960.000,00
5 % Verzinsung – Zins für Privatentn. + Zins f. Einlage	375.000,00 3.000,00 	160.000,00 5.000,00	8.000,00	5.000,00	548.000,00 3.000,00 5.000,00
Zinsanteil	372.000,00	165.000,00	8.000,00	5.000,00	550.000,00
Arbeitsvergütung	120.000,00	120.000,00			240.000,00

	A. Wäschle	C. Wendelin	D. Sawitzki	R. Wäschle	Insgesamt
Restanteil	522.000,00	522.000,00[1]	18.000,00[2]	18.000,00	1.080.000,00[3]
Gewinnanteil	1.014.000,00	807.000,00	26.000,00	23.000,00	1.870.000,00

2.2 Betrag der offenen Selbstfinanzierung:

1.014.000,00 EUR
\+ 807.000,00 EUR
– 240.000,00 EUR
1.581.000,00 EUR

2.3 Notwendige Kredithöhe:

Gesamtkapitalbedarf	17.021 610,00 EUR
– Betrag der offenen Selbstfinanzierung	1.581.000,00 EUR
Notwendige Kredithöhe	15.440 610,00 EUR

3.1 Effektivverzinsung Kredit A: 6,5 % = günstigere Alternative

Effektivverzinsung Kredit B: $p = \frac{z \cdot 100}{k \cdot j} = \frac{33 \cdot 100}{97 \cdot 5} = 6{,}8\ \%$ k sei 100,00 EUR

Kreditangebot der A-Bank (Beträge in EUR)

Jahr	Darlehenshöhe	Tilgung	Zins	Liquiditätsbelastung
1	15.500.000,00		1.007.500,00	1.007.500,00
2	15.500.000,00		1.007.500,00	1.007.500,00
3	15.500.000,00		1.007.500,00	1.007.500,00
4	15.500.000,00		1.007.500,00	1.007.500,00
5	15.500.000,00	15.500.000,00	1.007.500,00	16.507.000,00
insg.		15.500.000,00	5.037.500,00	20.537.500,00

Kreditangebot der C-Bank (Beträge in EUR)

Jahr	Darlehenshöhe	Tilgung	Zins	Liquiditätsbelastung
1	16.000.000,00	3.200.000,00	960.000,00	4.720.000,00 (inkl. Disagio)
2	12.800.000,00	3.200.000,00	768.000,00	3.968.000,00
3	9.600.000,00	3.200.000,00	576.000,00	3.776.000,00
4	6.400.000,00	3.200.000,00	384.000,00	3.584.000,00
5	3.200.000,00	3.200.000,00	192.000,00	3.392.000,00
insg.		16.000.000,00	2.880.000,00	19.440.000,00

Nebenrechnungen:

[1] *1.080.000,00 : 30 Anteile · 29 Anteile : 2*

[2] *1.080.000,00 : 30 Anteile · 1 Anteil : 2*

Schülerabhängig,

z. B. Ratentilgungsdarlehen: Liquiditätsbelastung einigermaßen gleichmäßig, von Jahr zu Jahr leicht fallend, geringere Zinsbelastung, Darlehen muss nicht auf einmal am Ende der Laufzeit zurückbezahlt werden (hohe Liquiditätsbelastung im letzten Jahr).
Fälligkeitsdarlehen: wesentlich geringere Liquiditätsbelastung in der Anfangsphase (unmittelbar nach der Investition)

3.2
- Sicherungsübereignung für die Maschinen
- Grundschuld für die Produktionshalle und das Grundstück

3.3 Die jährliche Belastung ist beim Annuitätendarlehen immer gleich. Es wird eine feste Annuität vereinbart (Summe aus Zins und Tilgung). Die Zinsbelastung nimmt jährlich ab, entsprechend steigen die Tilgungsbeträge.

3.4 Vorteile beim Leasing:

- Finanzierung hoher Anschaffungskosten entfällt
- günstige Beeinflussung der Liquidität
- keine Beanspruchung von Kreditsicherheiten
- rasche Anpassung an neuesten Stand der Technik
- evtl. Betreuung und Wartung durch Leasinggeber

Nachteile beim Leasing:

- hohe Leasingkosten
- Gesamtaufwendungen in der Regel höher als beim Kreditkauf
- kein Eigentum am Investitionsgut (nicht frei verfügbar)
- Leasinggegenstand ist nicht als Kreditsicherungsmittel verwendbar
- Grundmietzeit (Ausschluss der Kündigung)

3.5 Die Abschreibungsbeträge stellen Kosten dar, die in die Preiskalkulation eingehen. Da Abschreibungen nicht ausgabewirksam sind, stehen sie dem Unternehmen als flüssige Mittel (über Umsatzerlöse) zur Verfügung, sofern die Produkte mindestens zu dem kalkulierten Preis verkauft werden können.

3.6
- hohe Zins- und Tilgungsbelastung
- Abhängigkeit von Fremdkapitalgebern
- Einschränkung weiterer Kreditaufnahmemöglichkeiten
- hohes Risiko bei rückläufiger Wirtschaftsentwicklung usw.

Prüfungsaufgaben Winter 2012/2013 (Aufgabe 2)

1.

		Maschine A	Maschine B
Kaufpreis		105.000,00 EUR	156.000,00 EUR
jährliche Kapazität		2.400	3.750
Nutzungsdauer in Jahren		7	6
lineare Abschreibung		15.000,00 EUR	26.000,00 EUR
kalkulatorischer Zins (7 %)		3.675,00 EUR	5.460,00 EUR
sonstige Fixkosten pro Jahr		1.325,00 EUR	3.540,00 EUR
Fixkosten pro Jahr		**20.000,00 EUR**	**35.000,00 EUR**

		Maschine A	Maschine B
Fertigungslöhne		30,00 EUR	22,00 EUR
Fertigungsmaterial		45,00 EUR	45,00 EUR
sonstige Variable Kosten		5,00 EUR	3,00 EUR
variable Kosten je Stück		**80,00 EUR**	**70,00 EUR**
Gesamtkosten bei	**2.000 St.**	**180.000,00 EUR**	**175.000,00 EUR**
Stückkosten bei	**2.000 St.**	**90,00 EUR**	**87,50 EUR**

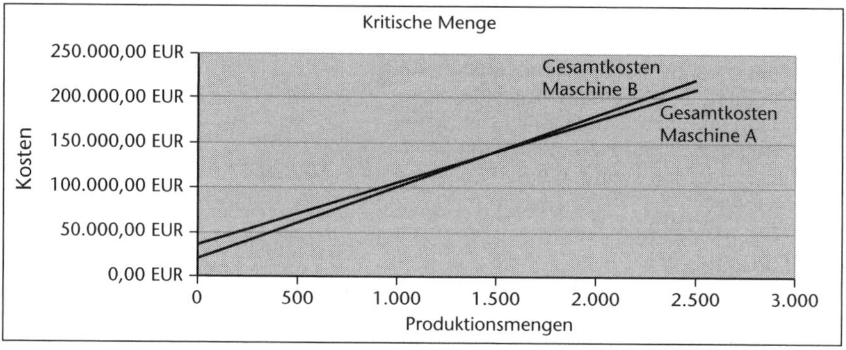

Rentabilität A in Prozent: (38.000,00 + 3.675,00) : 52.500,00 · 100 = 79,38

Stückgewinn A: 109,00 – 90,00 = 19,00 EUR; Gewinn = 19,00 · 2.000 Stück = 38.000,00 EUR

Rentabilität B in Prozent: (43.000,00 + 5.460,00) : 78.000,00 · 100 = 62,13

Stückgewinn B: 109,00 – 87,50 = 21,50 EUR; Gewinn = 21,50 · 2.000 Stück = 43.000,00 EUR

Mögliche Vorschläge:
Maschine A: ausreichende Kapazität, höhere Rentabilität, geringere Anschaffungsausgabe
Maschine B: höhere Kapazitäten, höherer Gewinn, deutlich geringere Fertigungslöhne

Jahre	Darlehen am Jahresbeginn	Darlehen am Jahres-ende	Tilgung	Zins	Ab-schreibung	Liquiditäts-belastung	Aufwand
1	156.000,00 EUR	124.800,00 EUR	31.200,00 EUR	10.140,00 EUR	26.000,00 EUR	41.340,00 EUR	36.140,00 EUR
2	124.800,00 EUR	93.600,00 EUR	31.200,00 EUR	8.112,00 EUR	26.000,00 EUR	39.312,00 EUR	34.112,00 EUR
3	93.600,00 EUR	62.400,00 EUR	31.200,00 EUR	6.084,00 EUR	26.000,00 EUR	37.284,00 EUR	32.084,00 EUR
4	62.400,00 EUR	31.200,00 EUR	31.200,00 EUR	4.056,00 EUR	26.000,00 EUR	35.256,00 EUR	30.056,00 EUR
5	31.200,00 EUR	0 EUR	31.200,00 EUR	2.028,00 EUR	26.000,00 EUR	33.228,00 EUR	28.028,00 EUR

Jahre	Darlehen am Jahresbeginn	Darlehen am Jahresende	Tilgung	Zins	Abschreibung	Liquiditätsbelastung	Aufwand
6	– EUR	– EUR	– EUR	– EUR	26.000,00 EUR	– EUR	26.000,00 EUR
Summe			**156.000,00 EUR**	**30.420,00 EUR**	**156.000,00 EUR**	**186.420,00 EUR**	**186.420,00 EUR**

Leasing:

Jahre	Leasingrate
1	42.500,00 EUR
2	42.500,00 EUR
3	42.500,00 EUR
4	42.500,00 EUR
5	15.000,00 EUR
6	15.000,00 EUR
Summe	**200.000,00 EUR**

Vergleich: Leasing – Darlehen

Jahre	Liquiditätsdifferenz	Aufwandsdifferenz
1	1.160,00 EUR	6.360,00 EUR
2	3.188,00 EUR	8.388,00 EUR
3	5.216,00 EUR	10.416,00 EUR
4	7.244,00 EUR	12.444,00 EUR
5	–18.228,00 EUR	–13.028,00 EUR
6	15.000,00 EUR	–11.000,00 EUR
Summe	**13.580,00 EUR**	**13.580,00 EUR**

Mögliche Kriterien:

- Wartungskosten fallen noch zusätzlich beim Kreditkauf an
- Kreditspielraum bleibt bei der Leasingalternative erhalten
- unterschiedliche Verwendungsmöglichkeiten nach der Grundmietzeit
- Auswirkungen auf die Bilanzkennziffern etc.

	Kaufpreis	Aktueller Beleihungswert	Beleihungssatz in %	Max. Beleihungswert:	Differenz
neue Maschine B	156.000,00 EUR	156.000,00 EUR	60	93.600,00 EUR	93.600,00 EUR
Positionen	Bilanzwert zum	Aktueller Beleihungswert	Beleihungssatz in %	Max. Beleihungswert:	Differenz
bebaute Grundstücke	2.345.000,00 EUR	1.756.000,00 EUR	80	1.876.000,00 EUR	120.000,00 EUR
Maschinen/Anlagen	1.113.000,00 EUR	603.000,00 EUR	60	667.800,00 EUR	64.800,00 EUR
Fuhrpark	57.000,00 EUR	25.650,00 EUR	45	25.650,00 EUR	0,00 EUR

Summe der freien Beleihungswerte:					**278.400,00 EUR**

→ Es gibt noch ausreichende Kreditsicherheiten.

Kreditsicherungsarten:

- Bebaute Grundstücke: Grundschuld
  Pfandrecht an Immobilie, aus der sich der Berechtigte im Falle der Nicht-Zahlung der Kreditverpflichtung befriedigen kann.
- Maschinen/Anlagen/Fuhrpark: Sicherungsübereignung
  Gläubiger wird Eigentümer der Sache, Schuldner bleibt Besitzer und kann Sache weiter nutzen.

4.

Art	Möglichkeiten	Vorteile	Nachteile
Beteiligungsfinanzierung	Eigentümer erhöhen Einlage oder neue Anteilseigner werden aufgenommen (Komplementäre/ Kommanditisten).	• keine Zinsbelastung • keine Tilgungsleistung • Kapital steht unbefristet zur Verfügung	• Gewinnteilung • evtl. Machtverschiebung
Offene Selbstfinanzierung	Gewinne werden ganz oder teilweise einbehalten.	• keine Zinsbelastung • keine Tilgungsleistung • keine Änderung der Machtverhältnisse • Kapital steht unbefristet zur Verfügung	• Eigentümer müssen auf Gewinnausschüttung verzichten • evtl. risikoreichere Investitionsentscheidungen

Prüfungsaufgaben Winter 2014/2015 (Aufgabe 2)

1.

Investitionsrechnung		
Projekt: *Laserschneidmaschine*		
Anlage	*Aarwiller*	*Heubach*
Anschaffungskosten (EUR)	*250.000,00*	*292.500,00*
Nutzungsdauer (Jahre)	*5*	*5*
kalk. Zinssatz (%)	*7,00*	
variable Stückkosten (EUR)	*1,25*	*1,19*
geplante Produktionsmenge (St./Jahr)	*110.000*	
derzeitiger Absatzpreis (EUR)	*2,55*	
1. Kostenvergleichsrechnung (Jahreskosten in EUR)		
kalkulatorische Abschreibung	*50.000,00*	*58.500,00*
kalk. Zinsen vom halben AW	*8.750,00*	*10.237,50*
sonstige Fixkosten	*46.000,00*	*48.900,00*
variable Kosten	*137.500,00*	*130.900,00*
Summe der jährlichen Kosten	*242.250,00*	*248.537,50*
2. Gewinnvergleichsrechnung (Jahresgewinn in EUR)		
Erlöse	*280.500,00*	*280.500,00*
Kosten	*242.250,00*	*248.537,50*
Gewinn	*38.250,00*	*31.962,50*

3. Amortisationsvergleichsrechnung		
Amortisationsdauer (Jahre)	*2,833*	*3,233*
Berechnung	Kapitaleinsatz : (Gewinn + Abschreibung)	
4. Rentabilitätsvergleichsrechnung		
Rentabilität (in %)	*37,60*	*28,85*
Berechnung	(Gewinn + kalk. Zinsen) · 100 : $\frac{1}{2}$ AW	
Investitionsempfehlung		
Anlage A *erzielt aufgrund geringerer Kosten einen deutlich höheren Jahresgewinn,* *amortisiert sich in kürzerer Zeit,* *erzielt deutlich höhere Rentabilität.*		

2.1

Finanzbedarf	250.000,00 EUR
– Selbstfinanzierung 4 Gesellschafter · 10.000,00 EUR	40.000,00 EUR
Kreditfinanzierung	**210.000,00 EUR**
Prüfung der Sicherheiten: Grundschuld:	
Wert der Grundstücke und Bauten lt. Bilanz	3.750.000,00 EUR
– eingetragene Grundschuld im Grundbuch	3.000.000,00 EUR
= Somit sind 80 % Beleihungsgrenze erreicht. Das Angebot der Württembergischen Kreditbank scheidet deshalb aus. Grundschuld ist auch nicht bei der Südbank möglich.	
Sicherungsübereignung:	
Wert der Maschinen lt. Bilanz	6.280.200,00 EUR
+ Wert der neuen Maschine	250.000,00 EUR
– bereits sicherungsübereignete Maschinen	5.200.200,00 EUR
= Wert der noch nicht übereigneten Maschinen ...	1.330.000,00 EUR
50 % Beleihungsgrenze = 665.000,00 EUR	
→ Sicherheiten des Angebots der Südbank Heilbronn sind erfüllt.	

2.2 Annuitätendarlehen Südbank

Jahr	Darlehensschuld am Jahresanfang	Zinsen	Tilgung	Liquiditätsbelastung
2015	210.000,00 EUR	12.600,00 EUR	37.253,24 EUR	49.853,24 EUR
2016	172.746,76 EUR	10.364,81 EUR	39.488,43 EUR	49.853,24 EUR
2017	133.258,33 EUR	7.995,50 EUR	41.857,74 EUR	49.853,24 EUR
2018	91.400,59 EUR	5.484,04 EUR	44.369,20 EUR	49.853,24 EUR
2019	47.031,38 EUR	2.821,88 EUR	47.031,36 EUR	49.853,24 EUR
Summe		39.266,23 EUR	209.999,97 EUR	249.266,20 EUR

Ratendarlehen Südbank

Jahr	Darlehensschuld am Jahresanfang	Zinsen	Tilgung	Liquiditätsbelastung
2015	210.000,00 EUR	12.600,00 EUR	21.000,00 EUR	33.600,00 EUR
2016	189.000,00 EUR	11.340,00 EUR	21.000,00 EUR	32.340,00 EUR
2017	168.000,00 EUR	10.080,00 EUR	21.000,00 EUR	31.080,00 EUR
2018	147.000,00 EUR	8.820,00 EUR	21.000,00 EUR	29.820,00 EUR
2019	126.000,00 EUR	7.560,00 EUR	126.000,00 EUR	133.560,00 EUR
Summe		50.400,00 EUR	210.000,00 EUR	260.400,00 EUR

2.3

Jahre	Liquiditätsbelastung Leasing
2015	108.000,00 EUR
2016	90.000,00 EUR
2017	60.000,00 EUR
2018	60.000,00 EUR
2019	60.000,00 EUR
Summe	**378.000**,00 EUR

Das Leasing-Angebot liegt bei der Liquiditätsbelastung vor allem in den ersten vier Jahren über beiden Kreditangeboten. Die Gesamtliquiditätsbelastung ist deutlich höher.

Vorteile:
- Leasing beeinträchtigt den Kreditrahmen nicht.
- Im Leasingangebot sind die Wartungskosten bereits enthalten.
- Der Leasinggeber garantiert kurzfristige Serviceleistungen.

Nachteil:
Leasinggegenstand wird nicht als Betriebsvermögen ausgewiesen.

Beurteilung des Leasingangebotes: schülerabhängige Antwort

2.4 Somit ist es für die Schweiger & Markus GmbH besser, das Produkt mit einem Kredit zu finanzieren. Insbesondere da Sicherheiten (Sicherungsübereignung möglich) vorhanden sind.

Bei den Kreditangeboten ist die Gesamtbelastung beim Annuitätendarlehen zwar günstiger (289.266,22 EUR), jedoch ist die Liquiditätsbelastung beim Ratendarlehen in den ersten beiden Jahren nur halb so hoch wie beim Annuitätendarlehen.
Aufgrund der Branchen- und Unternehmenssituation (Aufschwung erst im dritten Jahr; geringer Kassen- und Bankbestand, hohe Forderungsaußenstände) ist deshalb das Ratendarlehen zu empfehlen.

Prüfungsaufgaben Sommer 2016 (Aufgabe 2)

2.1 (Schülerabhängige Kriterien sind möglich.)

Angebotsvergleich:
Bezugspreis Cerberos 245.000,00 EUR
Bezugspreis HongKai 230.000,00 EUR

		Cerberos		HongKai	
Entscheidungskriterien	**Gewichtung G**	**Bewertung B**	**G · B**	**Bewertung B**	**G · B**
Preis	30	2	60	3	90
Lieferzeit	10	3	30	1	10
Qualität	40	3	120	2	80
Ersatzteilverfügbarkeit	10	3	30	2	20
Service	10	3	30	2	20
Summe	100		270		220

2.2 Investitionsrechnung:

	Anlage Cerberos	Anlage HongKai
Anschaffungswert	245.000,00 EUR	230.000,00 EUR
Nutzungsdauer in Jahren	10	8
variable Kosten pro Stück	23,00 EUR	24,00 EUR
Jahresabsatz in Stück	15.000	
kalk. Abschreibungen (AW : ND)	24.500,00 EUR	28.750,00 EUR
+ kalk. Zins (5 % vom 1/2 AW)	6.125,00 EUR	5.750,00 EUR
+ sonst. Fixkosten	21.500,00 EUR	25.000,00 EUR
Summe Fixkosten	52.125,00 EUR	59.500,00 EUR
variable Kosten/Jahr bei 15.000 St.	345.000,00 EUR	360.000,00 EUR
ges. Kosten bei 15.000 St.	397.125,00 EUR	419.500,00 EUR
Umsatz (15.000 Stück · 29,00 EUR)	435.000,00 EUR	435.000,00 EUR
Gesamtkosten	397.125,00 EUR	419.500,00 EUR
Gewinn/Jahr	37.875,00 EUR	15.500,00 EUR
Rentabilität in % (Gewinn + kalk. Zins) : 1/2 AW	35,92	18,78

Die Anlage Cerberos erzielt eine deutlich höhere Rentabilität, schneidet im Angebotsvergleich (Qualität, …) besser ab und bietet zusätzlich noch eine Kapazitätsreserve.

2.3

Bilanzwert vorhandener maschineller Anlagen	12.800.000,00 EUR
+ Anschaffungswert neue Anlage	245.000,00 EUR
= Summe der maschinellen Anlagen	13.045.000,00 EUR
– bereits sicherungsübereignete Anlagen	10.400.000,00 EUR
= Wert noch nicht übereigneter Anlagen	2.645.000,00 EUR
davon 50 % Beleihungssatz	1.322.500,00 EUR

Diese Sicherheiten reichen für die geforderte Sicherungsübereignung aus.

Zins- und Tilgungsplan Annuitätendarlehen:

– Zinsen 1. Jahr = 250.000,00 EUR · 5 % = 12.000,00 EUR

– Tilgung 1. Jahr = 70.502,96 EUR – 12.500,00 EUR = 58.002,96 EUR

Jahr	Darlehensschuld am Jahresanfang (in EUR)	Zinsen (in EUR)	Tilgung (in EUR)	Gesamtzahlung (Liquiditätsbelastung) (in EUR)
1	250.000,00	12.500,00	58.002,96	70.502,96
2	191.997,04	9.599,85	60.903,11	70.502,96
3	131.093,94	6.554,70	63.948,26	70.502,96
4	67.145,67	3.357,28	67.145,67	70.502,96
Summe		32.011,83	250.000,00	282.011,83

Die Gesamtbelastung unterscheidet sich kaum und ist zu vernachlässigen. Beim Ratendarlehen ist die Liquiditätsbelastung in den ersten Jahren größer. Daher ist das Annuitätendarlehen unter Liquiditätsaspekten vorzuziehen.

2.4 Eigenkapitalquote **vor der Investition**:

$$\text{EK – Quote} = \frac{\text{EK} \cdot 100}{\text{GK}} = \frac{8{,}9 \cdot 100}{35{,}6} = 25\ \%$$

Eigenkapitalquote **nach der Investition**:

Beteiligungsfinanzierung durch Kommanditist Müller mit 250.000,00 EUR. Das EK steigt um diesen Betrag und das GK genauso:

$$\text{EK – Quote} = \frac{\text{EK } (8{,}9 + 0{,}25) \cdot 100}{\text{GK } (35{,}6 + 0{,}25)} = \frac{9{,}15 \cdot 100}{35{,}85} = 25{,}52\ \%$$

Fremdfinanzierung (durch das Annuitätendarlehen bleibt das EK unverändert und das GK steigt um 250.000,00 EUR):

$$\text{EK – Quote} = \frac{\text{EK} \cdot 100}{\text{GK } (35{,}6 + 0{,}25)} = \frac{8{,}9 \cdot 100}{35{,}85} = 24{,}8\ \%$$

	Beteiligungsfinanzierung	Kreditfinanzierung
Liquiditätsbelastung	keine festen Zins- und Tilgungszahlungen → in Verlustjahren vorteilhaft	feste Zins- und Tilgungszahlungen
	Relativ hoher Gewinnanteil in Gewinnjahren: 4,8 % Kapitalverzinsung + Restgewinn	
Kreditspielraum	zusätzliches Eigenkapital verbessert den Kreditspielraum für zukünftige Investitionen	Kreditspielraum wird eingeschränkt
Mitspracherecht	Unabhängigkeit von Banken, aber bei außergewöhnlichen Entscheidungen besteht ein Widerspruchsrecht des Kommanditisten	kein formales Mitspracherecht der Bank

Der Bankkredit ist vorzuziehen. Ähnliche Zinsbelastung, jedoch keine Gewinnausschüttung. Die Kreditsicherung ist gewährleistet.
Die Geschäftsführungsbefugnisse der Komplementäre werden nicht eingeschränkt.

1 Geschäftsvorfälle erfassen und buchen

1.1 Bedeutung und Notwendigkeit des Rechnungswesens

1. Information: Unternehmer benötigt Infos für seine Planungen (Gewinne, Preise ...).

   Dokumentation: Durch fortlaufende, lückenlose Aufzeichnung aller Geschäftsfälle wird die auch vom Gesetzgeber geforderte Beweissicherungsaufgabe erfüllt.

   Planung: vorliegende, aufbereitete Zahlen (Statistiken, Bilanzen ...) = Unterlagen für Planungen

   Kontrolle: Überwachung der Betriebsabläufe aufgrund vorliegender Zahlen des ReWe

2. • Dokumentation: s. o.
   • Gewinnermittlung
   • Grundlage für Steuerermittlung
   • Überblick über Vermögen, Schulden und Erfolgslage (Gewinn oder Verlust)
   • Information des Unternehmers und sonstiger Bilanzadressaten

1.2 Inventur – Inventar – Bilanz

1. a) • Feststellung der Bestände am Bilanzstichtag • Soll-Ist-Bestandsvergleiche

   b) **Inventur:** Aufnahme und Bewertung der Bestände

   Inventar: Bestandsverzeichnis, das alle Vermögensteile und Schulden am Bilanzstichtag enthält (= Ergebnis der Inventur)

   c) Vermögen – Schulden = Reinvermögen (Eigenkapital)

   d) **Stichtagsinventur:** zeitnahe körperliche Bestandsaufnahme (zehn Tage vor oder nach dem Bilanzstichtag)

   Permanente Inventur: laufende Inventur mittels Lagerkartei; mindestens einmal jährlich, körperliche Bestandsaufnahme dennoch notwendig (beliebiger Zeitpunkt)

   e) **Körperliche Inventur:** mengenmäßige Aufnahme aller körperlichen Vermögensgegenstände durch Zählen, Messen, Wiegen

   Buchinventur: Aufnahme der nichtkörperlichen Gegenstände (Forderungen, Bankguthaben, Schulden) aufgrund buchhalterischer Aufzeichnungen und Belege

2. a) **Inventar:** ausführliche Aufstellung der Vermögensteile und Schulden in Staffelform

   Bilanz: kurzgefasste Gegenüberstellung von Vermögen (Aktiva) und Kapital (Passiva) in Kontenform

   b) Gliederungsgesichtspunkte:

   - Vermögen → Flüssigkeit (Liquidität; Dauer der Kapitalbindung → erst Anlage-, dann Umlaufvermögen)
   - Kapital → Fälligkeit (erst langfristiges, dann kurzfristiges Kapital)

3. a) Gliederung des Vermögens nach Flüssigkeit; Forderungen werden durch baldigen Zahlungseingang schneller „flüssig" (zu Geld) als Waren, die erst noch verkauft werden müssen.

   b) Grundstücke – Maschinen – Rohstoffe – unfertige Erzeugnisse – Forderungen – Bank

4. **Anlagevermögen:** dient längerfristig dem Unternehmen

   Umlaufvermögen: verbleibt nur kurzfristig im Unternehmen; wird ständig umgesetzt; verändert sich ständig

1.3 Wertänderungen in der Bilanz

1. a) Einkauf von Rohstoffen auf Ziel
   b) Darlehensrückzahlung durch Banküberweisung
   c) Einzahlung Kasse bei der Bank
   d) Umwandlung Verbindl. in Darlehen

2. a) Aktivtausch
   b) Aktiv-Passiv-Minderung
   c) Aktiv-Passiv-Mehrung
   d) Passivtausch

1.5 Ergebniskonten (Erfolgskonten) mit Abschluss

1. Bestandskonten: Aktiv- und Passivkonten – Erfolgskonten: Aufwands- und Ertragskonten

2. Erfolge wirken sich auf den Gewinn bzw. Verlust des Unternehmens aus. Aufwendungen verringern, Erträge erhöhen den Gewinn.

3. Aufwendungen verringern das Eigenkapital. Das Eigenkapitalkonto ist ein Passivkonto, Minderungen sind somit im Soll zu buchen. Aufwandskonten = Unterkonten des EK-Kontos; Erträge analog

4. Aufwendungen dürfen nicht mit Erträgen verrechnet werden; z. B.: 20.000,00 EUR Zinsaufwendungen dürfen nicht mit 25.000,00 EUR Zinserträgen zu 5.000,00 EUR Zinserträgen saldiert und ausgewiesen werden.

5. - Eigenkapital-Schlussbestand – Eigenkapital-Anfangsbestand = Gewinn bzw. Verlust
   - Erträge – Aufwendungen = Gewinn bzw. Verlust

1.6 Die Umsatzsteuer

1.	Maschinen	80.000,00	an	Verbindl. a. LL.	95.200,00
	Vorsteuer	15.200,00			
2.	Forderungen	71.400,00	an	Umsatzerlöse	60.000,00
			an	Umsatzsteuer	11.400,00
3.	a) Umsatzsteuer		an	Vorsteuer	14.000,00
	Umsatzsteuer		an	Bank	7.000,00
	b) Umsatzsteuer		an	Schlussbilanz	7.000,00

4. a) **Vorsteuer:** Forderung gegenüber dem Finanzamt (Aktivkonto); entsteht bei Eingangsrechnungen; Soll-Buchung
   Umsatzsteuer: Verbindlichkeit gegenüber dem Finanzamt (Passivkonto); entsteht bei Ausgangsrechnungen; Haben-Buchung
   b) • Lieferungen und Leistungen gegen Entgelt
   • Eigenverbrauch
   c) Endverbraucher (Privatmann)

5. a) Summe Vorsteuerbuchungen > Summe Umsatzsteuerbuchungen
   b) Aktivposten (Forderung gegenüber dem Finanzamt)
   c) Summe Umsatzsteuerbuchungen > Summe Vorsteuerbuchungen
   d) Passivposten (Verbindlichkeit gegenüber dem Finanzamt)

6. Keinen! Es handelt sich um durchlaufende Posten, somit kein Einfluss auf Gewinn/Verlust.

7. Keine Auswirkung! Durchlaufender Posten, somit keine Kosten.

8. a) Aktivkonto b) Passivkonto

9. Zahllast eher üblich; Begründung: Die Verkaufserlöse übersteigen die Einkaufspreise, da eine Mehrwertschöpfung stattfindet. Somit übersteigt üblicherweise die Umsatzsteuer (Basis: Nettoverkaufserlöse) die Vorsteuer (Basis Nettoeinkaufspreise).

10. Der Unternehmer soll grundsätzlich nicht mit Umsatzsteuer (Mehrwertsteuer) belastet werden, da er nicht Endverbraucher ist (Ausnahme: Eigenverbrauch). Ihm in Rechnung gestellte MwSt. (= Vorsteuer) erhält er vom Finanzamt zurückvergütet. MwSt., die er in Rechnung stellt (Umsatzsteuer), muss er ans Finanzamt abführen, sodass per Saldo keine erfolgsmäßige Auswirkung erfolgt.

11. Sie ist i. d. R. monatlich beim Finanzamt einzureichen (innerh. von 10 Tagen nach Ablauf des Monats). Vordruck, auf dem die Zahllast bzw. der Vorsteuerüberhang ermittelt wird.

12. a) Vorsteuerkorrektur:
   • Liefererskontoabzug bei Zahlung
   • Rücksendung an Lieferanten
   • Nachlass durch Lieferanten

   b) Umsatzsteuerkorrektur:
   • Kunde zieht bei Zahlung Skonto ab.
   • Rücksendung durch Kunden
   • Nachlass an Kunden

1.7 Kontenrahmen – Kontenplan – Bücher

1. Industrie – Großhandel – Einzelhandel – Banken
2. Vgl. Stofftelegramm.
3. • übersichtliche Kontendarstellung
   • Zeitvergleiche möglich
   • Betriebsvergleiche möglich
4. Vgl. Stofftelegramm.
5. Kontokorrentkonten = Geschäftsfreundebuch = Kundenkonten (Debitoren) und Lieferantenkonten (Kreditoren)
6. a) Debitorenkonten = Kundenkonten = einzelne Forderungen
   Kreditorenkonten = Lieferantenkonten = einzelne Verbindlichkeiten

   b) Sachkonten: Konten des Hauptbuches; sachlich geordnete Konten
   Personenkonten: Debitoren- und Kreditorenkonten

1.8 Buchungen: Einkauf, Produktion und Verkauf

Hinweis: bestandsorientierte Buchungen beim Materialverbrauch

Nr.	Konto	Soll	Betrag	Konto	Haben	Betrag
1.	280	Bank	45.472,00	240	Forderungen	46.400,00
	5002	Kundenskonti	779,83			
	480	Umsatzsteuer	148,17			
2.1	200	Rohstoffe	3.200,00	44	Verbindlichkeiten	3.808,00
	260	Vorsteuer	608,00			
2.2	44	Verbindlichkeiten	3.808,00	281	Postgiro	3.693,76
				2003	Liefererskonti	96,00
				260	Vorsteuer	18,24
3.	240	Forderungen	7.758,80	500	Umsatzerlöse	6.520,00
				480	Umsatzsteuer	1.238,80
4.	44	Verbindlichkeiten	29.000,00	280	Bank	28.420,00
				2002	Nachlässe Rohstoffe	487,39
				260	Vorsteuer	92,61
5.	240	Forderungen	2.499,00	501	UE für Handelswaren	2.100,00
				480	Umsatzsteuer	399,00
6.	5011	Preisnachl. Handelswaren	210,00	240	Forderungen	249,90
	480	Umsatzsteuer	39,90			
7.	602	Aufw. für Hilfsstoffe	60.200,00	202	Hilfsstoffe	60.200,00
8.1	240	Forderungen	40.698,00	500	Umsatzerlöse	34.200,00
				480	Umsatzsteuer	6.498,00

Nr.	Konto	Soll	Betrag	Konto	Haben	Betrag
8.2	5001	Erlösschmälerungen	205,20	240	Forderungen	244,19
	480	Umsatzsteuer	38,99			
9.	240	Forderungen	30.940,00	501	Umsatzerlöse HW	26.000,00
				480	Umsatzsteuer	4.940,00
	5011	Preisnachlässe HW	1.169,75	240	Forderungen	1.392,00
	480	Umsatzsteuer	222,25			
	280	Bank	29.548,00	240	Forderungen	29.548,00
10.1	200	Rohstoffe	33.725,00	44	Verbindlichkeiten	41.055,00
	2001	Bezugskosten	775,00			
	260	Vorsteuer	6.555,00			
10.2	44	Verbindlichkeiten	5.950,00	2002	Preisnachlässe	5.000,00
				260	Vorsteuer	950,00
11.1	240	Forderungen	34.272,00	500	Umsatzerlöse	28.800,00
				480	Umsatzsteuer	5.472,00
11.2	281	Postgiro	33.243,84	240	Forderungen	34.272,00
	5002	Kundenskonti	864,00			
	480	Umsatzsteuer	164,16			
12.	44	Verbindlichkeiten	833,00	2042	Nachlässe	700,00
			oder	6042	Nachl. sonst. Material	
				260	Vorsteuer	133,00
13.	240	Forderungen	702,10	500	Erlöse	590,00
				480	USt.	112,10
14.	44	Verbindlichkeiten	1.701,94	6002	Preisn. und Rücks.	1.430,20
				260	Vorsteuer	271,74
15.	614	Frachten	120,00	282	Kasse	142,80
	260	Vorsteuer	22,80			
16.	280	Bank	688,06	240	Forderungen	702,10
	5002	Kundenskonti	11,80			
	480	USt.	2,24			
17.1	600	Aufw. f. Rohst.	12.000,00	44	Verb. a. LL.	14.280,00
	260	Vorsteuer	2.280,00			
17.2	44	Verb. a. LL.	14.280,00	280	Bank	13.851,60
				6003	Liefererskonti	360,00
				260	Vorsteuer	68,40
17.3	240	Ford. a. LL.	2.380,00	500	Umsatzerlöse	2.000,00
				480	Umsatzsteuer	380,00
18.1	240	Forderungen	66.283,00	500	Umsatzerlöse	55.700,00

				480	USt.	10.583,00
18.2	614	Frachten	1.324,80	44	Verbindlichkeiten	1.576,51
	260	Vorsteuer	251,71			
18.3	5003	Kundenboni	6.100,00	240	Forderungen	7.259,00
	480	USt.	1.159,00			
19.1	200	Rohstoffe und FB	3.000,00	44	Verbindlichkeiten	3.748,50
	2001	Bezugskosten	150,00			
	260	VSt.	598,50			
	44	Verbindlichkeiten	1.428,00	2002	Preisnachl. + Rück-send.	1.200,00
				260	VSt.	228,00
	Lösung nach dem aufwandsorientierten Verfahren ebenso zulässig.					
	24	Forderungen	6.307,00	500	UE	5.300,00
				480	USt.	1.007,00
19.2	280	Bank	6.117,79			
	5002	Kundenskonti	159,00			
	480	USt.	30,21	24	Forderungen	6.307,00
20.1	Ausgangsrechnung:					
	2400	Forderungen	13.506,50	5000	Umsatzerlöse	11.350,00
				4800	Umsatzsteuer	2.156,50
	Eingangsrechnung:					
	082	Werkzeuge	3.000,00	4400	Verbindlichkeiten	3.617,36
	2000	Fremdbezugsteile	39,80			
	2600	Vorsteuer	577,56			
20.2	Bezahlung: Ausgangsrechnung:					
	2800	Bank	13.101,31	2400	Forderungen	13.506,50
	5002	Kundenskonti	340,50			
	4800	Umsatzsteuer	64,69			
	Eingangsrechnung:					
	44	Verbindlichkeiten	3.617,36	2800	Bank	3.617,36

21. a) **Rohstoffeinsatz** = Materialeinsatz = Rohstoffverbrauch = Fertigungsmaterial = Materialeinzelkosten

    b) **Wareneinsatz:** Einstandspreis der verkauften Ware

22. **Direkte Methode:** Jeder Stoffverbrauch wird mithilfe von Materialentnahmescheinen sofort erfasst und gebucht.

Indirekte Methode: Der gesamte Stoffverbrauch der Periode wird nachträglich durch Inventur ermittelt. AB + Zugänge – EB laut Inventur = Verbrauch

23. Wenn eingekaufte Rohstoffe sofort in die Produktion gehen (z. B. Just in time).

24. **Liefererskonti:** Verringerung der Rohstoff-Anschaffungskosten, somit Verringerung des Rohstoffaufwandes → Gewinn steigt

    Kundenskonti: Verringerung der Umsatzerlöse → Gewinn sinkt

1.9 Prüfungsaufgaben

Prüfungsaufgaben Sommer 2010 (Aufgabe 1, teilweise)

3.1	2000 Fremdbauteile	6.677,50 EUR	an	4400 Verbindl. a. LL.	7.946,23 EUR
	2600 Vorsteuer	1.268,73 EUR			

3.2 Verlängerung Zahlungsziel bei Verzicht auf Skontoabzug: 50 T – 10 T = 40 T
Kosten durch Verlust des Skontoabzugs: ca. 2 %

$$p = \frac{z \cdot 100 \cdot 360}{K \cdot t} = \frac{2 \cdot 100 \cdot 360}{98 \cdot 40} = 18{,}37\ \%$$

Da der Kontokorrentkredit mit 13 % p. a. günstiger ist, lohnt es sich auf jeden Fall, den Skontoabzug vorzunehmen.

3.3 Zahlung am letzten Tag der Skontofrist: 14.04. + 10 T. = 24.04.2010

4400 Verbindl. a. LL.	7.946,23 EUR	an	2800 Bank	7.787,31 EUR
			2003 Liefererskonti	133,55 EUR
			2600 Vorsteuer	25,37 EUR

Prüfungsaufgaben Sommer 2010 (Aufgabe 1, teilweise)

1.1	Beleg 1				
	2400 Forderungen	14.678,65	an	5000 Umsatzerlöse	12.335,00
				4800 Umsatzsteuer	2.343,65
	Beleg 2				
	2000 RHB, Fremdbauteile	6.085,00	an	4400 Verbindlichkeiten	7.241,15
	2600 Vorsteuer	1.156,15			
	Beleg 3				
	6130 Inst.haltg., Reparaturen	77,40	an	2820 Kasse	92,11
	2600 Vorsteuer	14,71			
	Beleg 4				
	0710 Maschinen	70.000,00	an	4400 Verbindlichkeiten	83.300,00
	2600 Vorsteuer	13.300,00			
1.2	Zahlung Anlage 4				
	4400 Verbindlichkeiten	83.300,00	an	2800 Bank	81.634,00
				0710 Maschinen	1.400,00
				2600 Vorsteuer	266,00

1.5

S	2600 Vorsteuer		H
	1.268,40	4400	3.690,00
	2.421,60	4400	**266,00**
4400	**1.156,15**		
2820	**14,71**		
4400	**13.300,00**	4800	**14.204,86**
	18.160,86		18.160,86

S	4800 Umsatzsteuer		H
2600	12.190,00		5.495,00
2600	**14.204,86**		6.635,58
8010	890,58		12.811,21
(Zahllast)		2400	**2.343,65**
	27.285,44		27.285,44

1.6	4800 Umsatzsteuer	890,58	an	8010 Schlussbilanzkonto	890,58

Prüfungsaufgaben Winter 2010/2011 (Aufgabe 2, teilweise)

2.1.1	2400	Forderungen (Debitor 24006)	5.533,50	an	5010 Umsatzerlöse Handelsw.	4.650,00
					4800 Umsatzsteuer	883,50
	6080	Aufw. f. Handelsw. (1.050,00 + 1.650,00)	2.700,00	an	2210 Handelswaren	2.700,00
2.1.2	2800	Bank	5.367,50	an	2400 Forderungen (Debitor 24006)	5.533,50
	4800	Umsatzsteuer	26,50			
	5012	Kundenskonti	139,50			

2.1.3 Rohgewinn bei diesem Geschäft:

Erlöse (4.650,00 – 139,50)	4.510,50 EUR
– Aufwendungen	2.700,00 EUR
Rohgewinn	1.810,50 EUR

Prüfungsaufgaben Sommer 2011 (Aufgabe 2, teilweise)

2.1	0710	Maschinen	62.870,00	an	4400 Verb. a. LL.	74.815,30
	2600	Vorsteuer	11.945,40			
	2400	Forderungen	11.876,20	an	5000 Umsatzerlöse	9.980,00
					4800 Umsatzsteuer	1.896,20

2.2

Rechnungsbetrag brutto	74.815,30 EUR
– 2 % Skonto	1.496,31 EUR
Zahlungsbetrag	73.318,99 EUR

$$\text{Zinsen} = \frac{73.318,99 \cdot 14 \cdot 20}{100 \cdot 360} = \quad 570,26 \text{ EUR}$$

Finanzierungserfolg (1.496,31 – 570,26) 926,05 EUR

Skontoabzug lohnt sich, da der Finanzierungserfolg positiv ist.

2.3	4400	Verb. a. LL.	74.815,30	an	2800 Bank	73.318,99
					0710 Maschinen	1.257,40
					2600 Vorsteuer	238,91

2 Kosten- und Leistungsrechnung I: Grundlagen – Abgrenzungsrechnung

2.1 Grundbegriffe und Aufgaben

1. Vgl. Stofftelegramm.
2. a) Aufwendungen b) Ausgaben + Aufwendungen c) Ausgaben d)–e) Aufwendungen
3. betriebsfremde, periodenfremde, außerord. Aufwendungen, Verluste aus AV-Abgängen
4. a) Neutrale Aufwendungen: Aufwendungen, die nicht als Kosten erfasst werden (vgl. 3.)
   b) Zweckaufwand: kostengleicher Aufwand
   c) Grundkosten: aufwandsgleiche Kosten
   d) Zusatzkosten: Kosten, die in der GuV nicht als Aufwand erfasst werden
   e) Anderskosten: Kosten, die in der GuV in anderer Höhe als in der KLR erfasst werden
5. Vgl. Stofftelegramm.
6. a) Kosten b) periodenfremd c) Verluste aus AV-Abgang d) Kosten
   e) betriebsfremd f) Kosten g) betriebsfremd h) Kosten
7. Abgrenzung der Kosten und Leistungen (= Größen der KLR) von den Aufwendungen und Erträgen (= Größen der GuV-Rechnung). Neutrale Aufwendungen und Erträge werden herausgefiltert, um die für die KLR notwendigen reinen Kosten und Leistungen zu erhalten.
8. Vgl. Stofftelegramm.

2.2 Kalkulatorische Kosten

1. Vgl. Stofftelegramm.
2. Unterscheidungsmerkmale: Vgl. auch Stofftelegramm.

   Begründungen für den unterschiedlichen Ansatz kalkulatorischer Abschreibungen:

   - **Abschreibung des betriebsnotwendigen Vermögens:** Nur dieses dient dem ordnungsgemäßen Betriebsablauf. Darüber hinausgehendes Vermögen darf kalkulatorisch nicht berücksichtigt werden, weil z. B. Konkurrenten dieses auch nicht kalkulieren.
   - **Lineare Abschreibung:** Im Unterschied zur degressiven Abschreibung führt die lineare Abschreibung zu einer kostenrechnerisch erwünschten gleichmäßigen Kostenbelastung der einzelnen Perioden.
   - **Abschreibungsgrundlage = Wiederbeschaffungskosten:** Bei Preissteigerungen kann die neue Maschine aus den Abschreibungsrückflüssen beschafft werden. Hierdurch wird eine substanzielle Kapitalerhaltung erreicht.
3. Vgl. Stofftelegramm.
4. - Zweckaufwand = Grundkosten = 100.000,00 EUR
   - Zusatzkosten = 0,00 EUR
   - Neutrale Aufwendungen = 20.000,00 EUR

5. • Wiederbeschaffungskosten sind gesunken: kalkulator. Abschreibung < bilanzielle Abschreibung.
   • Bilanzielle degressive Abschreibung, die in den Anfangsjahren > lineare Abschreibung.

6. a) Gesamtergebnis = E – A = **–40.000,00 EUR** c) Neutrales Ergebnis = **–50.000,00 EUR**
   b) Betriebsergebnis = **+10.000,00 EUR** d) Kosten = **50.000,00 EUR**

   Nebenrech.: *Neutrale Erträge = Erträge – Leistungen = 70.000 – 60.000 = 10.000,00 EUR*
   Neutrales Ergebnis = *Neutrale Erträge – Neutr. Aufw. = 10.000 – 60.000* = **–50.000,00 EUR**
   Betriebsergebnis = *Ges.erg. – Neutr. Erg. = –40.000 – (–50.000)* = **+10.000,00 EUR**
   Betriebsergebnis = *Leistungen – Kosten →* ***Kosten*** *= 60.000 – 10.000* = **+50.000,00 EUR**

2.3 Ergebnistabelle

1. a)

Ergebnistabelle in TEUR

Konto-Nr.	GuV		UA		KK		KLR	
	Aufw.	Erträge	nA	nE	A(GuV)	K (KLR)	Kosten	Leistungen
500		3.200						3.200
521		100						100
53		60						60
571		40		40				
600	880						880	
602/3	250						250	
613	120						120	
620	540						540	
6201	100						100	
63	380						380	
64	260						260	
65	280				280	250	250	
679	40						40	
696	50		50					
70	90						90	
751	80				80	100	100	
kalk. U'lohn						300	300	
Summen	3.070 330	3.400	50	40 10	360 290	650	3.310 50	3.360
Salden (Ergebnisse)	3.400	3.400	50	50	650	650	3.360	3.360

Ergebnis aus unternehmensbezogenen Abgrenzungen	–10 TEUR
Ergebnis aus kostenrechnerischen Korrekturen	+290 TEUR
Neutrales Ergebnis	+280 TEUR
Betriebsergebnis	+50 TEUR
Unternehmensergebnis laut GuV	+330 TEUR

b) • Die kalkulatorische Abschreibung erfasst die tatsächliche Wertminderung.
   • Die einzelnen Perioden sollen gleichmäßig belastet werden; daher lineare Abschreib.
   • Eine Wiederbeschaffung aus den in die Preise kalkulierten und zurückfließenden Abschreibungsbeträgen soll ermöglicht werden. Folglich Abschreibung vom Wiederbeschaffungswert → substanzielle Kapitalerhaltung (Erhaltung der Untern.substanz).

2.

Rechnungskreis I				Rechnungskreis II					
Geschäftsbuchführung				Abgrenzungsbereich				Kosten- und Leistungsrechnung	
GuV-Konto				Unternehmensbezogene Abgrenzung		Kostenrechnerische Korrekturen		Betriebsergebnisrechnung	
Kto.-Nr.	Kontenbezeichnung	Aufwendungen	Erträge	Aufwendungen	Erträge	Aufwendungen	Erträge	Kosten	Leistungen
500	Umsatzerlöse		1.500.400						**1.500.400**
571	Zinserträge		50.000		**50.000**				
600	Rohstoffaufwand	760.000						**760.000**	
62/63	Löhne, Gehälter	304.000						**304.000**	
640	Arbeitgeberanteil zur Sozialversicherung	38.760						**38.760**	
650	Abschreibungen auf Sachanlagen	120.000				120.000	100.000	**100.000**	
670	Mieten und Pachten	24.000						**24.000**	
677	Rechts- und Beratungskosten	3.800						**3.800**	
680	Büromaterial	16.000						**16.000**	
696	Verluste Abgang Sachanlage-vermögen	8.240		**8.240**					
770	Gewerbesteuer	35.350		**5.350**				**30.000**	
	Summe	1.310.150	1.550.400	**13.590**	**50.000**	**120.000**	**100.000**	**1.276.560**	**1.500.400**
		240.250		**36.410**			20.000	**223.840**	
	Unternehmensergebnis	**240.250**							
	Neutrales Ergebnis			**16.410**					
	Betriebsergebnis							**223.840**	

2.4 Prüfungsaufgaben

Prüfungsaufgaben Sommer 2009 (Aufgabe 1, teilweise)

1.6.1 Abschreibungsgrundlage in der **Finanzbuchhaltung** sind die Anschaffungskosten. Die betriebsgewöhnliche Nutzungsdauer und somit der jährliche Abschreibungssatz werden vom Gesetzgeber vorgegeben.

In der **Kostenrechnung** sind die Wiederbeschaffungskosten Grundlage der Berechnung. Die Höhe der Abschreibung richtet sich nach der tatsächlichen Nutzungsdauer der Anlagegegenstände sowie nach dem Prinzip der gleichmäßigen Kostenbelastung.

1.6.2 Grundkosten: 300.000,00 EUR; Zweckaufwand: 300.000,00 EUR;
Neutraler Aufwand: 0,00 EUR; Zusatzkosten: 20.000,00 EUR

Prüfungsaufgaben Sommer 2011 (Aufgabe 1, teilweise)

1.1 Ermittlung der Kosten und Leistungen, die durch die betriebliche Leistungserstellung einer Periode entstehen.

1.2 Siehe **Anlage**.

1.3 Z. B.:

buchhalterische Abschreibung	kalkulatorische Abschreibung
Abschreibung von den Anschaffungskosten	Abschreibung von den geschätzten Wiederbeschaffungskosten

Anlage: Ergebnistabelle 1. Quartal

Rechnungskreis I				Rechnungskreis II					
Erfolgsrechnung				Abgrenzungsbereich				KLR-Bereich	
Geschäftsbuchführung				Unternehmensbezogene Abgrenzung		kosten- und leistungsrechnerische Korrekturen			
Konto	Kto.-Nr.	Aufwendungen TEUR	Erträge TEUR	Aufwendungen TEUR	Erträge TEUR	Aufwendungen TEUR	Verr. Kosten TEUR	Kosten TEUR	Leistungen TEUR
Umsatzerlöse Erzeugnisse	5000		16.500						16.500
Mieterträge	5400		520		520				
Zinserträge	5710		10		10				
Rohstoffaufw.	6000	3.850						3.850	
Löhne/Gehälter	6200/6300	4.020		20				4.000	
Abschreibung	6500	2.010		10		2.000	1.500	1.500	
Mietaufwand	6700	1.780						1.780	
Zinsaufwand	7510	1.920				1.920	1.100	1.100	
Steuernachzahlungen	7790	110		110					
	Summe	13.690	17.030	140	530	3.920	2.600	12.230	16.500
		3.340		390			1.320	4.270	
		17.030	17.030	530	530	3.920	3.920	16.500	16.500

Neutrales Ergebnis:	Verlust 930 TEUR
Betriebsergebnis:	Gewinn 4.270 TEUR
Unternehmensergebnis:	Gewinn 3.340 TEUR

Prüfungsaufgaben Sommer 2013 (Aufgabe 1, teilweise)

Abgrenzungstabelle LaSo GmbH 1. Quartal 2013								
Rechnungskreis I			Rechnungskreis II					
	A	B	C	D	E	F	G	H
Finanzbuchführung			Abgrenzungsbereich				Kosten- und Leistungsrechnung	
			Unternehmens-bezogene Abgrenzung		Kosten- und leistungsrechnerische Korrekturen			
Kto.-Nr.	Aufwendungen TEUR	Erträge TEUR	Aufwendungen TEUR	Erträge TEUR	Aufwendungen TEUR	Verr. Kosten TEUR	Kosten TEUR	Leistungen TEUR
5000 Umsatzerlöse fert. Erz.		14.900						14.900
5220 Bestandsveränderungen fert. Erz.	400						400	
5400 Erträge aus Vermietung		70		70				
5460 Erträge a. d. Abgang von Vermögensgenständen		20		20				
5710 Zinserträge		50		50				
6000 Aufwendungen für Rohstoffe	5.500						5.500	
6130 Instandhaltung/Reparaturen	80		30				50	
6200 Löhne	1.700						1.700	
6400 Soziale Abgaben	900						900	
6500 Abschreibungen auf Sachanlagen	800				800	860	860	
6870 Werbung	250						250	
7020 Grundsteuer	100		20				80	
7510 Zinsaufwendungen	200				200	320	320	
7600 Außerordentliche Aufwendungen	150		150					
Summe	10.080	15.040	200	140	1.000	1.180	10.060	14.900
	4.960			60	180		4.840	
	15.040	15.040	200	200	1.180	1.180	14.900	14.900
Betriebsergebnis		(+) 4.840						
Neutrales Ergebnis		(+) 120						
Unternehmensergebnis		(+) 4.960						

1.2

Grundkosten:	Aufwendungen für Rohstoffe
Zweckaufwand:	Aufwendungen für Rohstoffe (siehe Grundkosten)
Anderskosten:	kalkulatorische Abschreibung
Neutrale Aufwendungen:	außerordentliche Aufwendungen
Grundleistungen:	Umsatzerlöse
Neutrale Erträge:	Mieterträge
Andere Beispiele sind möglich.	

1.3 Aufwendungen für Rohstoffe fließen nicht in den BAB ein, da sie i. d. R. direkt auf einen Kostenträger zurechenbar sind (Einzelkosten).

Die kalkulatorischen Abschreibungen sind Gemeinkosten und werden im BAB auf die Kostenstellen verteilt.

Prüfungsaufgaben Winter 2015/2016 (Aufgabe 2, teilweise)

2.1 Siehe **Anlage 7**.

2.2
- Die kalkulatorische Abschreibung erfolgt vom meist höheren Wiederbeschaffungswert.
- Tatsächlicher Wertverlust kann von der bilanziellen Abschreibung abweichen.
- Bei der kalkulatorischen Abschreibung werden Anlagen, die betrieblich nicht genutzt sind, nicht abgeschrieben.
- Die tatsächliche Nutzungsdauer kann von den AfA-Tabellen abweichen.

Anlage 7

Rechnungskreis I				Werte in EUR				Rechnungskreis II	
Geschäftsbuchführung				Abgrenzungsbereich				Kosten- und Leistungsrechnung	
GuV-Konto				Unternehmensbezogene Abgrenzung		Kostenrechnerische Korrekturen		Betriebsergebnisrechnung	
Kto.-Nr.	Kontenbezeichnung	Aufwendungen	Erträge	Neutrale Aufwendungen	Neutrale Erträge	Verrechnete Aufwendungen	Verrechnete Kosten	Kosten	Leistungen
500	Umsatzerlöse		3.850.000						3.850.000
571	Zinserträge		12.000		**12.000**				
546	Erträge Abgang Sachanlagen		112.000		**112.000**				
600	Rohstoffaufwendungen	2.050.00						2.050.000	
62/63	Löhne, Gehälter	904.000						904.000	
640	Arbeitgeberanteil SV	202.000						202.000	
650	Abschreibung auf Sachanlagen	328.000				**328.000**	**332.500**	**332.500**	
670	Mietaufwendungen	34.000						34.000	
680	Büroaufwendungen	12.000						12.000	
751	Zinsaufwendungen	15.500				**15.500**	**23.500**	**23.500**	
770	Gewerbesteuer	22.200		**8.000**				14.200	
	Unternehmerlohn						**84.000**	**84.000**	
	Summe	3.567.700	3.974.000	**8.000**	**124.000**	**343.500**	**440.000**	**3.656.200**	**3.850.000**
	Ergebnis	406.300		**116.000**		**96.500**		**193.800**	
	Summe	3.974.00	3.974.000	**124.000**	**124.000**	**440.000**	**440.000**	**3.850.000**	**3.850.000**

Unternehmensergebnis: 406.300,00 EUR
Betriebsergebnis: 193.800,00 EUR
Neutrales Ergebnis: 212.500,00 EUR

3 Kosten- und Leistungsrechnung II: Vollkostenrechnung

3.4 Aufgaben zu den Kapiteln 3.1–3.3

1. • Verursachungsgerechte Zuordnung (Verteilung) der Gemeinkosten nach Belegen oder Verteilungsschlüsseln auf die einzelnen Kostenstellen; die Verteilung erfolgt im BAB.
   • Ermittlung von Zuschlagssätzen für die Kostenträgerstück- und Kostenträgerzeitrechnung
   • Ermöglichung der Kostenkontrolle in einzelnen Kostenstellen (Wirtschaftlichkeitskontrolle)

2. Vgl. Stofftelegramm.

3. **Kostenstellen:** Diejenigen Orte im Unternehmen, an denen die Gemeinkosten entstehen – zumeist Betriebsabteilungen. Die Kostenstelle muss ein selbstständiger Verantwortungsbereich sein, damit eine wirksame Kostenkontrolle möglich ist.

4. verursachungsgerechte Verteilung der Gemeinkosten auf die Kostenstellen, in denen sie entstanden sind

5. **Kostenstelleneinzelkosten:** Gemeinkosten, die mithilfe von Belegen direkt den Kostenstellen zugerechnet werden können. Beispiel: Abschreibungen können aufgrund der Anlagenkartei eindeutig den Kostenstellen zugerechnet werden.
   Kostenstellengemeinkosten: Gemeinkosten, die lediglich indirekt mithilfe von Verteilungsschlüsseln auf die Kostenstellen umgelegt werden können. Beispiel: Gewerbesteuer

6. Einkaufsabteilung, Materialannahme, Materialprüfung, Materiallager

7. a) MEK 100.000,00 EUR = 100 % FEK 70.000,00 EUR = 100 %
   MGK 65.000,00 EUR = **65 % MGKZ** FGK 105.000,00 EUR = **150 % FGKZ**

MEK		100.000,00
MGK	65 %	65.000,00
FEK		70.000,00
FGK	150 %	105.000,00
HKP		340.000,00
– Mehrbestand		10.000,00
HKU		330.000,00
VwGK	**15,00 %**	49.500,00
VtGK	**5 %**	16.500,00
SK		396.000,00

b)

MEK		200,00
MGK	65 %	130,00
FEK	(3 · 14,00 EUR)	42,00
FGK	150 %	63,00
HK		435,00
VwGK	15,00 %	65,25
VtGK	5 %	21,75
SK		522,00

8. **Beispiel 1:** Bestandsminderung sei 100 Stück:

AB	+ Produktion	– Verkäufe = EB
300 Stück	+ 1.000 St.	– 1.100 St. = 200 St.
EB (200 St.)		< AB (300 St.)
Produktion	(1.000 St.)	< Verkäufe (1.100 St.)
↘		↘
HK der Produktion		< HK des Umsatzes

Folge: HKP + HK Minderbestand = HKU

Beispiel 2: Bestandsmehrg. = 100 St.:

AB	+ Produkt.	– Verk.	= EB
300 St.	+ 1.000 St.	– 900 St.	= 400 St.
EB (400 St.)		> AB (300 St.)	
Produkt. (1.000 St.)		> Verk. (900 St.)	
↘		↘	
HK der Produkt.		> HK d. Umsatzes	

Folge: HKP – HK Mehrbest. = HKU

9. Die Vertriebsgemeinkosten hängen in erster Linie davon ab, wie viel im Laufe der Periode verkauft wurde. Somit sind die Herstellkosten des Umsatzes (= Herstellkosten der verkauften Erzeugnisse) als Zurechnungsbasis zu wählen.

10. a)

Aufw. f. Hilfs- und Betr.stoffe:	Materialentnahmescheine, sofern nicht unwirtschaftlich
Freiw. soz. Aufwand:	Zahl der Belegschaft in den Kostenstellen
Fuhrparkkosten:	Fahrtenbücher, gefahrene km ...
Techn. Betriebsleitung:	Fertigungslöhne, Fertigungskosten, Belegschaftszahl ...

b)

Zuschlagsgrundlage Fertigungsstelle II:	82.000,00 EUR	
Zuschlagsgrundlage Vertrieb:	460.000,00 EUR	
Ist-Zuschlag Fertigungsstelle II:	97,56 %	(siehe unten 2.)
Ist-Zuschlag Vertrieb:	5,00 %	(siehe unten 4.)
Zuschlagsgrundl. Verwaltung (Normal):	452.000,00 EUR	(siehe unten 3.)
Normal-Gemeinkosten Material:	9.600,00 EUR	(siehe unten 1.)
Normal-Gemeinkosten Verwaltung:	58.760,00 EUR	(siehe unten 3.)
Unterdeckung Fertigung I:	–2.000,00 EUR	
Unterdeckung Verwaltung:	–4.240,00 EUR	

Nebenrechnungen:

HK-Berechnung ***(Ist)***		***(Normal)***
MEK	*160.000,00*	*160.000,00*
MGK	*8.000,00*	*9.600,00*
FEK I	*50.000,00*	*50.000,00*
FGK I	*70.000,00*	*68.000,00*
FEK II	*82.000,00*	*82.000,00*
FGK II	*80.000,00*	*82.400,00*
HKP	*450.000,00*	*452.000,00*
+ B'minderg.	*30.000,00*	*30.000,00*
– B'mehrg.	*20.000,00*	*20.000,00*
HKU	***460.000,00***	***462.000,00***

1) 6 % von 160.000,00 = ***9.600,00 EUR***

2) 82.000,00 = 100 %
80.000,00 = ***97, 56 %***

3) Vgl. HK-Berechnung!

13 % von 452.000,00 = ***58.760,00 EUR***

4) 460.000,00 = 100 %
23.000,00 = ***5 %***

11. a)

Kosten nach Umlage I:	71.100,00 – 29.800,00 – 127.000,00 – 358.000,00 – 120.800,00 – 170.300,00
Kosten nach Umlage II:	136.800,00 – 378.000,00
Normal-Gemeinkosten:	72.000,00 – 144.000,00 – 379.500,00 – 111.775,00 – 178.840,00
Über-/Unterdeckung:	+900,00/+7.200,00/+1.500,00/–9.025,00/+8.540,00

Nebenrechnungen:

HK-Berechnung ***(Ist)***		***(Normal)***
MEK	*1.200.000,00*	*1.200.000,00*
MGK	*71.100,00*	*72.000,00*
FEK I	*120.000,00*	*120.000,00*
FGK I	*136.800,00*	*144.000,00*
FEK II	*330.000,00*	*330.000,00*
FGK II	*378.000,00*	*379.500,00*
HKP	*2.235.900,00*	*2.245.500,00*
– B'mehrg.	*10.000,00*	*10.000,00*
HKU	***2.225.900,00***	***2.235.500,00***

b)
- Um Kostenschwankungen zu verhindern (Kalkulationsprobleme bei ständig schwankenden Preisen)
- Ist-Gemeinkosten i. d. R. noch nicht verfügbar

12.

MEK		2.650,00
MGK	12 %	318,00
FEK		3.400,00
FGK	120 %	4.080,00
SEKF		352,00
HK		10.800,00
VwtGK	15 %	1.620,00
SK		12.420,00
Gewinn	10 %	1.242,00
BVP		13.662,00
KSK/VPr.	10 %	1.518,00
ZVP = NVP		**15.180,00**

13.

MEK		**94,00**
MGK	8 %	7,52
FEK I		40,00
FGK I	120 %	48,00
FEK II		56,00
FGK II	125 %	70,00
SEKF		4,48
HK		320,00
VwtGK	25 %	80,00
SK		400,00
Gewinn	8 %	32,00
BVP		432,00
KSK/VPr.	10 %	48,00
ZVP		480,00
KR	20 %	120,00
NVP		600,00

3.5 Prüfungsaufgaben

Prüfungsaufgaben Sommer 2010 (Aufgabe 2)

2.1

Kostenarten	Zahlen der BER	Material	Fertigung I (Teile)	Fertigung II (Montage)	Verwaltung	Vertrieb
Zwischensumme	310.800,00	31.307,00	83.860,00	72.573,00	76.277,00	46.783,00
Energiekosten	38.700,00	5.000,00	12.500,00	11.200,00	7.500,00	2.500,00
Soziale Abgaben	18.900,00	2.520,00	5.040,00	6.300,00	3.780,00	1.260,00
Summe	368.400,00	38.827,00	101.400,00	90.073,00	87.557,00	50.543,00

2.2 +
2.3

Kalkulationsschema	%	Ist-Kosten	%	Normal-Kosten	Über-/Unterd.
FM		290.000,00		290.000,00	
+ MGK	**13,39**	38.827,00	9	26.100,00	**–12.727,00**
FL I		119.000,00		119.000,00	
+ FGK I	**85,21**	101.400,00	110	130.900,00	**29.500,00**
FL II		100.400,00		100.400,00	
+ FGK II	**89,71**	90.073,00	110	110.440,00	**20.367,00**
HK der Fertigung		739.700,00		776.840,00	
– Mehrbestand an FE		–9.700,00		–9.700,00	
HK des Umsatzes		730.000,00		767.140,00	
+ VwGK	**11,84**	87.557,00	15	116.526,00	**28.969,00**
+ VtGK	**6,92**	50.543,00	10	76.714,00	**26.171,00**
Selbstkosten d. U.		868.100,00		960.380,00	**92.280,00**

2.4 • gestiegene Personalkosten im Lager/Beschaffungsbereich
• Lagermiete hat sich erhöht, steigende Versicherungskosten

2.5

Kalkulationsschema	Rückwärtskalkulation	
	%	EUR
FM	100	**17.218,35**
+ MGK	9	1.549,65
Zwischensumme		18.768,00
FL I		4.500,00
+ FGK I	110	4.950,00
FL II		5.500,00
+ FGK II	110	6.050,00
SEK d. F.		1.000,00
HK		40.768,00
+ VwGK	15	6.115,20
+ VtGK	10	4.076,80
Selbstkosten		50.960,00
+ Gewinn	12,5	6.370,00
Barverkaufspreis		57.330,00
+ Kundenskonto	2	1.170,00
Zielverkaufspreis		58.500,00
+ Kundenrabatt	10	6.500,00
Verkaufspreis (netto)		65.000,00

Prüfungsaufgaben Winter 2010/2011 (Aufgabe 1, teilweise)

1.5

Selbstkosten	175.000,00 EUR	
Gewinn	750,00 EUR	= 0,43 %
Barverkaufspreis	175.750,00 EUR	
Vertriebsprovision (4,5 %)	8.550,00 EUR	
Kundenskonto (3 %)	5.700,00 EUR	
Zielverkaufspreis	190.000,00 EUR	
Rabatt (5 %)	10.000,00 EUR	
Listenverkaufspreis	200.000,00 EUR	

Prüfungsaufgaben Sommer 2011 (Aufgabe 1, teilweise)

1.4

Bezeichnung	Ist-Kosten gesamt	Normal-Kosten gesamt	Kostenüberdeckung / Kostenunterdeckung
FM	1.280.000,00	1.280.000,00	
+ MGK	154.000,00	179.200,00	+25.200,00
+ FL	840.000,00	840.000,00	
+ FGK	1.504.000,00	1.512.000,00	+8.000,00
= HK der Rechnungsperiode	3.778.000,00	3.811.200,00	
– Bestandsmehrung	20.000,00	20.000,00	
+ Bestandsminderung	10.000,00	10.000,00	
= HK des Umsatzes	3.768.000,00	3.801.200,00	
+ VwGK	380.000,00	381.120,00	+1.120,00
+ VtGK	390.000,00	380.120,00	–9.880,00
= Selbstkosten d. U.	4.538.000,00	4.562.440,00	+24.440,00
Nettoverkaufserlöse	5.400.000,00	5.400.000,00	
– Selbstkosten d. U.	4.538.000,00	4.562.440,00	
= Umsatzergebnis		+837.560,00	
+ Kostenüberdeckung – Kostenunterdeckung		+24.440,00	
= Betriebsergebnis	+862.000,00	+862.000,00	

Prüfungsaufgaben Winter 2011/2012 (Aufgabe 1)

1. BAB

Anlage 1

Internes Rechnungswesen — Neu KG

Betriebsabrechnungsbogen

BAB-Nummer: 2289 Monat/Jahr April 2011

Kostenstelle	1000	2000	3000	4000	5000	6000	7000
Bezeichnung	Kantine	Material	Metall	Kunststoff	AV	Verwaltung	Vertrieb
Summe der Gemeinkosten	24.800,00	**378.650,00**	**384.680,00**	**280.400,00**	88.560,00	312.480,00	180.050,00
Umlage Kantine	→	**3.348,00**	**7.316,00**	**6.076,00**	**1.240,00**	**4.836,00**	**1.984,00**
		381.998,00	**391.996,00**	**286.476,00**	**89.800,00**	**317.316,00**	**182.034,00**
Umlage AV			**53.880,00**	**35.920,00**	←		
Summen Hauptkostenstellen		**381.998,00**	**445.876,00**	**322.396,00**		**317.316,00**	**182.034,00**

2. Kostenträgerblatt

Anlage 2

Zuschlagssätze und Kostenabweichung

Kostenart	Ist-Beträge	Ist-Sätze	Normal-Beträge	Normal-Sätze	Über-/Unterdeckung
MEK	1.860.500,00		1.860.500,00		
MGK	381.998,00	20,5	386.984,00	20,8	4.986,00
MK	2.242.498,00		2.247.484,00		
FEK Metall	354.060,00		354.060,00		
FGK Metall	445.876,00	125,9	419.561,10	118,5	–26.314,90
FEK Kunststoff	285.080,00		285.080,00		
FGK Kunststoff	322.396,00	113,1	325.561,36	114,2	3.165,36
FK	1.407.412,00		1.384.262,46		
HK der Rechnungsperiode	3.649.910,00		3.631.746,46		
Bestandsveränderungen UE	16.280,00		16.280,00		
Bestandsveränderungen FE	42.330,00		42.330,00		
HK des Umsatzes	3.708.520,00		3.690.356,46		
VwGK-GK	317.316,00	8,7	319.593,69	8,8	2.277,69
VtGK	182.034,00	4,9	184.517,82	5,0	2.483,82
Selbstkosten	4.207.870,00		4.194.467,97		
Unterdeckung					–13.402,03

3. Stellungnahme zu den Kostenabweichungen:

Material: Kostenüberdeckung
weniger Personalkosten als geplant durch Personaleinsparungen im Bereich Beschaffung.

Fertigung Metall: Kostenunterdeckung
Da die Fertigung sich im April an der Kapazitätsgrenze befand, mussten Überstundenzuschläge gezahlt werden, um die Fertigungstermine einzuhalten (vgl. **Anlage** Kostenstellenauswertung Metall).
Fertigung Kunststoff: Kostenüberdeckung
Verminderter Reparaturaufwand als geplant, wurde geleistet durch eigenes Personal.
geringe Stillstandzeiten

Prüfungsaufgaben Winter 2012/2013 (Aufgabe 1, teilweise)

1.1 **Berechnung der Zuschlagssätze**

	in %
MGKZ	18,0
FGKZ	170,0
VerwGKZ	2,8
VertrGKZ	10,6

Ermittlung der Herstellkosten

FM	2.816.000,00 EUR
MGK	507.000,00 EUR
FL	1.435.290,00 EUR
FGK	2.440.000,00 EUR
Herstellkosten der Fertigung	7.198.290,00 EUR

Vorwärtskalkulation/Verkaufskalkulation	**pro Stück**	
FM	90,00 EUR	
MGK	16,20 EUR	18 %
FL	50,00 EUR	
FGK	85,00 EUR	170 %
Herstellkosten der Fertigung	241,20 EUR	
VerwGK	6,75 EUR	2,8 %
VertrGK	25,57 EUR	10,6 %
Selbstkosten	273,52 EUR	
Gewinn	21,88 EUR	8 %
Barverkaufspreis	295,40 EUR	
Kundenskonto	6,03 EUR	2 %
Zielverkaufspreis	301,43 EUR	
Kundenrabatt	15,86 EUR	5 %
Verkaufspreis netto	**317,29 EUR**	

1.2

Differenzkalkulation	**pro Stück**	
Selbstkosten	273,52 EUR	
Gewinn	11,91 EUR	**Verlust!**
Barverkaufspreis	261,61 EUR	
Kundenskonto	8,09 EUR	3 %
Zielverkaufspreis	269,70 EUR	
Kundenrabatt	47,59 EUR	15 %
Verkaufspreis netto	317,29 EUR	

Mitteilung an die Vertriebsabteilung:

> Sehr geehrter Herr Haller,
> die Bestellung der „Spielewelt“ kann nicht angenommen werden. Die Gewährung von 15 % Kundenrabatt sowie 3 % Kundenskonto würde einen Verlust von 11,91 EUR pro Stück verursachen.
>
> Mit freundlichem Gruß
> ....

Prüfungsaufgaben Sommer 2013 (Aufgabe 1, teilweise)

1.4.1

Materialeinzelkosten:	80,00 EUR
Materialgemeinkosten:	24,00 EUR
Materialkosten:	104,00 EUR
Fertigungseinzelkosten:	3,75 EUR
Fertigungsgemeinkosten:	5,25 EUR
Fertigungskosten:	9,00 EUR
Herstellkosten:	113,00 EUR

1.4.2

Herstellkosten		113,00 EUR
Vw-/VertrGK	25,00 %	28,25 EUR
Selbstkosten		141,25 EUR
Gewinn		–0,60 EUR
Barverkaufspreis		140,65 EUR
Kundenskonto	3,00 %	4,35 EUR
Zielverkaufspreis		145,00 EUR

Aus Sicht der Vollkostenrechnung wäre es nicht sinnvoll, den Kundenauftrag anzunehmen, da pro Stück ein Verlust von 0,60 EUR bzw. 300,00 EUR für den Auftrag entstehen würde.

1.4.3

Variable Kosten:		MEK	80,00 EUR		
		MGK (var.)	4,80 EUR		(20 % v. 24,00)
		FEK	3,75 EUR		
		FGK (var.)	3,15 EUR		(60 % v. 5,25)
			91,70 EUR		
		BarVKPreis	140,65 EUR		
		– kv	91,70 EUR		
		= db	48,95 EUR		

Aus Sicht der Vollkostenrechnung würde zwar ein Verlust entstehen, aus Sicht der Teilkostenrechnung wäre es aber sinnvoll, den Auftrag anzunehmen, da ein Stückdeckungsbeitrag von 48,95 EUR erwirtschaftet wird, d. h. für den gesamten Auftrag 24.475,00 EUR (48,95 EUR · 500 Stück).

Prüfungsaufgaben Winter 2013/2014 (Aufgabe 1, teilweise)

1.1 BAB (Anlage)/Kalkulation

FM	255.900,00 EUR	
+ MGK	25.590,00 EUR	10,0 %
Mako	281.490,00 EUR	
FL I	106.466,00 EUR	
FGK I	212.932,50 EUR	200,0 %
FL II	161.846,00 EUR	
FGK II	129.477,50 EUR	80,0 %
Feko	610.722,00 EUR	
Heko der Produktion	892.212,00 EUR	
– Bestandsmehrung	38.550,00 EUR	
Heko des Umsatzes	853.622,00 EUR	

FM	83,97 EUR
+ MGKZ (10,0 %)	8,40 EUR
Mako	92,37 EUR
FL I	35,00 EUR
FGKZ I (200,0 %)	70,00 EUR
FL II	30,00 EUR
+ FGKZ II (80,0 %)	24,00 EUR
Feko	159,00 EUR
Heko	251,37 EUR
+ VwGKZ (3,6 %)	9,05 EUR
+ VtrGKZ (5,8 %)	14,58 EUR
Seko	275,00 EUR

1.2 Die Materialgemeinkosten steigen (Ansteigen der Hilfslöhne, Gehälter und Sozialkosten). Bleibt das Fertigungsmaterial als Bezugsgrundlage unverändert, so steigt der Materialgemeinkostenzuschlagssatz (MGKZ).

Anlage

Internes Rechnungswesen **Piller OHG**

Betriebsabrechnungsbogen für das 1. Halbjahr (in EUR)

	Allgemeine Hilfskostenstelle (Werkstatt)	Material	Fertigungshilfs-kostenstelle (Arbeitsvorbe-reitung)	Fertigungs-stelle I	Fertigungs-stelle II	Verwaltungs-stelle	Vertriebsstelle
Summe primärer Gemeinkosten	39.000,00	24.420,00	19.500,00	193.920,00	101.300,00	32.102,00	39.340,00
Umlage Werkstatt		1.170,00	390,00	14.040,00	13.260,00	–	10.140,00
Zwischensumme		25.590,00	19.890,00	207.960,00	114.560,00	32.102,00	49.480,00
Umlage Arbeitsvor-bereitung		–		4.972,50	14.917,50	–	–
Summe der Gemeinkosten		25.590,00		212.932,50	129.477,50	32.102,00	49.480,00
Zuschlagsgrund-lage		255.900,00		106.466,00	161.846,00	892.212,00	853.621,00
Zuschlagssätze		10 %		200 %	80 %	3,6 %	5,8 %

Prüfungsaufgaben Sommer 2014 (Aufgabe 1, teilweise)

1.1

Gemeinkostenarten	**Zahlen der Buchhaltung**	**Material**	**Fertigungsstelle I**	**Fertigungsstelle II**	**Verwaltung**	**Vertrieb**
Summe Gemeinkosten (EUR)	371.130,00	12.000,00	105.000,00	120.000,00	98.280,00	35.850,00
Zuschlagsgrundlage (EUR)		200.000,00	70.000,00	120.000,00	627.000,00	637.000,00
Ist-Gemeinkostenzuschlagssätze		6 %	150 %	100 %	15,67 %	5,63 %
Normal-Gemeinkostenzuschlagssätze		7 %	142 %	110 %	14 %	7 %
Normal-Gemeinkosten (EUR)		14.000,00	99.400,00	132.000,00	88.956,00	45.178,00
Kostenüberdeckung (EUR)		2.000,00		12.000,00		9.328,00
Kostenunterdeckung (EUR)			5.600,00		9.324,00	

Kostenunterdeckung in der Fertigungsstelle I z. B. verursacht durch Beschäftigungsrückgang, höhere Bezugskosten für Hilfs- und Betriebsstoffe, höhere Reparaturkosten usw.

1.2 Fuhrpark: gefahrene Kilometer, genutzte Zeit
Qualitätskontrolle Fertigung: Anzahl der Stichproben, Prüfzeiten

Fuhrpark: Allgemeine Hilfskostenstelle, die auf alle anderen Kostenstellen umgelegt wird.

Qualitätskontrolle Fertigung: Besondere Hilfskostenstelle, die nur auf die Fertigungsstellen (übergeordnete Hauptkostenstelle) umgelegt wird.

1.3 Differenzkalkulation (in EUR)

FM		134,68
MGK	7 %	9,43
MK		144,11
FL I		35,00
FGK I	142 %	49,70
FL II		33,90
FGK II	110 %	37,29
FK		155,89
HK		300,00
VwGK	14 %	42,00
VtGk	7 %	21,00
SK		363,00
Gewinn	**9,34 %**	**33,90**
Barverkaufspreis		396,90
Kundenskonto	3 %	13,23
Vertreterprovision	7 %	30,87
Zielverkaufspreis		441,00
Rabatt	10 %	49,00
Listenverkaufspreis		490,00

Der Stückgewinn beträgt 33,90 EUR, dies entspricht einem Gewinnzuschlag von 9,34 %.

Prüfungsaufgaben Winter 2014/2015 (Aufgabe 1, teilweise)

1.1

Internes Rechnungswesen						BikesForFun GmbH
Betriebsabrechnungsbogen für das 3. Quartal 2014 (in EUR) (Auszug)						
	Material	Fertigungs-hilfskosten-stelle „Arbeitsvor-bereitung"	Fertigungs-hauptkos-tenstelle I (Typ „City")	Fertigungs-hauptkos-tenstelle II (Typ „Trial")	Verwaltung	Vertrieb
...	...	...	...	...	...	...
Zwischensumme Gemeinkosten	**142.550,00**	**126.000,00**	**902.850,00**	**623.700,00**	**198.000,00**	**370.000,00**
Umlage Arbeitsvorbereitung			84.000,00	42.000,00		
Summe der Gemeinkosten	142.550,00	–	986.850,00	665.700,00	198.000,00	370.000,00
Zuschlagsgrundlage	1.544.400,00	–	475.200,00	277.200,00	4.091.900,00	4.010.900,00
Zuschlagssätze	9,2 %		207,7 %	240,2 %	4,8 %	9,2 %

1.2

Teilprozess	Typ	Kostentreiber	Gesamtkosten je Teilprozess im Oktober 2014 (in EUR)	Prozessmenge gesamt im Oktober 2014	Prozessmenge Typ „City" Oktober 2014	Prozessmenge Typ „Trial" Oktober 2014	Teilprozesskosten Imi (in EUR)	Umlage Imn-Teilprozesse (in EUR)	Gesamtprozesskostensatz je Teilprozess (in EUR)	Prozesskosten der Produktgruppe „City" (in EUR)	Prozesskosten der Produktgruppe „Trial" (in EUR)	Prozesskosten je Stück „City" (in EUR)	Prozesskosten je Stück „Trial" (in EUR)
Fertigungsplanung/ Arbeitsplanung	lmi	Anzahl Neukonstruktionen	7.875,00	10	4	6	787,50	110,25	897,75	3.591,00	5.386,50	1,36	4,08
Materialdisposition/ Materialbereitstellung	lmi	Anzahl Aufträge	10.500,00	50	30	20	210,00	29,40	239,40	7.182,00	4.788,00	2,72	3,63
Termin-/ Kapazitätsplanung	lmi	Anzahl Aufträge	5.250,00	50	30	20	105,00	14,70	119,70	3.591,00	2.394,00	1,36	1,81
Fertigungssteuerung	lmi	Anzahl Fahrräder	13.125,00	3.960	2.640	1.320	3,31	0,46	3,77	9.952,80	4.976,40	3,77	3,77
Abteilung leiten	lmn		5.145,00									–	–
Summe			**41.895,00**									9,21	13,29

Umlagesatz (lmn): 5.145,00 EUR : 36.750,00 EUR · 100 = 14 % bzw. Umlagefaktor (lmn): 5.145,00 EUR : 36.750,00 EUR = 0,14

1.3 Kalkulation (in EUR):

MEK	200,00
+ MGK (9,2 %)	18,40
+ FEK	70,00
+ FGK AV (aus 1.2.2)	13,29
+ Rest-FGK (225 %)	157,50
= HK (je Stück)	459,19

Prüfungsaufgaben Sommer 2015 (Aufgabe 1, teilweise)

(Lösung zu 1.1 auf folgender Seite)

1.2 MGK-Zuschlag: $\frac{57.350{,}00 \text{ EUR} \cdot 100}{716.875{,}00 \text{ EUR}} = 8\ \%$

FKG-Zuschlag I: $\frac{325.300{,}00 \text{ EUR} \cdot 100}{305.000{,}00 \text{ EUR}} = 106{,}7\ \%$

FKG-Zuschlag II: $\frac{248.000{,}00 \text{ EUR} \cdot 100}{209.280{,}00 \text{ EUR}} = 118{,}5\ \%$

Herstellkosten der RP:

FM	716.875,00 EUR
MGK	57.350,00 EUR
Fertigungslöhne I	305.000,00 EUR
FGK I	325.300,00 EUR
Fertigungslöhne II	209.280,00 EUR
FGK II	248.000,00 EUR
HK der RP	1.861.805,00 EUR

Herstellkosten des Umsatzes

HK der RP	1.861.805,00 EUR
– Bestandsmehrung unfert. Erz	64.000,00 EUR
+ Bestandsminderung fert. Erz	69.000,00 EUR
HK des Umsatzes	1.866.805,00 EUR

Verwaltungs-GK-Zuschlag: $\frac{121.340{,}00 \text{ EUR} \cdot 100}{1.861.805{,}00 \text{ EUR}} = 6{,}5\ \%$

Vertriebs-GK-Zuschlag: $\frac{89.606{,}00 \text{ EUR} \cdot 100}{1.866.805{,}00 \text{ EUR}} = 4{,}8\ \%$

1.3

Materialeinzelkosten	385,00 EUR	
+ 8 % MGK	30,80 EUR	
Materialkosten	415,80 EUR	
+ Fertigungskosten	**294,58 EUR**	**(277,77 EUR)**
Herstellkosten	710,38 EUR	(693,57 EUR)
+ 6,5 % Verw.GK (8 %)	46,18 EUR	(55,48 EUR)
+ 4,8 % Vertr.GK (6 %)	34,10 EUR	(41,61 EUR)
Selbstkosten	790,66 EUR	
+ kalk. Gewinn	135,00 EUR	
Barverkaufspreis	925,66 EUR	
+ 2 % Kundenskonto	18,89 EUR	
Zielverkaufspreis	944,55 EUR	
+ 10 % Mengenrabatt	104,95 EUR	
Listenverkaufspreis	1.049,50 EUR	

1.1

Rechnungskreis I				Rechnungskreis II					
Geschäftsbuchführung (GBF)				Abgrenzungsbereich				Kosten- und Leistungsrechnung	
				Unternehmensbezogen		KLR-Korrekturen			
Nr.	Bezeichnung	Aufwendungen TEUR	Erträge TEUR	neutrale Aufwendungen TEUR	neutrale Erträge TEUR	verr. Aufwendungen TEUR	verr. Kosten TEUR	Kosten TEUR	Leistungen TEUR
5000	Umsatzerlöse für Erzeugnisse und Waren		6.550						6.550
5210	Bestandsveränderung an unfertigen Erzeugnissen		210						210
5400	Erträge aus Vermietung		300		300				
5710	Zinserträge		600		600				
6000	Aufwendungen für Rohstoffe	2.200						2.200	
6130	Instandhaltung und Reparaturen	67		8				59	
6200	Löhne	1.350		30				1.320	
6500	Abschreibung auf Sachanlagen	740				740	820	820	
6800	Büromaterial	70		9				61	
7510	Zinsaufwendungen	170				170	210	210	
	kalkulatorischer Unternehmerlohn						35	35	
	Summe	4.597	7.660	47	900	910	1.065	4.705	6.760
	Salden	3.063		853		155		2.055	
		7.660	7.660	900	900	1.065	1.065	6.760	6.760

Unternehmensergebnis	3.063 (+)
Abgrenzungsergebnis (neutrales Ergebnis)	1.008 (+)
Betriebsergebnis	2.055 (+)

Schülerabhängige Antworten, z. B.

- das neutrale Ergebnis ist außergewöhnlich hoch,
- auffällig hohe Zinserträge, d. h. betrieblich nicht genutztes Kapital,
- eventuell höhere Rendite bei betrieblicher Investition des Kapitals.

Prüfungsaufgaben Sommer 2016 (Aufgabe 1, teilweise)

1.1 BAB **(Anlage)**

FM	256.000,00 EUR
+ MGK	20.800,00 EUR
= Mako	276.800,00 EUR
FL I	180.000,00 EUR
+ FGK I	259.800,00 EUR
+ FL II	300.000,00 EUR
+ FGK II	328.200,00 EUR
= Feko	1.068.000,00 EUR
Heko der R.-Periode	1.344.800,00 EUR
+ Bestandminderung	16.000,00 EUR
= Heko des Umsatzes	1.360.800,00 EUR

1.2 256.000,00 EUR · 9 % = 23.040,00 EUR Normal-Kosten

Ist-Kosten	20.800,00 EUR
– Normal-Kosten	23.040,00 EUR
= Kostenüberdeckung	2.240,00 EUR

Gründe für Überdeckung im Materialbereich:
- sinkende Energiekosten
- geringere Lagerbestände und damit geringere Zinsen
- usw.

1.3

FM		7,50 EUR
+ MGK	9 %	0,68 EUR
Mako		8,18 EUR
FL I		12,00 EUR
+ FGK	135 %	16,20 EUR
FL II		9,00 EUR
+ FGK	115 %	10,35 EUR
Feko		47,55 EUR
Heko		55,73 EUR
VwGK	8 %	4,46 EUR
VtGK	6 %	3,34 EUR
Seko		63,53 EUR
Gewinn	8,5 %	5,40 EUR
Barverkaufspreis		68,93 EUR
Kundenskonto	3 %	2,27 EUR
Vertreterprovision	6 %	4,54 EUR
Zielverkaufspreis		75,74 EUR
Rabatt	**15,8 %**	**14,25 EUR**
Listenverkaufspreis		89,99 EUR

Rabatt in EUR: 89,99 EUR – 75,74 EUR = 14,25 EUR maximal möglich, das entspricht einem Prozentsatz von 15,8 %.

Anlage: Betriebsabrechnungsbogen für das 2. Halbjahr (Oktober bis März) der Engel GmbH

	Allgemeine Hilfskostenstelle Kantine	Material	Fertigungshilfs-kostenstelle Instandhaltung	Fertigung I	Fertigung II	Verwaltung	Vertrieb
Summe Gemein-kosten vor Umlage (in EUR)	28.000,00	18.000,00	54.000,00	240.000,00	280.000,00	94.000,00	60.000,00
Umlage Kantine (in EUR)		2.800,00	2.800,00	5.600,00	5.600,00	8.400,00	2.800,00
Zwischensumme (in EUR)		20.800,00	56.800,00	245.600,00	285.600,00	102.400,00	62.800,00
Umlage Instandhaltung (in EUR)		–		14.200,00	42.600,00	–	–
Summe der Gemeinkosten		20.800,00		259.800,00	328.200,00	102.400,00	62.800,00
Zuschlagsgrundlage (in EUR)		256.000,00		180.000,00	300.000,00	1.344.800,00	1.360.800,00
Zuschlagssätze (in %)		8,1 %		144,3 %	109,4 %	7,6 %	4,6 %

4 Kosten- und Leistungsrechnung III: Deckungsbeitragsrechnung

4.1 Deckungsbeitragsrechnung (Teilkostenrechnung)

1. a)

	A	B	C	insgesamt
Erlöse (EUR)	900.000,00	1.700.000,00	1.250.000,00	3.850.000,00
Gesamtkosten (EUR)	850.000,00	1.350.000,00	1.360.000,00	3.560.000,00
Betriebsergebnis (EUR)	50.000,00	350.000,00	–110.000,00	290.000,00

ba)

	A	B	C	insgesamt
Erlöse (EUR)	900.000,00	1.700.000,00	1.250.000,00	3.850.000,00
variable Kosten (EUR)	650.000,00	1.200.000,00	860.000,00	2.710.000,00
Betriebsergebnis (EUR)	250.000,00	500.000,00	390.000,00	1.140.000,00
Fixkosten				850.000,00
Betriebsergebnis insgesamt (vgl. a)				**290.000,00**

bb)

	A	B		insgesamt
Erlöse (EUR)	900.000,00	1.700.000,00		2.600.000,00
variable Kosten (EUR)	650.000,00	1.200.000,00		1.850.000,00
Betriebsergebnis (EUR)	250.000,00	500.000,00		750.000,00
Fixkosten				850.000,00
Betriebsergebnis insgesamt (vgl. a)				**–100.000,00**

Fehlender Deckungsbeitrag C (390.000,00 EUR) vermindert Betriebsergebnis in dieser Höhe.

bc) Arbeitsplatzerhaltung, „Vorzeigeartikel“, Sortimentsvielfalt, negativer DB evtl. nur vorübergehend, Komplementärartikel ...

bd) Preisuntergrenze = variable Stückkosten:

A: 650.000 : 30.000 = **21,67 EUR** B: **40,00 EUR** C: **24,57 EUR**

2. Vgl. Stofftelegramm. 3. Vgl. Stofftelegramm.

4.1

	Min.wasser	Bier	insgesamt
Erlöse (EUR)	420.000,00	180.000,00	600.000,00
variable Kosten (EUR)	217.200,00	90.000,00	307.200,00
Deckungsbeitrag (EUR)	202.800,00	90.000,00	292.800,00
Fixkosten			185.000,00
Betriebsergebnis			**107.800,00**

4.2.1 Deckungsbeitrag ohne zusätzlichen Absatz von 30.000 Kasten Bier:

Verkaufserlös	180.000,00 EUR
– Einstandspreis (15.000 · 7,50)	112.500,00 EUR
Deckungsbeitrag	67.500,00 EUR

Deckungsbeitrag mit zusätzlichem Absatz von 30.000 Kasten Bier:	
Verkaufserlös (15.000 · 12 + 30.000 · 8)	420.000,00 EUR
– Einstandspreis (45.000 · 7,50)	337.500,00 EUR
Deckungsbeitrag	82.500,00 EUR

4.2.2 Der zusätzliche Deckungsbeitrag trägt zur Erhöhung des Betriebsergebnisses bei.

4.2.3 Bei einer Bierumsatzerhöhung um 200 % steigen neben den Fixkosten evtl. auch die variablen Kosten.

5.1.1

	A	B	C	D	
Erlöse EUR/100 Liter	200,00	170,00	270,00	285,00	Rangfolge:
variable Kosten EUR/100 L.	100,00	100,00	100,00	100,00	D – C – A – B
Deckungsbeitrag EUR	100,00	70,00	170,00	185,00	

5.1.2 DB in EUR: 200.000,00 (A), 35.000,00 (B), 374.000,00 (C), 185.000,00 (D). Rangfolge: C – A – D – B

5.2 Erhaltung der Arbeitsplätze, „Vorzeigeartikel“, Sortimentsvielfalt, evtl. Komplementärartikel, Preisausgleich mit anderen Produkten ...

5.3 Ohne Teilkostenrechnung würde man diejenigen Aufträge ablehnen, deren Erlöse die Vollkosten nicht decken. Jeder Auftrag trägt jedoch zur Gewinnsteigerung bei, bei dem die Erlöse die variablen Kosten übersteigen (positiver Deckungsbeitrag).

6.1 • Kurzfristige Preisuntergrenze Typ 1 = variable Kosten pro Stück 13.200,00 : 400,00 St. = 33,00 EUR/Stück

max. Preissenkung (in %) 55,00 EUR = 100 %
22,00 EUR = 40 %

• allmähliche Aufzehrung des Eigenkapitals durch Verluste in Höhe der fixen Kosten (in voller Höhe ungedeckt) plus der Differenz zwischen den variablen Kosten und den (niedrigeren) Umsatzerlösen

7.1

	AXXON	DELTA	XYLON
Erlöse	236,00 EUR	148,00 EUR	132,00 EUR
Fertigungslöhne	80,00 EUR	80,00 EUR	40,00 EUR
sonstige variable Kosten	72,00 EUR	16,00 EUR	34,00 EUR
Stückdeckungsbeitrag	84,00 EUR	52,00 EUR	58,00 EUR
Produktbeitrag (gesamt)	20.160,00 EUR	15.600,00 EUR	23.200,00 EUR
Gesamtdeckungsbeitrag		58.960,00 EUR	

4.2 Prüfungsaufgaben

Prüfungsaufgaben Winter 2008/2009 (Aufgabe 1, teilweise)

1.4.1

Kostenart/Varianten		V-Street	V-Mountain	V-Race
x	= Stückzahl	200 St.	250 St.	225 St.
k	= Stückkosten	950,00 EUR	800,00 EUR	900,00 EUR
p	= Verkaufspreis	1.100,00 EUR	980,00 EUR	1.060,00 EUR
k_v	= variable Stückkosten	750,00 EUR	600,00 EUR	700,00 EUR
K_f	= fixe Gesamtkosten	135.000,00 EUR		
dB	= Stückdeckungsbeitrag	350,00 EUR	380,00 EUR	360,00 EUR
G	= gesamter Gewinn	111.000,00 EUR		

- V-Mountain: Verkaufspreis = dB + k_v = 380,00 EUR + 600,00 EUR = 980,00 EUR
- V-Street: variable Stückkosten = p – dB = 1.100,00 EUR – 350,00 EUR = 750,00 EUR
- V-Race: Stückdeckungsbeitrag = p – k_v = 1.060,00 EUR – 700,00 EUR = 360,00 EUR
- Gesamtgewinn = dB – K_f
  111.000,00 EUR =
  (350,00 EUR · 200 St. + 380,00 EUR · 250 St. + 360,00 EUR · 225 St.) – 135.000,00 EUR
  (alternativer Berechnungsweg möglich)

1.4.2 Langfristige PuG V-Mountain = Stückkosten (k) = 800,00 EUR
kein Gewinn/St., aber immer noch Beitrag zur Deckung der fixen Kosten, deshalb auch langfristig möglich

Kurzfristige PuG V-Mountain = var. Stückkosten (k_v)
kein Beitrag zur Deckung der Fixkosten, nur kurzfristig möglich

1.4.3 Preiserhöhung bei V-Street: $\frac{11.000{,}00 \text{ EUR}}{200 \text{ Stk.}} = 55{,}00$ EUR pro St.

1.100,00 EUR = 100 %
55,00 EUR = 5 % Preissteigerung

Prüfungsaufgaben Sommer 2009 (Aufgabe 1, teilweise)

1.1 Kapazität = 5.000 Stück

Januar 2.000 Stück	= 40 % Kapazitätsauslastung =	1.420.000,00 EUR	Gesamtkosten
Februar 2.750 Stück	= 55 % Kapazitätsauslastung =	1.663.750,00 EUR	Gesamtkosten
Differenz 750 Stück		243.750,00 EUR	variable Kosten

k_v = 243.750,00 EUR : 750 Stück = 325,00 EUR

K_f = 1.420.000,00 EUR – 2.000 Stück · 325,00 EUR = 770.000,00 EUR

Betriebsergebnis in EUR	Januar	Februar
Umsatzerlöse	1.200.000,00	1.650.000,00
– K_v	650.000,00	893.750,00
Deckungsbeitrag	550.000,00	756.250,00
– K_f	770.000,00	770.000,00
Monatsergebnis	–220.000,00	–13.750,00

Die niedrigere Kapazitätsauslastung im Monat Januar führt zu einem negativen Ergebnis. Im Februar hat sich das Ergebnis verbessert, ist aber immer noch im negativen Bereich.

1.2 Umsatzerlöse = Kosten

$P \cdot x = k_v \cdot x + K_f$

$600\ x = 320\ x + 756.000 \rightarrow x = 2.700$ Stück

Um Gewinn zu erzielen, müssen mindestens 2.701 Stück abgesetzt werden.

1.3 $$\text{Umsatzrentabilität} = \frac{\text{Gewinn} \cdot 100}{\text{Umsatzerlöse}}$$

$$10 = \frac{(600\ x - 320\ x - 756.000) \cdot 100}{600\ x}$$

$6.000\ x = (600\ x - 320\ x - 756.000) \cdot 100$

$6.000\ x = 60.000\ x - 32.0000\ x - 75.600.000$

$6.000\ x = 28.000\ x - 75.600.000$

$75.600.000 = 22.000\ x \rightarrow x = 3.436{,}36$ Stück

Die Umsatzrentabilität von 10 % wird bei einer Ausbringungsmenge von 3.437 Stück erreicht.

1.4 Die Fertigung ist innerhalb der gegebenen Kapazität möglich:

Kapazität	5.000 Stück
– Auslastung 60 %	3.000 Stück
Freikapazität	2.000 Stück

Ergebnisauswirkung:

kurzfristige Preisuntergrenze = variable Stückkosten = 320,00 EUR

Damit liegt ein positiver Deckungsbeitrag in Höhe von 10,00 EUR/Stück vor.

Insgesamt wird ein zusätzlicher Deckungsbeitrag von 1.500 Stück · 10,00 EUR = 15.000,00 EUR erwirtschaftet.

Der Auftrag sollte angenommen werden, aber die Gefahr des Preisverfalls ist zu bedenken.

1.5.1

Fertigungskosten	= 2.000 Stück · 50,00 EUR + 10.000,00 EUR	= 110.000,00 EUR
Einkaufskosten	= 2.000 Stück · 58,00 EUR	= 116.000,00 EUR
Vorteil bei Fertigung		6.000,00 EUR

1.5.2

Selbstkosten			65,00 EUR
+ Gewinn 8 %			5,20 EUR
Barverkaufspreis	93 %		70,20 EUR
+ Kundenskonto	2 %		1,51 EUR
+ Vertreterprovision	5 %		3,77 EUR
Zielverkaufspreis	100 %	90 %	75,48 EUR
+ Kundenrabatt		10 %	8,39 EUR
Nettoverkaufspreis		100 %	83,87 EUR

Prüfungsaufgaben Sommer 2011 (Aufgabe 1, teilweise)

1.5 Der Fremdbezug hat einen Kostenvorteil, wenn der Einstandspreis je Stück kleiner ist als die variablen Herstellkosten je Stück.

1.6 Berechnung der variablen Kosten:

			EUR/Stück
variable FM	500.000,00 EUR : 2.500 St.	=	200,00
variable MGK			0,00
variable FL	300.000,00 EUR : 2.500 St.	=	120,00
variable FGK	(538.000,00 EUR : 2.500 St.) · 20 %	=	43,04
variable VwGK			0,00
variable VtGK	(150.000,00 EUR : 2.500 St.) · 43 %	=	25,80
= variable Kosten			388,84

Umsatzerlös	600,00
– var. Kosten	388,84
= dB	211,16

Der Zusatzauftrag sollte angenommen werden, weil der dB positiv ist und der Beschäftigungsgrad erhöht werden kann.

Prüfungsaufgaben Sommer 2012 (Aufgabe 1, teilweise)

1.1 Fenster C:

Einzelkosten	200,00 EUR
variable Gemeinkosten 32,5 %	65,00 EUR
variable Stückkosten	265,00 EUR

variable Kosten: 265,00 EUR/Stück · 800 Stück = 212.000,00 EUR

Produktgruppe	Fenster Typ A	Fenster Typ B	Fenster Typ C	Summe
Nettoverkaufserlöse	730.800,00	333.000,00	261.200,00	1.325.000,00
– variable Kosten	630.000,00	345.000,00	212.000,00	1.187.000,00
= Deckungsbeitrag	100.800,00	–12.000,00	49.200,00	138.000,00
– fixe Kosten				97.000,00
= Betriebsergebnis				41.000,00

Der dB von B ist negativ, d. h.,

- Produkt B leistet keinen Beitrag zur Deckung der fixen Kosten.
- Produkt B deckt nur einen Teil seiner variablen Kosten ab.
- Produkt B sollte ggf. aus dem Produktionsprogramm eliminiert werden.

1.2 dB von A: 100.800,00 EUR : 3.000 Stück = 33,60 EUR/Stück
Werbekosten insgesamt: 18.144,00 EUR : 33,60 EUR/Stück = 540 Stück

1.3

	Vor der Preissenkung	Nach der Preissenkung
Zielverkaufspreis	228,55	228,55
+ Rabatt	97,95	71,45
= Nettoverkaufspreis	326,50	300,00

Rabatt neu: 23,82 %

Prüfungsaufgaben Winter 2012/2013 (Aufgabe 1, teilweise)

1.3.1 Bestimmung der Preisuntergrenzen

Kurzfristige Preisuntergrenze:
Variable Stückkosten = 4.860.000,00 EUR : 45.000 = 108,00 EUR

Langfristige Preisuntergrenze:
Selbstkosten pro Stück = 12.150.000,00 EUR : 45.000 = 270,00 EUR

Beurteilung der langfristigen Umsetzbarkeit:
Langfristig muss der Verkaufspreis mindestens der langfristigen Preisuntergrenze entsprechen, da das Unternehmen langfristig nur überleben kann, wenn es kostendeckend wirtschaftet.

1.3.2 Erfahren andere Kunden den reduzierten Preis, führt dies zu Unzufriedenheit und zu aggressiven Preisverhandlungen der übrigen Kunden. Somit besteht bei langfristiger Unterschreitung der Selbstkosten die Gefahr des Preisverfalls.

1.3.3 Nutzenschwelle:

e = 290,00 EUR
K_f = 7.290.000,00 EUR
k_v = 108,00 EUR

$$290x = 108x + 7.290.000{,}00 \text{ EUR}$$
$$182x = 7.290.000{,}00 \text{ EUR}$$
$$x = 40.054{,}95 \text{ EUR}$$

Nutzenschwelle liegt bei 40.055 Stück/Quartal.

Prüfungsaufgaben Winter 2013/2014 (Aufgabe 1, teilweise)

1.3.1

	Typ I	Typ II	Typ III
Nettoverkaufserlöse – variable Gesamtkosten	15.360,00 EUR 17.920,00 EUR	28.800,00 EUR 15.840,00 EUR	28.500,00 EUR 10.500,00 EUR
Deckungsbeitrag	–2.560,00 EUR	12.960,00 EUR	18.000,00 EUR
Summe Deckungsbeiträge – fixe Gesamtkosten		28.400,00 EUR 11.400,00 EUR	
Betriebsergebnis		17.000,00 EUR	

Typ I ist ein Verlustprodukt und sollte aufgrund seines negativen Deckungsbeitrages aus dem Sortiment genommen werden, da es nicht einmal die variablen Kosten deckt.
Die Typen II und III haben positive Deckungsbeiträge und tragen zum positiven Betriebsergebnis bei.

1.3.2 Kurzfristige Preisuntergrenze Typ II = k_v *(variable Stückkosten)*

15.840,00 EUR/480 Stück = 33,00 EUR

Nettoverkaufspreis/Stück: 60,00 EUR

$$\text{Maximale Preissenkung (in \%)} = \frac{(60{,}00 \text{ EUR} - 33{,}00 \text{ EUR}) \cdot 100}{60{,}00 \text{ EUR}} = 45\ \%$$

Das Betriebsergebnis verändert sich nicht, da kein zusätzlicher Deckungsbeitrag erzielt wird.

Prüfungsaufgaben Sommer 2014 (Aufgabe 1, teilweise)

1.4

Nettoerlös	40,00 EUR
– FL	10,00 EUR
– FM	14,00 EUR
– variable GK	12,00 EUR
Deckungsbeitrag/Stück	4,00 EUR
Deckungsbeitrag Gesamt	6.000,00 EUR
– Fixkosten	7.500,00 EUR
Monatsverlust für Stützi 100	1.500,00 EUR

Die Deckungsbeitragsrechnung ermöglicht auch die Berechnung von kurzfristigen Preisuntergrenzen, um z. B. über die Annahme von Zusatzaufträgen entscheiden zu können.

Prüfungsaufgaben Winter 2014/2015 (Aufgabe 1, teilweise)

1.4.1 Berechnung des Barverkaufspreises:

Listenverkaufspreis	601,00 EUR
– Rabatt (10 %)	60,10 EUR
= Zielverkaufspreis	540,90 EUR
– Skonto (3 %)	16,23 EUR
= Barverkaufspreis	524,67 EUR

Berechnung der variablen Stückkosten (k_v):

$k_v = (K - K_f) : x$ = (697.909,50 EUR – 344.250,00 EUR) : 1.350 Stück = 353.659,50 EUR : 1.350 Stück = 261,97 EUR

Berechnung der Gewinnschwelle:

$E = k_v \cdot x + K_f$

524,67 EUR/St. · x = 261,97 EUR/St. · x + 344.250,00 EUR

262,70 EUR/St. · x = 344.250,00 EUR

x = 1.310,43 St. → mindestens 1.311 Stück/Monat

Schlussfolgerung:

Da im September 2014 1.350 Fahrräder vom Typ „Race" produziert werden, befindet sich das Unternehmen oberhalb der Gewinnschwelle. Es wird ein kleiner Gewinn erzielt.

1.4.2 Berechnung neuer Verkaufspreis (Oktober 2014):

p = K : x = 697.909,50 EUR : 1.350 St. = 516,97 EUR

	Vormonat (September 2014)	Laufender Monat (Oktober 2014)
Verkaufspreis (p)	524,67 EUR	516,97 EUR
– variable Stückkosten (k_v)	261,97 EUR	261,97 EUR
Stückdeckungsbeitrag (db)	262,70 EUR	255,00 EUR
· Stückzahl (x)	1.350	1.500
= Gesamtdeckungsbeitrag (DB)	354.645,00 EUR	382.500,00 EUR
– Fixkosten (K_f)	344.250,00 EUR	344.250,00 EUR
Betriebsergebnis	+ 10.395,00 EUR	+ 38.250,00 EUR

Das Betriebsergebnis erhöht sich um 27.855,00 EUR.
Grund hierfür: Erhöhung der Erlöse bzw. die Erhöhung des Gesamtdeckungsbeitrags bei konstanten Fixkosten.
Fixkostendegression bei größerer Stückzahl → Fixkostenminderung je Stück größer als die Preissenkung

Prüfungsaufgaben Sommer 2015 (Aufgabe 1, teilweise)

1.4

Bezeichnungen	Elektr. Heckenschere	Elektr. Rasentrimmer	Gesamt
Nettoverkaufserlöse	(1.100 · 122) = 134.200,00 EUR	(450 · 109) = 49.050,00 EUR	183.250,00 EUR
– Einzelkosten	(1.100 · 78) = 85.800,00 EUR	(450 · 67) = 30.150,00 EUR	115.950,00 EUR
– variable Gemeinkosten	(1.100 · 18) = 19.800,00 EUR	(450 · 15) = 6.750,00 EUR	26.550,00 EUR
Deckungsbeitrag	28.600,00 EUR	12.150,00 EUR	40.750,00 EUR
– fixe Kosten			21.500,00 EUR
Betriebsergebnis			19.250,00 EUR

Beide Artikel weisen einen positiven Deckungsbeitrag auf. Es wird ein Gewinn von 19.250,00 EUR erwirtschaftet.

Der elektrische Rasentrimmer weist im Vergleich zur elektrischen Heckenschere zwar einen deutlich geringeren, dennoch positiven Deckungsbeitrag auf. Dieser Artikel sollte daher nicht aus dem Sortiment genommen werden, da er somit zur Deckung der Fixkosten beiträgt und eine Herausnahme das Betriebsergebnis verschlechtern würde.

1.5 Die kurzfristige Preisuntergrenze eines elektrischen Rasentrimmers liegt bei 82,00 EUR variablen Kosten. Langfristig müssen mindestens die Selbstkosten gedeckt sein. Negative Auswirkungen auf die zukünftige Preispolitik des Unternehmens.

Prüfungsaufgaben Sommer 2016 (Aufgabe 1, teilweise)

1.4.1 Bei vorhandener Kapazität von 8.000 Stück werden 6.000 Stück für die Normalauslastung benötigt, 2.000 Stück sind freie Kapazität. Das heißt, der Zusatzauftrag von 1.500 Stück kann unter Kapazitätsgesichtspunkten angenommen werden.

Alle Angaben in EUR

	Checker I	Checker II	Checker III	ZA Checker II
Nettoverkaufserlöse	188.160,00	585.600,00	547.680,00	125.250,00
variable Kosten	141.120,00	470.400,00	505.680,00	117.600,00
Deckungsbeitrag	47.040,00	115.200,00	42.000,00	7.650,00
– fixe Kosten		165.000,00		
Betriebsgewinn ohne Zusatzauftrag		39.240,00 EUR		
+ Deckungsbeitrag Zusatzauftrag		7.650,00 EUR		
Betriebsgewinn mit		46.890,00 EUR		

Da der Verkaufserlös (83,50 EUR) über den variablen Kosten liegt (78,40 EUR), führt die Annahme des Zusatzauftrages zu einer Erhöhung des Betriebsergebnisses von 7.650,00 EUR und sollte daher angenommen werden.

1.4.2 In der vorliegenden Situation entscheidet der absolute Stückdeckungsbeitrag über die Reihenfolge.

	Checker I	Checker II	Checker III
Nettoverkaufserlöse	67,20 EUR	97,60 EUR	130,40 EUR
– variable Stückkosten	50,40 EUR	78,40 EUR	120,40 EUR
Stückdeckungsbeitrag	16,80 EUR	19,20 EUR	10,00 EUR

Bei freien Kapazitäten wird zunächst Checker II, dann Checker I und danach Checker III produziert.

5 Kosten- und Leistungsrechnung IV: Prozesskostenrechnung

5.1 Probleme der traditionellen Kostenrechnung

Gemeinkostenproblematik der traditionellen Kostenrechnung:

- Die Verrechnung der Gemeinkosten mithilfe von Zuschlagssätzen entspricht nicht der tatsächlichen **Kostenverursachung**, weil zwischen Einzel- und Gemeinkosten kein **proportionales Verhältnis** existiert.
- Die Gemeinkosten wurden im Laufe der Zeit im Verhältnis zu den Einzelkosten immer höher (veränderte Kostenstrukturen). Folge: **stark steigende Gemeinkostenzuschlagssätze** (oft über 1.000 %). Beispiel: Mechanisierung und Automatisierung führen zu sinkenden Anteilen der Lohneinzelkosten (FEK) und steigenden Fertigungsgemeinkosten (FGK). → Steigende FGK-Zuschlagssätze → ungenaue Kalkulation

5.2 Allgemeines zur Prozesskostenrechnung

1. Hauptziel der Prozesskostenrechnung: verursachungsgerechte Kostenverrechnung
2. Gemeinkostenproblematik (vgl. Aufgabe Kapitel 5.1)
3. Die PKR als eigenständiges Kostenrechnungssystem hat sich noch nicht in größerem Umfang durchgesetzt. Meist erfolgt ihre Anwendung als Ergänzung, nicht als Ersatz der traditionellen Vollkostenrechnung.

5.3.8 Prozesskostenkalkulation

1. a)

Kostenstelle Material							
Teilprozesse	**Teilprozesskosten**	**Kostentreiber (Maßgrößen)**	**lmi/lmn**	**Teilprozessmengen**	**Teilprozesskostensatz vor Umlage**	**Umlagesatz**	**Gesamtprozesskostensatz**
Material annehmen	50.000,00	Anzahl Anlieferungen	*lmi*	4.000	*12,50*	*2,08*	*14,58*
Material einlagern	70.000,00	Anzahl Einlagerungen	*lmi*	3.000	*23,33*	*3,89*	*27,22*
Material ausgeben	120.000,00	Anzahl Ausgaben	*lmi*	6.000	*20,00*	*3,33*	*23,33*
Materialstelle leiten	40.000,00	–	*lmn*	–	–	–	–
Summe MGK	**280.000,00**						

$$\text{Teilprozesskostensätze (vor Umlage)} = \frac{\text{Teilprozesskosten}}{\text{Teilprozessmenge}}$$

50.000 : 4.000 = **12,50**
70.000 : 3.000 = **23,33**
120.000 : 6.000 = **20,00**

$$\text{Umlagesätze} = \frac{\text{Imn-Prozesskosten}}{\text{Summe Imi-Prozesskosten}} \cdot \text{Teilprozesskostensatz (vor Umlage)}$$

$$\frac{40.000}{240.000} \cdot 12{,}50 = \mathbf{2{,}08} \qquad \frac{40.000}{240.000} \cdot 23{,}33 = \mathbf{3{,}89} \qquad \frac{40.000}{240.000} \cdot 20{,}00 = \mathbf{3{,}33}$$

b)

Beispiel: Hauptprozess „Kundenauftrag bearbeiten“			
Teilprozesse	**Beteiligte prozessorientierte Kostenstelle**	**Prozesskostensatz je Kundenauftrag**	**Prozesskostensatz je Stück**
Bestellung bearbeiten	Verwaltung	10,00 EUR	
Material annehmen	Material		*14,58 EUR*
Material einlagern	Material		*27,22 EUR*
Material ausgeben	Material		*23,33 EUR*
Fertigstellung melden	Vertrieb	9,00 EUR	
Fertigerzeugnis lagern	Vertrieb		4,00 EUR
Lieferschein erstellen	Verwaltung	1,00 EUR	
Fertigerzeugnis versandfertig machen	Vertrieb		8,00 EUR
Spediteur regeln	Vertrieb	2,00 EUR	
Fertigerzeugnis verladen	Vertrieb		7,87 EUR
		22,00 EUR	**85,00 EUR**

c)

Kalkulationsschema	**1 Stück**		**1.000 Stück**	
Materialeinzelkosten MEK		20,00 EUR		20.000,00 EUR
Fertigungseinzelkosten FEK	8,00 EUR		8.000,00 EUR	
Fertigungsgemeinkosten FGK 200 %	16,00 EUR		16.000,00 EUR	
Fertigungskosten	→	24,00 EUR	→	24.000,00 EUR
Hauptprozesskostensatz je Kundenauftrag		22,00 EUR		22,00 EUR
Hauptprozesskostensatz je Stück		85,00 EUR		85.000,00 EUR
Selbstkosten		**151,00 EUR**		**129.022,00 EUR**
Selbstkosten je Stück bei 1.000-Stück-Auftrag	→			**129,02 EUR**

2. a)

Kostenstelle Vertrieb (FE = Fertigerzeugnisse; LS = Lieferscheine)							
Teilprozesse	**Teil-prozess-kosten**	**Kostentreiber (Maßgrößen)**	**lmi/ lmn**	**Teil-prozess-mengen**	**Teilprozess - kostensatz vor Umlage**	**Um-lage-satz**	**Gesamt-prozess-kostensatz**
FE lagern	120.000,00	Anzahl Anlieferungen	lmi	750	160,00	36,92	196,92
LS erstellen	30.000,00	Anzahl Aktivitäten	lmi	400	75,00	17,31	92,31
FE versandfertig machen	90.000,00	Anzahl Paletten	lmi	3.000	30,00	6,92	36,92
Spediteur regeln	20.000,00	Anzahl Aktivitäten	lmi	300	66,67	15,39	82,06
Abteilung leiten	60.000,00	–	lmn	–	–	–	–
Summe MGK	**320.000,00**						

b)

Beispiel: Hauptprozess „Kundenauftrag bearbeiten“			
Teilprozesse	**Beteiligte prozess-orientierte Kostenstelle**	**Prozess-kostensatz je Kundenauftrag**	**Prozess-kostensatz je Stück**
Bestellung bearbeiten	Verwaltung	189,00 EUR	
Material annehmen	Material		74,50 EUR
Material einlagern	Material		61,00 EUR
Material ausgeben	Material		48,50 EUR
Fertigerzeugnis lagern	Vertrieb		196,92 EUR
Lieferschein erstellen	Vertrieb	92,31 EUR	
Fertigerzeugnis versandfertig machen	Vertrieb		36,92 EUR
Spediteur regeln	Vertrieb	82,06 EUR	
		363,37 EUR	**417,84 EUR**

c)

Kalkulationsschema	**1 Stück**		**100 Stück**	
Materialeinzelkosten MEK		300,00 EUR		30.000,00 EUR
Fertigungseinzelkosten FEK	120,00 EUR		12.000,00 EUR	
Fertigungsgemeinkosten FGK 120 %	144,00 EUR		14.400,00 EUR	
Fertigungskosten		264,00 EUR		26.400,00 EUR
Hauptprozesskostensatz je Kundenauftrag		363,37 EUR		363,37 EUR
Hauptprozesskostensatz je Stück		417,84 EUR		41.784,00 EUR
Selbstkosten (vor sonst. VwGk)		**1.345,21 EUR**		**98.547,37 EUR**
Verwaltungsgemeinkosten VwGk 15 %		201,78 EUR		14.782,11 EUR
Selbstkosten (nach sonst. VwGk)		**1.546,99 EUR**		**113.329,48 EUR**
Selbstkosten je St. bei 100-Stück-Auftrag	→	→	→	**1.133,29 EUR**

5.5 Prüfungsaufgaben

Prüfungsaufgaben Winter 2009/2010 (Aufgabe 1)

1.1.1 +

1.1.2

Betriebsabrechnungsbogen

Gemeinkostenarten	Ist-Kosten in EUR	Kantine	Material	Forschung und Entwicklung	Fertigung	Verwaltung	Vertrieb
Gemeinkostensummen 1	641.000,00	32.000,00	69.000,00	25.000,00	270.000,00	140.000,00	105.000,00
Umlage Kantine			9.600,00	3.200,00	9.600,00	3.200,00	6.400,00
Gemeinkostensummen 2	641.000,00	–	78.600,00	28.200,00	279.600,00	143.200,00	111.400,00
Umlage Forschung und Entwicklung		–	–	–	14.100,00	14.100,00	–
Gemeinkostensummen 3	641.000,00	–	78.600,00	–	293.700,00	157.300,00	111.400,00
Zuschlagsgrundlagen		–	100.000,00	–	200.000,00	672.300,00	682.300,00
Ist-Gemeinkosten-zuschlagssätze			78,6 %		146,85 %	23,4 %	16,33 %
Normal-Gemeinkosten-zuschlagssätze			**50 %**		**145 %**	**24 %**	**18 %**
Normal-Gemeinkosten			**50.000,00**		**290.000,00**	**153.840,00**	**117.180,00**
Kostenüber- bzw. Kostenunterdeckung			–28.600,00		–3.700,00	–3.460,00	+5.780,00

1.2.1 Schülerabhängige Antworten, Beispiele:

- Durch die Prozessanalyse werden unwirtschaftliche betriebsinterne Abläufe erkannt und Rationalisierungsmöglichkeiten aufgedeckt.
- Die Transparenz der Gemeinkosten wird erhöht.
- Die oft kritisierte Proportionalisierung der Gemeinkosten im Verhältnis zu den Einzelkosten wird aufgehoben.

1.2.2 Leistungsmengeninduzierte (lmi) Prozesskosten sind von dem zu erbringenden Leistungsvolumen abhängig. Leistungsmengenneutrale (lmn) Prozesskosten sind vom zu erbringenden Leistungsvolumen eines Prozesses unabhängig.

1.2.3 Ermittlung des Teilprozesssatzes: Teilprozesskosten/Teilprozessmengen
Ermittlung des Umlagesatzes: Summe lmi/Summe lmn-Teilprozesskostensatz

Ermittlung der Prozesskostensätze Oktober 2009

Kostenstelle Material							
Teilprozesse	**Teilprozesskosten**	**Kostentreiber**	**lmi/ lmn**	**Teilprozessmengen**	**Teilprozesskostensatz vor Umlage**	**Umlagesatz**	**Gesamtprozesskostensatz**
Materiallieferungen prüfen	18.000,00	Anzahl d. Materialanlieferungen	lmi	6.000	3,00	0,93	3,93
Schlechtleistungen rügen	2.000,00	Anzahl der Schlechtleistungen	lmi	160	12,50	3,88	16,38
Material einlagern	30.000,00	Anzahl der Einlagerungen	lmi	5.000	6,00	1,86	7,86
Material ausgeben	10.000,00	Anzahl der Ausgaben	lmi	5.000	2,00	0,62	2,62
Leitung der Materialstelle	18.600,00	–	lmn	–	–	–	–
Summen	78.600,00	–	–	–	–	–	30,79

1.2.4

Kalkulationsschema mit Ist-Kosten	**Betrag in EUR**
Materialeinzelkosten	50,00
+ Hauptprozesskosten Material	30,79
+ Fertigungseinzelkosten 8 Minuten · 0,20 EUR	1,60
+ Fertigungsgemeinkosten 146,85 %	2,35
= Herstellkosten	84,74
+ Verwaltungsgemeinkosten 23,4 %	19,83
+ Vertriebsgemeinkosten 16,33 %	13,84
= Selbstkosten	118,41
+ Gewinnaufschlag 15 %	17,76
= Barverkaufspreis	136,17
+ Kundenskonto 3 %	4,21
= Zielverkaufspreis	140,38
+ Kundenrabatt 8 %	12,21
= Nettoverkaufspreis	152,59

Ersatzlösung

Kalkulationsschema mit Normal-Kosten	Betrag in EUR
Materialeinzelkosten	50,00
+ Hauptprozesskosten Material	30,00
+ Fertigungseinzelkosten 8 Minuten · 0,20 EUR	1,60
+ Fertigungsgemeinkosten 145 %	2,32
= Herstellkosten	83,92
+ Verwaltungsgemeinkosten 24 %	20,14
+ Vertriebsgemeinkosten 18 %	15,11
= Selbstkosten	119,17
+ Gewinnaufschlag 15 %	17,88
= Barverkaufspreis	137,05
+ Kundenskonto 3 %	4,24
= Zielverkaufspreis	141,29
+ Kundenrabatt 8 %	12,29
= Nettoverkaufspreis	153,58

Prüfungsaufgaben Winter 2010/2011 (Aufgabe 1, teilweise)

1.1 Summe lmi-Prozesskosten = 1.450.000,00 EUR
lmn-Prozesskosten = 145.000,00 EUR

Nr.	Prozess	lmi-Prozesskostensatz in EUR	lmn-Prozesskostensatz in EUR	Gesamtprozesskostensatz in EUR
1	Material bestellen (Rahmenverträge)	375,00[1]	37,50[2]	412,50[3]
2	Material bestellen (Einzelbestellung)	800,00	80,00	880,00
3	Materialeingangskontrollen	150,00	15,00	165,00
4	Material lagern	750,00	75,00	825,00
5				–

1.2 Umlage lmn-Prozesskosten auf lmi-Prozesskosten:

1.450.000,00 = 100 %

145.000,00 = x %

145.000,00 · 100 : 1.450.000,00 = 10 %

Nebenrechnungen:

[1] *x = 150.000,00 : 400 = 375,00*

[2] *x = 145.000,00 : 1.450.000,00 · 375,00 = 37,50*

[3] *x = 375,00 + 37,50 = 412,50*

Nr.	Prozess	Prozesskosten nach Umlage	Prozesskosten der Produktgruppe „Getränke“ in EUR	Prozesskosten der Produktgruppe „Pharma“ in EUR	Prozesskosten je Stück „Getränke“ in EUR	Prozesskosten je Stück „Pharma“ in EUR
1	Material bestellen (Rahmenverträge)	165.000,00[1]	123.7 50,00[2]	41.250,00[3]	1.546,88[4]	825,00[5]
2	Material bestellen (Einzelbestellung)	440.000,00	88.000,00	352.000,00	1.100,00	7.040,00
3	Materialeingangskontrollen	165.000,00	33.000,00	132.000,00	412,50	2.640,00
4	Material lagern	825.000,00	495.000,00	330.000,00	6.187,50	6.600,00
	Summen	–	739.750,00	855.255,00	9.246,88	17.105,00

1.3 Zuschlagskalkulation (für jeweils eine Anlage; in EUR)

	Getränke	Pharma
Fertigungsmaterial	26.125,00	22.000,00
+ Materialgemeinkosten (50 %)	13.062,50	11.000,00
= Materialkosten	39.187,50	33.000,00

Prozesskostenrechnung (für jeweils eine Anlage; in EUR)

	Getränke	Pharma
Fertigungsmaterial	26.125,00	22.000,00
+ Prozesskosten	9.246,88	17.105,00
= Materialkosten	35.371,88	39.105,00

Nebenrechnungen:

[1] *x = 150.000,00 + (145.000,00 : 1.450.000,00 · 150.000,00) = 165.000,00*
Alternativrechnung:
150.000,00 + (150.000,00 · 10 %) = 165.000,00

[2] *x = 165.000,00 : 400 · 300 = 123.750,00*

[3] *x = 165.000,00 : 400 · 100 = 41.250,00*

[4] *x = 123.750,00 : 80 = 1.546,88*

[5] *x = 41.250,00 : 50 = 825,00*

Alternativlösung Prozesskostenrechnung mit vorgegebenen Werten (für jeweils eine Anlage; in EUR)

	Getränke	Pharma
Fertigungsmaterial	26.125,00	22.000,00
+ Prozesskosten	10.000,00	15.900,00
= Materialkosten	36.125,00	37.900,00

Durch die Kalkulation mit Prozesskosten steigen die Materialkosten bei der Erzeugnisgruppe Pharma um 6.105,00 EUR (4.900,00 EUR) an. Dadurch erklärt sich der gesunkene Periodengewinn nach der Produktionssteigerung in der letzten Periode.
Die Materialkosten bei der Erzeugnisgruppe Getränke sinken von 39.187,50 EUR auf 35.371,88 EUR (36.125,00 EUR).
Die Produktionssenkung in diesem Bereich verstärkt den o. g. Effekt.

Die Abfüllanlagen für die pharmazeutische Industrie sind die komplexeren Erzeugnisse. Dies ist an den Prozessmengen ablesbar. So sind für dieses Erzeugnis mehr Materialeingangskontrollen insgesamt und je gefertigtem Stück erforderlich.
Die höhere Komplexität drückt sich auch in der Anzahl der teureren Einzelbestellungen bei der Erzeugnisgruppe „Pharma" aus.

1.4 Schülerabhängige Antwort, z. B.:
Vorteile der Prozesskostenrechnung gegenüber der Zuschlagskalkulation:
- In der Regel keine Proportionalisierung der Gemeinkosten im Gegensatz zur Zuschlagskalkulation.
  Daher können mit der Prozesskostenrechnung auch Degressionseffekte deutlich gemacht werden.
- Rationalisierungsmöglichkeiten und Ansatzpunkte zur Verbesserung der betrieblichen Abläufe sind durch kostenstellenübergreifende Betrachtungen möglich.
- Transparenz und Genauigkeit der Gemeinkosten verbessern sich durch eine verursachungsgerechte Zurechnung auf die Kostenträger.

Prüfungsaufgaben Sommer 2012 (Aufgabe 1, teilweise)

2.1 Hilfskostenstellen geben ihre Leistungen an nachfolgende bzw. übergeordnete Kostenstellen ab. Hauptkostenstellen geben ihre Leistungen an Produkte ab.

2.2 Lagermiete, Gehalt der Lageristen, Energiekosten ...

2.3 Berechnung des Zuschlagssatzes für Holzfenster:

	Hilfskostenstelle Lager	Hauptkostenstelle Holz	Hauptkostenstelle Kunststoff
	60.000,00	72.000,00	82.000,00
Umlage	→	36.000,00	24.000,00
Summe		108.000,00	106.000,00
Zuschlagssatz nach Umlage		180 % $\frac{108.000 \cdot 100}{60.000}$	151,43 %

Traditionelle Zuschlagskalkulation

Fertigungsmaterial	54,00 EUR
+ MGKZ 180 %	97,20 EUR
= Materialkosten	151,20 EUR

2.4.1 Kostentreiber: Wareneingangskontrolle – Anzahl der Lieferungen
Reklamationen melden – Anzahl der Reklamationen

2.4.2 Zuschlagssatz ohne Umlage 120 % $\frac{100 \cdot 72.000}{60.000}$

Fertigungsmaterial	54,00 EUR
+ MGKZ 120 % (Rest)	64,80 EUR
+ Prozesskostensatz	64,99 EUR
= Materialkosten	183,79 EUR

Kostenstelle Lager

Teilprozess	Teilprozessmengen	Teilprozesskosten lmi EUR	Teilprozesskosten lmn EUR	Teilprozesskostensatz EUR	Umlagesatz EUR	Prozesskostensatz EUR
Wareneingangskontrolle	2.000	18.000,00		9,00	2,25	11,25
Reklamationen melden	200	6.000,00		30,00	7,50	37,50
Ware einlagern	1.800	12.000,00		6,67	1,67	8,34
Warendisposition	1.900	12.000,00		6,32	1,58	7,90
Abteilung leiten			12.000,00			
Summe		48.000,00	12.000,00			64,99

2.4.3
- Erkennen unwirtschaftlicher Abläufe
- Transparenz der Gemeinkosten
- kostenstellenübergreifende Kostenkontrolle usw.

Prüfungsaufgaben Winter 2015/2016 (Aufgabe 2, teilweise)

2.3

Gesamtkalkulation			
		EUR	EUR
MEK		24.000,00	
MGK	4 %	960,00	
MK			24.960,00
FEK		40.000,00	
FGK	180 %	72.000,00	
SoEKF		16.000,00	
FK			128.000,00
HK			152.960,00
VwGK	10 %	15.296,00	
VtGK	12 %	18.355,20	
SK			186.611,20
GZ	6 %	11.196,67	
BVP			197.807,87
Skonto	2 %		4.036,90
ZVP			201.844,77
Rabatt	8 %		17.551,72
LVP			219.396,49

2.4

Prozesskostenkalkulation			
		EUR	EUR
HK			152.960,00
VwGK	6 %	9.177,60	
VtGK	8 %	12.236,80	
Prozesskosten		1.400,00	
SK			175.774,40

- HK gleich
- Zuschlag Vw/VtGK gesenkt, dafür zusätzlich Prozesskostensatz
- Selbstkosten sinken

Begründung:
Bei Großaufträgen steigen Vw/VtGk nicht proportional, sondern unterproportional, was durch die Prozesskosten entsprechend abgebildet wird (Degressionseffekt).
Die Prozesskostenrechnung bezieht sich bei der Kostenträgerrechnung auf Mengen und nicht auf Werte, dadurch wird die Kostenverzerrung zwischen traditioneller und prozessorientierter Kalkulation sichtbar (Allokationseffekt).

6 Erstellung und Auswertung des Jahresabschlusses

6.1 Bestandteile des Jahresabschlusses einer Kapitalgesellschaft

1.–3. Vgl. Stofftelegramm.

4. Erfolgslage leichter interpretierbar; übersichtlicher; verständlicher; leichtere Vergleichbarkeit durch Zwischenergebnisse

6.2 Die Bewertung (Ziele, Grundsätze)

1./2. Vgl. Stofftelegramm.

3. **Teilhaberschutz:** Die Teilhaber (Eigentümer) haben ein berechtigtes Interesse an stabilen Gewinnausschüttungen. Somit müssen sie geschützt werden vor Unterbewertung des Vermögens bzw. Überbewertung der Schulden (= Gewinnverringerung).

   Gläubigerschutz: Die Gläubiger haben ein Interesse daran, dass die Tilgungen problemlos erfolgen können. Notwendig daher: Schutz vor zu hohen Gewinnausschüttungen. Bewertung nach dem Vorsichtsprinzip!

4. a) Gewinnverringerung b) Gewinnerhöhung c) Gewinnerhöhung d) Gewinnverringerung

5. a) **Vorsichtsprinzip:** Oberster Grundsatz der Bewertung. Bei mehreren möglichen Wertansätzen soll beim Vermögen der niedrigere (Niederstwertprinzip), bei den Schulden der höhere Wert (Höchstwertprinzip) angesetzt werden. So wird der Gewinn relativ niedrig (vorsichtig) ausgewiesen – Gefahr zu hoher Ausschüttungen (Liquiditätsentzug!) entfällt.

   b) **Imparitätsprinzip:** Nicht realisierte **Gewinne** dürfen nicht ausgewiesen werden (Realisationsprinzip). Nicht realisierte **Verluste** müssen ausgewiesen werden.

   Anschaffungswertprinzip: Die Anschaffungskosten eines Vermögensgegenstandes dürfen **nie** überschritten werden.

   Höchstwertprinzip: Gilt bei den **Schulden**. Von zwei möglichen Wertansätzen muss jeweils der höhere angesetzt werden.

   Gemildertes Niederstwertprinzip: Gilt beim **Anlagevermögen**. Bei vorübergehender Wertminderung **darf** der niedrigere Wert angesetzt werden (Wahlrecht).

   Strenges Niederstwertprinzip: Gilt beim Umlaufvermögen. Beim Anlagevermögen nur, wenn die Wertminderung voraussichtlich dauerhaft ist. Der niedrigere Wert **muss** angesetzt werden (Pflicht).

6. a) gemildertes Niederstwertprinzip b) strenges Niederstwertprinzip c) Höchstwertprinzip

7. a) **Stille Rücklagen:** Vorhandene, aber in Bilanz nicht ausgewiesene Teile des Eigenkapitals. Entstehung: Unterbewertung Vermögen bzw. Überbewertung Schulden, wodurch Teile des Gewinns nicht ausgewiesen werden = verdeckte (stille) Selbstfinanzierung.

   b) **Grundstücke, Gebäude:** Wegen des Anschaffungswertprinzips sind die Anschaffungskosten stets die Obergrenze. Die Grundstückswerte steigen oft erheblich darüber hinaus.

   Maschinen: Degressive Abschreibung bewirkt in den ersten Jahren erhebliche Unterbewertungen; abgeschriebene Maschinen werden oft noch genutzt.

   Rückstellungen: oft zu hohe Schätzung

c) • Vermögen zu niedrig, Schulden zu hoch ausgewiesen: fehlende Aussagekraft der Bilanz (Verschleierung der wirklichen Lage des Unternehmens möglich)
- Den Eigentümern werden Gewinne vorenthalten.
- hohe Gewinne bei Auflösung der stillen Rücklagen (Verschleierung der Erfolgslage)
- Vorteil: Die Bildung stiller Rücklagen entspricht dem Vorsichtsprinzip; Finanzierung ohne Finanzierungskosten; kein Gesellschafterbeschluss nötig; Steuerverschiebung ...

8. 60 Paar · 62,00 EUR = 3.720,00 EUR
Begründung: Laut Anschaffungswertprinzip dürfen die Anschaffungs- oder Herstellungskosten niemals überschritten werden.

9. a) 25,00 EUR. Begründung siehe 8.
b) 24,00 EUR. Begründung: strenges Niederstwertprinzip beim Umlaufvermögen

10. a) Es handelt sich um Umlaufvermögen (kurzfristige Anlage), somit gilt das strenge Niederstwertprinzip.
b) Anlagevermögen (langfr.), somit gilt gemildertes Niederstwertprinzip → Wahlrecht 400,00 bis 450,00 EUR (Ausnahme: voraussichtlich dauernde Wertminderung → dann 400,00 EUR)

11. Anwendung des Devisenkassamittelkurses am 31.12. (Restlaufzeit < 1 Jahr):
1,50 CHF = 1,00 EUR → 200.000,00 CHF = **133.333,33 EUR**

12. Höchstwertprinzip gilt bei Währungsverbindlichkeiten mit einer Restlaufzeit > 1 Jahr.
1,25 USD = 1,00 EUR → 120.000,00 USD = **96.000,00 EUR**

13. Nicht realisierte Gewinne dürfen nicht, nicht realisierte Verluste müssen ausgewiesen werden = Imparitätsprinzip.

Skonto darf hier nicht ausgewiesen werden, da es sonst zum Ausweis eines noch nicht realisierten Gewinns kommt. → Richtiger Wertansatz: 416.500,00 EUR (Höchstwertprinzip)

14. 31.12. Vorjahr: 342 (strenges Niederstwertprinzip)
31.12. dieses Jahr: zwischen 342 und 386 (Wertaufholung möglich)

15. 220.000,00 EUR; Anschaffungswert stets Obergrenze

16. Es wird zu einem Kurs von 315,00 EUR bilanziert.
- strenges Niederstwertprinzip beim Umlaufvermögen
- Obergrenze stets Anschaffungskosten

17. mit 350.000,00 EUR (Vornahme einer außerplanmäßigen Abschreibung)
Begründung: Eindeutige Verluste sind stets auszuweisen (Imparitätsprinzip).

18. Vorsichtsprinzip: Vermögen eher niedrig, Schulden eher höher bewerten.

Bsp.: Bewertung Rohstoffbestände (= UV) bei fallenden Preisen zum niedrigeren Wert (strenges NWP), damit der Gewinn nicht zu hoch ausgewiesen wird.

19. Ansatz: 2.100,00 EUR – strenges Niederstwertprinzip beim Umlaufvermögen

20. kaufmännische Vorsicht; Gläubigerschutz

6.3 Kauf von Anlagen

1. a)

Soll	Betrag		Haben	Betrag
070 Maschinen	32.200,00	an	440 Verbindlichkeiten	38.318,00
260 Vorsteuer	6.118,00			

b)

Soll	Betrag		Haben	Betrag
440 Verbindlichkeiten	38.318,00	an	280 Bank	37.551,64
		an	070 Maschinen	644,00
		an	260 Vorsteuer	122,36

2. a) AK = 120.000 + 11.000 + 1.200 + 1.000 + 400 = 133.600,00 – 2 % Skonto = 130.928,00

b)

Soll	Betrag		Haben	Betrag
084 Fuhrpark	133.600,00	an	440 Verbindlichkeiten	158.984,00
260 Vorsteuer	25.384,00			
703 Kfz-Steuer	1.600,00	an	280 Bank	4.495,00
690 Versicherungen	2.300,00			
605 Treibstoffe	500,00			
260 Vorsteuer	95,00			

c)

Soll	Betrag		Haben	Betrag
440 Verbindlichkeiten	158.984,00	an	280 Bank	155.804,32
		an	084 Fuhrpark	2.672,00
		an	260 Vorsteuer	507,68

3. AK = 400.000 + 8.000 + 9.000 + 600 + 5.000 = 422.600,00 EUR

Konto		Betrag		Haben	Betrag
050	Grundstücke	422.600,00	an	280 Bank	426.160,00
702	Grundsteuer	900,00		(Annahme: Überweisung)	
260	Vorsteuer	2.660,00			

4. Aktivierung = Soll-Buchung auf einem Aktivkonto.

5. Anschaffungspreis
   + Anschaffungsnebenkosten
   – Anschaffungskostenminderungen
   = Aktivierungsbetrag (Anschaffungskosten)

6. Anschaffungsnebenkosten = Teil der Anschaffungskosten, daher aktivierungspflichtig. Alle Ausgaben und Aufwendungen, die im Rahmen der Anschaffung zusätzlich zum Kaufpreis einmalig auftreten. Bsp.: Transport- und Montagekosten, Zölle, Zulassungskosten, Notariatskosten, Grunderwerbsteuer

7. Anschaffungskostenminderungen: Rabatte, Skonti, Boni

8. Nicht aktivierungsfähig: a – b – d – h – j
   Begründung für a, b, d, h: keine einmalig auftretenden Kosten, daher nicht aktivierungsfähig
   Begründung für j: nicht aktivierungsfähig, da durchlaufender Posten

9. Bodenwert: nicht abschreibungsfähig
   Gebäudewert: wird abgeschrieben; die Anschaffungskosten des reinen Gebäudes (ohne Grund und Boden) müssen daher als Abschreibungsbasis ermittelt werden.

10.

Gesamt		Grundstück	Gebäude
Kaufpreis	216.000,00 EUR	50.000,00 EUR	166.000,00 EUR
Notar-, Maklerkosten 12.000,00 EUR Grunderwerbsteuer 4.000,00 EUR	16.000,00 EUR	3.704,00 EUR	12.296,00 EUR
Anschaffungskosten	232.000,00 EUR	53.704,00 EUR	178.296,00 EUR
– Abschreibung 2 % : 4 Monate			1.189,00 EUR
Gebäudewert			177.107,00 EUR
+ Grundstückswert			53.704,00 EUR
Bilanzansatz bebautes Grundstück			230.811,00 EUR

11.

Kaufpreis brutto (119 %)	60.690,00 EUR
– USt. (19 %)	9.690,00 EUR
Kaufpreis netto (100 %)	51.000,00 EUR
– 3 % Skonto	1.530,00 EUR
	49.470,00 EUR
+ Montagekosten	1.600,00 EUR
+ Transportversicherung	230,00 EUR
Anschaffungskosten	51.300,00 EUR
– Abschreibung (20 % · 2/12)	1.710,00 EUR
Bilanzansatz	**49.590,00 EUR**

12.

	137.100,00 EUR
– 2 % Skonto	2.742,00 EUR
	134.358,00 EUR
+ Transportkosten	1.380,00 EUR
+ Fundamentskosten	3.800,00 EUR
+ Montagekosten	700,00 EUR
Anschaffungskosten	**140.238,00 EUR**

13.1

Kaufpreis brutto	107.100,00 EUR
– USt.	17.100,00 EUR
Kaufpreis netto	90.000,00 EUR
– 3 % Skonto	2.700,00 EUR
	87.300,00 EUR
+ Fracht	1.400,00 EUR
+ Montage	3.300,00 EUR
Anschaffungskosten	92.000,00 EUR
– Ab. (10 % · 3/12)	2.300,00 EUR
Bilanzansatz	**89.700,00 EUR**

13.2 Analoge Rechnung ohne Fracht:
Bilanzansatz 88.335,00 EUR

14.

070 Maschinen	22.520,00	an 440 Verbindlichkeiten	26.798,80
260 Vorsteuer	4.278,80		

15. Alle Kosten außer der Grundsteuer.

16.

084 Fuhrpark	27.450,00	an 440 Verbindlichkeiten	32.665,50
260 Vorsteuer	5.215,50		

17. Kaufpreis + Anschaffungsnebenkosten – Anschaffungskostenminderungen = Ansch.kosten

6.4 Abschreibungen

1. a)
   - Abschreibungen berücksichtigen die **Wertminderungen** bei Anlagegütern. Das Anlagevermögen wird somit richtig ausgewiesen. Gleichzeitig wird der Wertverlust durch eine **Aufwandsbuchung** berücksichtigt.
   - Abschreibungen werden in die Verkaufspreise **einkalkuliert** und fließen somit in Form von liquiden Mitteln in das Unternehmen zurück. Mit diesen Abschreibungsrückflüssen können nun die Neuanschaffungen finanziert werden. Vgl.: Finanzier. aus Abschreib.

   b) Abschreibungen sind Aufwendungen und verringern somit den Gewinn.

   c) **Lineare Abschreibung:** Abschreibung vom Anschaffungswert – gleichbleibende Abschreibungsbeträge
   Degressive Abschreibung: Abschreibung vom Buchwert – fallende Abschreibungsbeträge – führt nicht zum Nullwert, daher Übergang zur linearen Methode notwendig.

   d) Der degressive Abschreibungssatz darf maximal das 2,5-Fache des linearen Satzes betragen, Obergrenze 25 % (2010).

   e) degressive Methode; hoher Wertverlust im ersten Jahr am besten berücksichtigt

f)

	Lineare Abschreibung	Degressive Abschreibung
a) erste Nutzungsjahre	Abschreibung niedriger, daher höherer Gewinn	Abschreibung höher, daher niedrigerer Gewinn
b) spätere Nutzungsjahre	Abschreibung höher, daher niedrigerer Gewinn	Abschreibung niedriger, daher höherer Gewinn

2. a) Lineare Methode. Begründung: Abschreibungsbeträge im Vergleich zur degressiven Abschreibung in ersten Nutzungsjahren geringer, somit Gewinne und Vermögensausweis höher; Kreditwürdigkeit wirkt höher.

   b) **Verlustbereich:** lineare Methode; Begründung: Momentan möglichst wenig abschreiben, da die Abschreibungen den Verlust vergrößern (Kreditwürdigkeit!) und augenblicklich Steuervorteile somit nicht erreichbar sind. Aufsparung der Abschreibungsbeträge für spätere (Gewinn) Jahre.
   Gewinnbereich: degressive Methode; Begründung: Vergleichsweise höhere Abschreibungen führen zu vergleichsweise kleinerem Gewinn. Dies bedeutet zunächst Steuerersparnisse in den ersten Jahren, allerdings bei sonst gleichen Bedingungen Steuernachteile in gleicher Höhe in späteren Jahren. Insgesamt: Steuerverschiebung = Zinsgewinn.

3. Um willkürlich zu hoch angesetzte Abschreibungen zu verhindern, was eine unangemessene Steuerverschiebung bedeuten würde

4. AfA: steuerlicher Abschreibungsbegriff („Absetzung für Abnutzung“)

5.

	a)	b)	c)	d)	e)	f)
linear (%)	10	20	12,5	25	5	8,33
degressiv (%)	25	25	25	25	12,5	25

6. Anschaffungskosten, Abschreibungsmethode, Nutzungsdauer, Abschreibungssatz, genaue Bezeichnung des Gutes, exakter Anschaffungszeitpunkt

7.

linear 12,5 %	degressiv 20 %	
40.000,00	40.000,00	
5.000,00	8.000,00	
35.000,00	32.000,00	
5.000,00	6.400,00	
30.000,00	25.600,00	
5.000,00	5.120,00	
25.000,00	20.480,00	
5.000,00	4.096,00	linear
20.000,00	16.384,00	
5.000,00	4.096,00	linear
15.000,00	12.288,00	
5.000,00	4.096,00	linear
10.000,00	8.192,00	
5.000,00	4.096,00	linear
5.000,00	4.096,00	
5.000,00	4.096,00	linear
0	0	

8. Es wurde im Jahr 01 linear abgeschrieben. Ein Wechsel zur degressiven Methode ist dann in den Folgejahren nicht mehr erlaubt. Somit höchstmögliche Abschreibung: 10.000,00 EUR

9. Linearer Satz bei 15 Jahren Nutzungsdauer = 6 2/3 %, somit degressiv maximal das 2,5-Fache = 16,67 %;

   da die Anschaffung im August erfolgte, können lediglich 16,67 % · 5/12 von 75.000,00 EUR = 5.209,00 EUR abgeschrieben werden.

10. Vgl. Stofftelegramm.

11. Vgl. Stofftelegramm.

12. 168.750,00 EUR = halbe Jahresabschreibung (sechs Monate)

13. Um willkürlich zu hoch angesetzte Abschreibungen zu verhindern, was eine unangemessene Steuerverschiebung bedeuten würde

14. - Erfassung der Wertverluste, richtiger Ausweis des Anlagevermögens
    - Verteilung der Anschaffungskosten auf die Nutzungsdauer
    - Kalkulation der Abschreibungen in den Preisen, damit am Ende der Nutzungsdauer eine Wiederbeschaffung möglich ist
    - steuerrechtliche Vorschriften

15. Degressiv: fallende Abschreibungsbeträge; linear: gleichbleibende Abschreibungsbeträge

16. Vgl. 14.

6.5 Verkauf von gebrauchten Anlagegütern

Nr.	Konto	Soll	Betrag	Konto	Haben	Betrag
1.	084	Fuhrpark	59.200,00	5461	Ertr. a. Abg. AV/BG	10.000,00
	260	Vorsteuer	11.248,00	480	Umsatzsteuer	1.900,00
				280	Bank	58.548,00
	5461	Ertr. a. Abg. AV/BG	10.000,00	084	Fuhrpark	8.000,00
				546	Ertr. a. Abg. AV	2.000,00
2.	084	Fuhrpark	55.800,00	44	Verbindlichkeiten	66.402,00
	260	Vorsteuer	10.602,00			
	44	Verbindlichkeiten	66.402,00	5461	Ertr. a. Abg. AV/BG	10.000,00
				480	Umsatzsteuer	1.900,00
				280	Bank	54.502,00
	5461	Ertr. a. Abg. AV/BG	10.000,00	084	Fuhrpark	8.000,00
				546	Ertr. a. Abg. AV	2.000,00
3.	083	Transporteinrichtungen	56.000,00	44	Verbindlichkeiten	66.640,00
	260	Vorsteuer	10.640,00			
	44	Verbindlichkeiten	66.640,00	5461	Ertr. a. Abg. AV/BG	13.500,00
				480	Umsatzsteuer	2.565,00
				280	Bank	50.575,00
	5461	Ertr. a. Abg. AV/BG	13.500,00	083	Transporteinr.	10.800,00
				546	Ertr. a. Abg. AV	2.700,00
4.1	071	Maschinen	27.000,00	44	Verbindlichkeiten	32.130,00
	260	Vorsteuer	5.130,00			
4.2	44	Verbindlichkeiten	32.130,00	5461	Ertr. a. Abg. AV/BG	2.000,00
				480	Umsatzsteuer	380,00
				281	Postgiro	29.750,00
	5461	Ertr. a. Abg. AV/BG	2.000,00	071	Maschinen	1.500,00
				546	Ertr. a. Abg. AV	500,00
5.1			51.270,00			
			685,00			
		Anschaffungskosten	51.955,00			
		Umsatzsteuer 19 %	9.871,45			
			61.826,45			
	084	Fuhrpark	51.955,00	44	Verbindlichkeiten	61.011,30
	260	VSt.	9.871,45	280	Bank	815,15
	690	Versicherungen	263,80	280	Bank	263,80

<table>
<tr><td rowspan="2">5.2</td><td colspan="2">Rechnungsbetrag 61.011,30
Skonto 2 % 1.220,23
59.791,07
Altfahrzeug (inkl. USt.) 19.635,00
Zahlung 40.156,07
(Skonto netto: 1.025,40)</td></tr>
<tr><td>44 Verbindlichkeiten 61.011,30

5461 Ertr. a. Abg. AV/BG 2.100,00</td><td>084 Fuhrpark 1.025,40
260 VSt. 194,83
084 Fuhrpark 14.400,00
5461 Ertr. a. Abg. AV/BG 2.100,00
480 USt. 3.135,00
280 Bank 40.156,07

546 Ertr. a. Abg. AV 2.100,00</td></tr>
</table>

6.7 Bewertung FE/UFE zu Herstellungskosten

1. • selbsterstellte Anlagen (aktivierte Eigenleistungen)
   • fertige und unfertige Erzeugnisse

2. a)

Herstellungskosten nach § 255 HGB				
MEK	250.000,00 EUR	MEK	250.000,00 EUR	Aktivierungspflicht
MGK	62.500,00 EUR	MGK	62.500,00 EUR	
FEK	105.000,00 EUR	FEK	105.000,00 EUR	
FGK	91.350,00 EUR	FGK	91.350,00 EUR	
Transport	6.000,00 EUR	Transport	6.000,00 EUR	
Abschr.	in FGK	Abschr.	in FGK	
VwGK h	2.800,00 EUR	VwGK h	2.800,00 EUR	
VwGK nh	7.200,00 EUR			Aktivierungswahlrecht
Aufw. f. soz. Einr.	–			
freiw. soz. Leist.	–			
betr. Alt.	–			
Z FK	12.500,00 EUR			
Obergrenze	**537.350,00 EUR**	**Untergrenze**	**517.650,00 EUR**	

b) Vermögen hoch ausweisen → hoher Betrag in der Bilanz (Aktivierung) →
Ansatz: Obergrenze der Herstellungskosten hier: 537.350,00 EUR
Ermittlung s. 3.

c) minimaler Gewinn → hohe Aufwendungen (hohe Bestandsveränderungen) →
Ansatz: Untergrenze der Herstellungskosten hier: 517.650,00 EUR – zeitanteilige Abschreibung
Ermittlung s. 3.

zeitanteilige Abschreibung: ND 50 J. → linear 2,5 %/Jahr → 12.941,25 EUR/Jahr
4 Monate Nutzung → 4/12 · 12.941,25 EUR = 4.313,75 EUR

Herstellungskosten (Untergrenze)	517,650.00 EUR
– zeitanteilige Abschreibung	4,313.75 EUR
Wertansatz 31.12. (1. Jahr)	**513,336.25 EUR**

3. a)

Herstellungskosten nach § 255 HGB				
MEK	30.000,00 EUR	MEK	30.000,00 EUR	**Aktivierungspflicht**
MGK	9.000,00 EUR	MGK	9.000,00 EUR	
FEK	85.000,00 EUR	FEK	85.000,00 EUR	
FGK	102.000,00 EUR	FGK	102.000,00 EUR	
SEKF	3.000,00 EUR	SEKF	3.000,00 EUR	
Abschr.	2.700,00 EUR	Abschr.	2.700,00 EUR	
VwGK h	5.800,00 EUR	VwGK h	5.800,00 EUR	
VwGK nh	7.400,00 EUR			**Aktivierungswahlrecht**
Aufw. f. soz. Einr.	3.200,00 EUR			
freiw. soz. Leist.	1.500,00 EUR			
betr. Alt.	800,00 EUR			
Z FK	–			
Obergrenze	**250.400,00 EUR**	**Untergrenze**	**237.500,00 EUR**	**Aktivierungsverbot: Vertriebskosten**
1 Matte:	**12,52 EUR**		**11,88 EUR**	

b) Vermögen hoch ausweisen → hoher Betrag in der Bilanz (Aktivierung) →
Ansatz: Obergrenze der Herstellungskosten hier: 250.400,00 EUR
Ermittlung s. 1.

c) minimaler Gewinn → hohe Aufwendungen (hohe Bestandsveränderungen) →
Ansatz: Untergrenze der Herstellungskosten hier: 237.500,00 EUR
Ermittlung s. 1.

4. Untergrenze. Begründung: niedrigere Bewertung bewirkt niedrigeren Gewinn → Steuerbelastung in diesem Jahr sinkt (Steuerverschiebung → Zinsgewinn).

5. § 255 Abs. 2 HGB (Vertriebskosten nicht aktivieren). Begründung: Der Vertrieb hat bei FE und UFE noch nicht stattgefunden. Aktivierung würde gegen das Vorsichtsprinzip verstoßen.

6.8 Zweifelhafte und uneinbringliche Forderungen

1. a)	241	Zweifelhafte Forderg.	9.520,00	240	Forderungen	9.520,00
b)	695	Abschreibungen a. Ford.	8.000,00	241	Zweifelh. Forderungen	9.520,00
	480	Umsatzsteuer	1.520,00			
c)	280	Bank	952,00	241	Zweifelh. Forderungen	9.520,00
	695	Abschreibungen a. Ford.	7.200,00			
	480	Umsatzsteuer	1.368,00			
2.	695	Abschreibungen a. Ford.	4.200,00	241	Zweifelh. Forderungen	4.998,00
	480	Umsatzsteuer	798,00			
3.	280	Bank	2.415,00	241	Zweifelh. Forderungen	4.025,00
	695	Abschreibungen a. Ford.	1.352,94			
	480	Umsatzsteuer	257,06			
4.	280	Bank	2.380,00	547	Erlöse a. F.	2.000,00
				480	Umsatzsteuer	380,00

5. Schuldner meldet Vergleich (Insolvenz) an.
   - Trotz mehrfacher Mahnung zahlt der Schuldner nicht.
   - Der Schuldner hat uns eine Mängelrüge gesendet.
   - Schecks oder Wechsel können nicht eingelöst werden.

6. einwandfreie, zweifelhafte und uneinbringliche Forderungen

7.
   - Einstellung Insolvenzverfahren mangels Masse beim Kunden
   - fruchtlose Pfändung beim Kunden
   - Forderung teilweise uneinbringlich (voraussichtliche Insolvenzquote)

8. a) Umbuchung auf Konto „Zweifelhafte Forderungen"

   b) Abschreibung

9. Umsatzsteuerberichtigung; Basis war eine AR, somit USt.-Buchung. Letztere muss berichtigt werden.

10.	695	Abschreib. auf Ford.	22.000,00	an	241	Zweifelh. Ford.	26.180,00
	480	Umsatzsteuer	4.180,00				
11.	241	Zweifelhafte Forderungen	46.000,00	an	240	Forderungen	46.000,00
12.1	241	Zweifelhafte Forderungen	6.300,00	an	240	Forderungen	6.300,00
	oder	Vollabschreibung					
12.2	280	Bank	3.780,00	an	241	Zweifelh. Ford.	6.300,00
	6951	Abschr. Ford.	2.117,65				
	260	Vorsteuer	402,35				

6.9 Rückstellungen

1.	677	Rechtskosten	2.000,00	390	Sonst. Rückstellungen	2.000,00
2.	a) 700	Steuern	8.000,00	380	Steuerrückstellungen	8.000,00
	b) 380	Steuerrückstellungen	8.000,00	280	Bank	8.000,00
	c) 380	Steuerrückstellungen	8.000,00	280	Bank	6.000,00
				548	Erträge aus Auflös. Rückst.	2.000,00
	d) 390	Sonst. Rückstellungen	8.000,00	280	Bank	9.000,00
	699	Periodenfr. Aufw.	1.000,00			

3. **Rückstellungen:** Schulden für Aufwendungen, die am Bilanzstichtag zwar ihrem Grunde nach feststehen, deren Höhe bzw. Fälligkeit jedoch ungewiss ist. Schätzung notwendig.

4. - **ungewisse Verbindlichkeiten** (z. B. zu erwartende Steuernachzahlungen, Prozesskosten aufgrund eines laufenden Prozesses, Garantieverpflichtungen)
   - **drohende Verluste aus schwebenden Geschäften** (z. B. starker Preisverfall bereits gekaufter, jedoch noch nicht gelieferter Rohstoffe)
   - **unterlassene Instandhaltungsaufwendungen**, die im nächsten Geschäftsjahr innerhalb von drei Monaten nachgeholt werden
   - **Gewährleistungen:** ohne rechtliche Verpflichtung (Kulanz)

5. Die Bildung einer Rückstellung bedeutet gleichzeitig eine Aufwandsbuchung, führt somit zu einer Gewinnminderung.

6. **Rückstellungen:** Fremdkapital
   Rücklagen: Eigenkapital (einbehaltene Gewinne)

7. Periodengerechte Erfolgsermittlung (zeitliche Abgrenzung); der Erfolg ist in der Periode zu berücksichtigen, in der er entstanden ist.

8.	613	Instandhaltung	9.000,00	390	Sonst. Rückstellg.	9.000,00
9.	770	Gewerbeertragsteuer	9.000,00	380	Steuerrückstellg.	9.000,00
10.	677	Rechtskosten	4.500,00	390	Sonst. Rückstellg.	4.500,00
11.	613	Instandhaltung	1.400,00	390	Rückstellungen	1.400,00
12.	698	Zuführ. zu Rückstellungen	8.500,00	390	Rückstellungen	8.500,00
13.1	613	Instandhaltung	15.000,00	390	Rückstellungen	15.000,00
13.2	390	Rückstellungen	15.000,00	280	Bank	18.445,00
	613	Instandhaltung	500,00			
	216	Vorsteuer	2.945,00			

6.10 Bilanzaufbereitung und Bilanzanalyse

1. a) 2 % b) 5 %

2. a) Deckungsgrad II = (EK + lfr. FK) : AV = 881.000 : 720.000 = 1,22

   Das Anlagevermögen sollte nach der Goldenen Bilanzregel i. w. S. mit Eigenkapital finanziert sein (Deckungsgrad II >= 1). Diese Bedingung ist hier erfüllt.

   b) Grad der finanziellen Unabhängigkeit = (EK · 100) : Gesamtkapital
   = (460.000 · 100) : 1.071.000 = 42,95 %

   Das bedeutet in Anbetracht deutscher Durchschnittswerte – je nach Branche – eine gute bis sehr gute Eigenkapitalausstattung.

   c) Verschuldungsgrad = FK : EK = 611.000 : 460.000 = 1,33

   Dies entspricht zwar nicht dem optimalen Verschuldungsgrad von 1, ist jedoch in Anbetracht der Durchschnittswerte nicht zu beanstanden.

   d) Liquidität 2 = (141.000 · 100) : 190.000 = 74,21 %

   → Bedenklich, da die geforderten ca. 100 % bei Weitem nicht erreicht werden. Eventuelle Gefahr von Liquiditätsengpässen

3. **Fristenparallelität:** Die Fristigkeiten des Kapitals sollen den Fristigkeiten des Vermögens entsprechen (langfristiges Vermögen soll langfristig finanziert sein: Das Anlagevermögen und der eiserne Bestand des Umlaufvermögens müssen mit Eigenkapital und langfristigem Fremdkapital finanziert sein.)

   Begründung: Die Tilgung der Finanzierungsmittel sollte aus dem Rückfluss des Vermögens (Abschreibungsrückflüsse beim Anlagevermögen) möglich sein.

4. a) **Optimaler Verschuldungsgrad:**

   - Traditionelle Formulierung: FK : EK = 1 : 1 (= überholt; typisches Verhältnis: 0,3 : 1)
   - Moderne Formulierung: Eine Fremdkapitalaufnahme für Investitionszwecke ist sinnvoll, solange der Fremdkapitalzins niedriger als die Gesamtkapitalrentabilität ist (= Leverage-Effekt).

   b) Der optimale Verschuldungsgrad hängt von vielen Faktoren ab: Branche, Betriebsgröße, Risikograd der Investitionen ...

5. Je höher der Eigenkapitalanteil, umso krisensicherer ist das Unternehmen (hohe Haftsumme, Unabhängigkeit von Gläubigern, hohe Kreditwürdigkeit, geringe Zins- und Tilgungsbelastung, Sicherheit in Krisenzeiten).

6. - Es liegt eine Überliquidität vor, da beim Liquiditätsgrad II 100 % genügen würden.
   - Überliquidität führt zu Zinsverlusten; mit den überschüssigen Mitteln könnten z. B. Fremdkapitalien abgebaut werden → Reduzierung der Fremdkapitalzinsen.

7. Vgl. Stofftelegramm.

8. • Unternehmen B hat höhere Fixkosten: Bei Beschäftigungsrückgang würden sich größere Probleme ergeben, weil sich die hohen Fixkosten auf weniger Stück verteilen (Gesetz der Massenproduktion). Somit besteht der Zwang zur Vollbeschäftigung.

   • verminderte Anpassungsfähigkeit an Konjunkturschwankungen/Absatzrückgänge (unflexibel)

9. a) Mögliche Ursachen:
   • Kapitalerhöhung wurde durchgeführt (EK steigt).
   • Umwandlung von Fremdkapital in Eigenkapital (Umfinanzierung)
   • hohe Fremdkapitaltilgung aus Selbstfinanzierungsmitteln

   b) • relativ hohe Verschuldung im ersten Jahr (90 %) – Verbesserung im zweiten Jahr
   • 70 % Verschuldung ist in deutschen Unternehmen üblich.
   • Probleme hohen Fremdkapitals: Abhängigkeit von Banken; Tilgung + Zinsen!

10. Deckungsgrad = Formel der horizontalen Bilanzstruktur

11. Unternehmen A:
   • Deckungsgrad II problematisch (Anlagevermögen ist gerade noch langfristig finanziert, sodass eine Tilgung aus Abschreibungsrückflüssen knapp möglich ist)
   • Der eiserne Bestand des Umlaufvermögens ist nicht langfristig finanziert; dies könnte zu Problemen führen.

   Unternehmen B:
   • Günstige Deckungsgrade; das Anlagevermögen und der eiserne Bestand sind langfristig finanziert.
   • finanziell stabiles Unternehmen

12. Vgl. Stofftelegramm.

13.1 (Alternative Beurteilungsschwerpunkte bezüglich der Kennzahlen möglich)

$$\text{Anlagendeckungsgrad II: } \frac{\text{langfristiges Kapital} \cdot 100}{\text{Anlagevermögen}}$$

→ Goldene Bilanzierungsregel (Anlagevermögen langfristig finanzieren) nicht erfüllt, da in beiden Jahren Kennzahl kleiner als die geforderten 100 %.

Vorheriges Jahr:

$$\frac{1.327.000 \cdot 100}{1.900.000} = 69{,}8\ \%$$

Aktuelles Jahr:

$$\frac{1.790.000 \cdot 100}{2.200.000} = 81{,}4\ \%$$

Summe aus EK und langfristigem FK steigt relativ stärker als das AV an.
Evtl. lag Kapitalerhöhung vor.

Eigenkapitalquote:

$$\frac{\text{Eigenkapital} \cdot 100}{\text{Gesamtkapital}}$$

- Maß für die (finanzielle) Unabhängigkeit
- Kriterium Branchendurchschnitt, Bundesdurchschnitt u. Ä.

Vorheriges Jahr:

$$\frac{427.000 \cdot 100}{2.170.000} = 19{,}7\ \%$$

Aktuelles Jahr:

$$\frac{840.000 \cdot 100}{2.477.000} = 33{,}9\ \%$$

- starke Steigerung evtl. durch Aufnahme neuer Eigenkapitalgeber
- evtl. auch Gewinnthesaurierung mit ursächlich

Liquidität 2. Grades:

$$\frac{(\text{Flüssige Mittel} + \text{Forderungen}) \cdot 100}{\text{Kurzfristiges Fremdkapital}}$$

Geld, das kurzfristig benötigt werden könnte, kann auch kurzfristig beschafft werden.

Ziel: 100 % in beiden Jahren nicht erfüllt.

Vorheriges Jahr:

$$\frac{120.000 \cdot 100}{843.000} = 14{,}2\ \%$$

Aktuelles Jahr:

$$\frac{177.000 \cdot 100}{687.000} = 25{,}8\ \%$$

Verbesserung insbesondere durch Abbau der kurzfr. Vbl.
(Summe aus Forderungen und Bankguthaben steigt und die Summe des kurzfristigen FK sinkt, aber Gefahr des zu hohen Forderungsbestands bzw. schlechten Forderungsumschlags)

13.2 Eigenkapitalrendite:

$$\frac{\text{Gewinn} \cdot 100}{\text{durchschn. Eigenkapital}}$$

$$\frac{96.000 \cdot 100}{\frac{427.000 + 840.000}{2}} = 15{,}2\ \%$$

Das Unternehmen erfüllt dieses Kriterium knapp und würde sich vor diesem Hintergrund als Beteiligungsobjekt eignen.

6.11 Prüfungsaufgaben

Prüfungsaufgaben Winter 2010/2011 (Aufgabe 2, teilweise)

2.2.1 Ermittlung der AHK:

Kaufpreis	25.000,00 EUR
Überführung	600,00 EUR
Werbeaufschrift	650,00 EUR
Nummernschilder	50,00 EUR
Zulassungsgebühr	100,00 EUR
AHK	26.400,00 EUR

2.2.2	0840	Fuhrpark	26.400,00	an	4400 Verbindl. a. LL.	31.297,00
	2600	Vorsteuer	4.997,00		2820 Kasse	100,00
	7030	Kfz-Steuer	150,00	an	4400 Verbindl. a. LL.	650,00
	690	Versicherung	500,00			

2.2.3 AHK 26.400,00 EUR : 6 Jahre Nutzungsdauer → 4.400,00 EUR/pro Jahr
4.400,00 EUR : 12 Monate · 9 Monate → 3.300,00 EUR
Restbuchwert: 26.400,00 EUR abzügl. AfA 3.300,00 EUR → 23.100,00 EUR

6500 Abschreibung 3.300,00 an 0840 Fuhrpark 3.300,00

2.3 Lagerbestand am 31.12.09: 60 Stück
Tageswert: 60 St. · 28,00 EUR = 1.680,00 EUR
Durchschnittsverfahren: 40 St. · 26,00 EUR + 60 St. · 27,00 EUR + 70 St. · 29,00 EUR
→ 4.690,00 EUR : 170 St. · 60 St. = 1.655,29 EUR
bzw. 1.655,40 EUR, falls zuvor auf 27,59 EUR/St. gerundet wurde.
Wertansatz: 1.655,29 EUR bzw. 1.655,40 EUR (strenges Niederstwertprinzip)

Prüfungsaufgaben Sommer 2011 (Aufgabe 2, teilweise)

2.4 AK = 62.870,00 EUR – 1.257,40 EUR (Skonto netto) = 61.612,60 EUR

AK	61.612,60 EUR
– Abschreibung 1. Jahr	855,73 EUR
Buchwert Ende 1. Jahr	60.756,87 EUR
– Abschreibung 2. Jahr	5.134,38 EUR
Buchwert Ende 2. Jahr	55.622,49 EUR
– Abschreibung 3. Jahr	5.134,38 EUR
Buchwert Ende 3. Jahr	50.488,11 EUR

2.5 Vorteil: einfache Berechnung, da konstante Abschreibungsbeträge

Nachteil: Der tatsächliche Wertverlust ist i. d. R. in den ersten Jahren höher als der lineare Abschreibungsbetrag.

2.6	6500	Abschr. auf Sachanl.	855,73	an	0710 Maschinen	855,73
2.7	6770	Rechts- und Beratungsk.	24.000,00	an	3900 Sonst. Rückst.	24.000,00
2.8	3900	Sonst. Rückstellungen	24.000,00	an	2800 Bank	21.400,00
					5480 Erträge aus der Auflösung v. Rückst.	2.600,00

Prüfungsaufgaben Winter 2011/2012 (Aufgabe 2)

1.

Entscheidungstabelle		
Kriterien	**Pac-GmbH**	**Maschinen Wagner KG**
Anschaffungskosten	Listenpreis 40.600,00 – 20 % Rabatt 8.120,00 + Fundamentierung 1.600,00 + Transport 180,00 AK 34.260,00 deutlich höhere Anschaffungskosten von 7.876,00 EUR netto	Listenpreis 27.200,00 – 3 % Skonto 8.16,00 AK 26.384,00 kostengünstigere Variante
Kapazität	45 Stück pro Stunde zukunftsfähigere Variante, da die Absatzzahlen vermutlich steigen werden in einem waschsenden Markt	35 Stück pro Stunde deutlich geringere Kapazität
Service	nicht inbegriffen	mit zukünftigen Kostenvorteilen
Treue zum Lieferanten	kein Gesichtspunkt	es besteht eine langjährige Geschäftsbeziehung

2.

ER Pac:	070	Techn. Anlagen	34.080,00	an	440	Verb.	40.555,20
	260	Vorsteuer	6.475,20				
Zahlung:	440	Verb.	40.555,20	an	280	Bank	40.555,20
ER Spedition:	070	Techn. Anlagen	180,00	an	440	Verb.	214,20
	260	Vorsteuer	34,20				
Zahlung:	440	Verb.	214,20	an	280	Bank	214,20

Anlagenkartei		***Lösung** → kursiv*		
Inventar-Nr.:	AV 1102	Bezeichnung:	Verp.automat	**Lieferant**
Anschaffungstag	*10.05.*	Nutzungsdauer	13 Jahre	*Pac-GmbH Neuestr. 4 72108 Rottenburg*
Anschaffungsjahr	*2011*	AfA 1. Jahr	*1.756,92*	
Anlagekonto:	**7082**	Abschreibungsmethode	linear	
Gewährleistung	–	Kostenstelle	Vertrieb	
Anschaffungskosten			**Versicherung**	

Anschaffungspreis	*32.480,00*		Versicherung	Victoria Versicherung
Skonto in EUR			Versicherungs-Nr.:	111002254
Transportkosten	*180,00*		Telefon	0255 5547
Montage	*1.600,00*		E-Mail	victoria@t-online.de
sonstige Kosten			Straße	Reinweg 2
andere Nachlässe			PLZ Ort	22452 Gernsheim
Anschaffungskosten	*34.260,00*			
Jahr (31.12.)	**Methode**	**AfA-Satz**	**Jahres-AfA**	**Buchwert**
2011	*linear*	*7,69 % (8 Mon.)*	*1.756,92*	*32.503,08*
2012	*linear*	*7,69 %*	*2.635,38*	*29.867,70*

Hinweis zur Jahres-AfA: 34.260,00 · 7,69 % = 2.634,59 EUR
34.260,00 : 13 Jahre = 2.635,38 EUR

3. Abschreibung Altanlage 2011 – 5 Monate

650	Abschreibung	924,02	an	070	techn. Anlagen	924,02

Buchwert 01.01.2011	13.305,90 EUR
Abschreibung 2011	924,02 EUR
Buchwert Verkaufstag	12.381,88 EUR
– Verkaufspreis netto	7.180,00 EUR
Nettoverlust	5.201,88 EUR

Buchung Verkaufserlös

282	Kasse	8.544,20	an	6961	Erlöse Abgang Sachanl.	7.180,00
				480	USt.	1.364,20

Ausbuchung Altanlage

696	Verlust Abgang Sachanl.	12.381,88	an	070	Techn. Anlagen	12.381,88

Umbuchung Verkaufserlös

6961	Erlöse Abgang Sachanl.	7.180,00	an	696	Verlust Abgang Sachanl.	7.180,00

Prüfungsaufgaben Sommer 2012 (Aufgabe 2)

1.1

Fertigungsmaterial:	2,00 EUR
MGK:	0,80 EUR
Fertigungslöhne:	4,00 EUR
FGK:	4,80 EUR
Sondereinzelkosten d. Fert.:	0,40 EUR
Zwischensumme:	12,00 EUR
Allg. VwGK:	2,40 EUR
Höchstansatz Herstellungskosten:	14,40 EUR

1.2 178.000 CHF/1,21 = 147.107,44 EUR

1.3

2.000 Liter · 18,50 EUR =	37.000,00 EUR
1.500 Liter · 18,75 EUR =	28.125,00 EUR
2.200 Liter · 17,90 EUR =	39.380,00 EUR
1.400 Liter · 17,60 EUR =	24.640,00 EUR
1.900 Liter · 18,10 EUR =	34.390,00 EUR
9.000 Liter =	163.535,00 EUR
1 Liter =	18,17 EUR

Wertansatz zum 31.12.2011: 2.100 Liter · 18,17 EUR = 38.157,00 EUR

2. Da das Niederstwertprinzip gilt, müssen die Rohstoffe zum Marktpreis bewertet werden, d. h. mit einem Wert von 37.800,00 EUR (= 2.100 Liter · 18,00 EUR).

3. $$\frac{(\text{EK} + \text{lfrFK}) \cdot 100}{\text{Anlagevermögen}} = \frac{(1.041 + 170 + 870) \cdot 100}{2.317} = 89{,}81\ \%$$

Schlecht, da das Anlagevermögen als langfristig gebundenes Vermögen auch langfristig finanziert sein sollte, d. h., der Anlagendeckungsgrad II sollte 100 % betragen. Bei Unterdeckung (wie im vorliegenden Fall) läuft das Unternehmen Gefahr, dass bei Liquiditätsengpässen Teile des Anlagevermögens veräußert werden müssen, was u. U. das Unternehmen in seiner Substanz gefährden kann.

4.

Jahresüberschuss:	534 TEUR
Abschreibungen:	254 TEUR
+ Pensionsrückstellungen:	24 TEUR
= Cashflow:	812 TEUR

Zeigt die Selbstfinanzierungskraft des Unternehmens, d. h., 812 TEUR stehen zur Schuldentilgung, Gewinnausschüttung und/oder für Investitionszwecke zur Verfügung.

5. $$\text{GK-Rentabilität} = \frac{(\textit{Gewinn} + \textit{FK-Zins}) \cdot 100}{\text{durchschnittl. } \textit{Gesamtkapital}} = \frac{(534 + 57) \cdot 100}{(3.220 + 2.757) : 2} = 19{,}78\ \%$$

Kreditaufnahme sinnvoll, da FK-Zins < Gesamtkapitalrentabilität; somit steigt durch die Kreditaufnahme die Eigenkapitalrentabilität.

6.1	240	Forderungen	77.350,00	an	5461	Ertr. a. Abg. AV/BG	65.000,00
					480	Umsatzsteuer	12.350,00
	5460	Ertr. a. Abg. AV	48.000,00	an	084	Fuhrpark	48.000,00
6.2	6951	Abschr. auf Ford.	15.504,20	an	240	Forderungen	18.450,00
	480	USt.	2.945,80				

Prüfungsaufgaben Winter 2012/2013 (Aufgabe 2)

2.1 Rechnungseingang: (08.06.2011)

0710	Maschinen	840.000,00	an	4400	Verb. a. LL.	999.600,00
2600	Vorsteuer	159.600,00				

Zahlung unter Skontoabzug (13.06.2011)

Skontoabzug Maschine (netto): 16.200,00 EUR (2 % von 810.000,00 EUR)

USt. Skontoabzug 3.078,00 EUR

4400	Verb. a. LL.	999.600,00	an	2800	Bank	980.322,00
				0710	Maschinen	16.200,00
				2600	Vorsteuer	3.078,00

2.2 Buchung Verkauf

2400	Ford. a. LL.	13.090,00	an	5461	Ertr. a. Abg. AV/BG	11.000,00
				4800	Umsatzsteuer	2.090,00

Ausbuchung des Fahrzeugs

5460	Ertr. a. Abg. AV	10.000,00	an	0840	Fuhrpark	10.000,00

Erträge aus dem Anlagenverkauf

5461	Ertr. a. Abg. AV	11.000,00	an	5460	Ertr. a. Abg. AV	11.000,00

Buchung Zahlungseingang

2800	Bank	13.090,00	an	2400	Ford. a. LL.	13.090,00

Buchung am Jahresende

5460	Ertr. a. Abg. AV	1.000,00	an	8020	GuV	1.000,00

2.3 AHK Maschine: 823.800,00 EUR (900.000,00 EUR + 30.000,00 EUR – 90.000,00 EUR – 16.200,00 EUR)

Nutzungsdauer: 13 Jahre

Anschaffung im Monat: Juni 2011 (7 Monate Abschreibung 2011)

Abschreibungsbetrag pro Jahr: 63.369,23 EUR

Abschreibung 2011 (7 Monate): 36.965,38 EUR (63.369,23 : 12 · 7)

Restwert 31.12. 786.834,62 EUR

Buchungssatz

6500	Abschr. auf Sachanl.	36.965,38	an	0710	Maschinen	36.965,38

2.4 **Eigenkapitalquote = EK · 100 : Gesamtkapital**

2011 28,35 · 100 : 50,35 = 56,3 %

2010 27,72 · 100 : 44,88 = 61,8 %

Erläuterung: Wie viel Prozent beträgt das EK vom Gesamtkapital? Je höher die Eigenkapitalquote des Unternehmens, umso unabhängiger und stabiler ist das Unternehmen.

Liquiditätsgrad (einzugsbedingte Liquidität) II = (flüssige Mittel + kurzfristige Forderungen)/kurzfristige Verbindlichkeiten

2011 (0,8 + 0,1 + 0,8) : 5 = 34,0 %

2010 (1 + 0,1 + 0,7) : 4,75 = 37,9 %

Erläuterung: Wie viel Prozent betragen die flüssigen Mittel und die kurzfristigen Forderungen von den kurzfristigen Verbindlichkeiten?
Reichen die flüssigen Mittel und kurzfristigen Forderungen aus, um die kurzfristigen Verbindlichkeiten zu decken?

Anlagendeckungsgrad II = (EK + langfr. Fremdkapital) · 100 : AV

2011 (28,35 + 17,00) : (30,90 + 8 + 4) = 105,7 %

2010 (27,72 + 12,41) : (28,48 + 7 + 3) = 104,3 %

Erläuterung: Wie viel Prozent betragen das EK und die langfristigen Verbindlichkeiten vom Anlagevermögen?
Mit wie viel Prozent ist das Anlagevermögen durch EK bzw. langfristige Verbindlichkeiten gedeckt?

Eigenkapitalrentabilität = Jahresergebnis · 100 : Ø EK

2011 2,5 · 100 : ([27,72 + 28,35] : 2) = 8,9 %

2010 2,5 · 100 : ([27,5 + 27,72] : 2) = 9,1 %

Erläuterung: Welche Rendite hat das durchschnittlich eingesetzte Eigenkapital erbracht?

Bericht an die Abteilungsleitung:

Betreff: Analyse der Unternehmensentwicklung

Im Rückblick auf die letzten beiden Geschäftsjahre hat sich folgendes Bild ergeben:

- Die Eigenkapitalquote ist von 61,8 % auf 56,3 % gesunken (um 6,2 %).
- Der Liquiditätsgrad II ist von 37,9 % auf 34,0 % gesunken (um 3,9 %).
- Der Anlagendeckungsgrad II ist von 104,3 % auf 105,7 % gestiegen (um 1,4 %).
- Die Eigenkapitalrentabilität ist von 9,1 % auf 8,9 % gesunken.

Fazit: Die Lage hat sich tendenziell für die FUN KG verschlechtert.

Zur Verbesserung der Liquidität II würden sich folgende Maßnahmen eignen:

- Erhöhung der flüssigen Mittel durch einen kurzfristigen Kredit
- Verkürzung Zahlungsziel an Kunden
- Verminderung der fälligen Forderungen aus Lieferungen und Leistungen durch Intensivierung des Mahnwesens

Prüfungsaufgaben Sommer 2013 (Aufgabe 2)

2.1

Lagerkarte					
Artikel	Bezeichnung	Einheitscode	Teileart: Hilfsstoff		
200052	Kunststoff-scheibe	Stück			
Bestellverfahren: Bestellpunktverfahren					
Jahr: 2012	**Einkauf in Stück**	**Preis in EUR je Stück**	**Entnahme in Stück**	**Bestand in Stück**	**Wert in EUR**
01.01.2012		0,50		1.480	
15.02.2012			250		
15.03.2012			1.200		
18.03.2012	3.000	0,53			
25.07.2012			800		
15.15.2012			1.250		
25.11.2012	2.000	0,55			
31.12.2012				***2.980***	1.579,40

	Menge in Stück	Preis je Stück in EUR	Wert in EUR
AB	1.480	0,50	740,00
Einkauf 18.03.	3.000	0,53	1.590,00
Einkauf 25.11.	2.000	0,55	1.100,00
Summe	6.480		3.430,00
Wert je Stück			0,53
EB	2.980		1.579,40

Umlaufvermögen ist nach dem Niederstwertprinzip zu bewerten. Der Hilfsstoff ist mit 1.579,40 EUR zu bewerten.

2.2

S	5000 Umsatzerlöse		H
5001 Rücks.	16.912,00	Summe	218.664,00
5002 Skonto	9.290,00	AR 35796	12.500,00
8020 GuV	204.962,00		
	231.164,00		231.164,00

S	Preisn./Rücksend.		H
Summe	13.412,00	5000 UE	16.912,00
Gutschrift	3.500,00		
	16.912,00		16.912,00

S	5002 Kundenskonto		H
Summe	8.540,00	5000 UE	9.290,00
AR 35161	750,00		
	9.290,00		9.290,00

AR 35796 Nettowert = 12.500,00 EUR
AR 35161 Nettowert Skonto = 750,00 EUR (Skonto brutto = 892,50 EUR)

Die Umsatzerlöse betragen 204.962,00 EUR. (Eine tabellarische, übersichtliche Lösung ist möglich.)

2.3 Abschreibung Fuhrpark

	Soll	Betrag		Haben	Betrag
2.3	Abschreibung Fuhrpark				
	6500 Abschreibung	12.000,00	an	0840 Fuhrpark	12.000,00
	Buchung Verkauf				
	2400 Forderungen	16.660,00	an	6961 Erl. Abgang Sachanl.	14.000,00
				4800 USt.	2.660,00
	Ausbuchung des Buchwertes				
	6960 Verl. Abgang Sachanl.	18.000,00	an	0840 Fuhrpark	18,000,00
	Abschlussbuchungen				
	6961 Erl. Abgang Sachanl.	14.000,00	an	6960 Verl. Abgang Sachanl.	14.000,00
	8020 GuV	5.000,00	an	6960 Verl. Abgang Sachanl.	5.000,00
2.4	6130 Instandhaltung	18.000,00	an	3900 Rückstellungen	18.000,00
2.5	6951 Abschr. auf Forderung	22.000,00	an	2400 Forderungen	26.180,00
	4800 USt.	4.180,00			
2.6	3900 Rückstellungen	14.000,00	an	2800 Bank	12.500,00
				5480 Ertr. Aufl. Rückstellung	1.500,00

2.7

2600 Vorsteuer			H
Summe	19.580,00	Beleg 799	47,50
Beleg 899	1.580,00	Beleg 899	149,00
Beleg 893	2.986,50	480 USt.	23.950,00
	24.146,50		24.146,50

S	4800 Umsatzsteuer		H
Beleg 750	85,00	Summe	85.490,50
Beleg 784	195,50	Beleg 785	5.860,00
2600 Vorst.	23.950,00	Beleg 844	1.590,00
8010 SBK	68.710,00		
	92.940,50		92.940,50

Abschlussbuchungen

4800 USt.	23.950,00	an	2600 VSt.	23.950,00
4800 USt.	68.710,00	an	8010 SBK	68.710,00

Prüfungsaufgaben Winter 2013/2014 (Aufgabe 2)

2.1.1 Ermittlung der AHK:

Listenpreis	*43.000,00 EUR*
– 5 % Sonderrabatt	2.150,00 EUR
Überführungskosten	570,00 EUR
Zulassungsgebühren	120,00 EUR
Nummernschilder	60,00 EUR
Werkzeugkasten	2.700,00 EUR
AHK	44.300,00 EUR

0840	Fuhrpark	44.300,00	an	4400	Verb. a. LL.	52.694,20
2600	Vorsteuer	8.394,20				
7030	Kfz-Steuer	200,00	an	4400	Verb. a. LL.	800,00
6900	Versicherung	600,00				
4400	Verb. a. LL.	52.694,20	an	0840	Fuhrpark	1.290,00
				2600	Vorsteuer	245,10
				2800	Bank	51.159,10

2.1.2

Anlagekartei **Piller OHG** Fenster und Türen aus Kunststoff

Bezeichnung: Transportfahrzeug	Anlagekonto: 0840
Anschaffungsjahr: 2013	Anschaffungsdatum: 20.09.2013
Anschaffungskosten in EUR: Vorläufige AK 44.300,00 -Skonto 1.290,00 Anschaffungskosten neu 43.010,00	**Lieferant** Name: TFG Transportfahrzeuge Grunner GmbH Anschrift: Rebenweg 40-42, 74613 Öhringen Telefon: 07323 299-024
Nutzungsdauer/Jahre: 8 Jahre	Abschreibungsmethode: linear

Jahr (31.12.)	AfA-Satz in % p. a.	AfA in EUR	Restbuchwert in EUR
2013	12,5	1.792,00 für 4 Monate	41.217,92
2014	12,5	5.376,25	35.841,67

2.2	6951	Abschr. auf Ford.	31.000,00	an	24009 Debitor	36.890,00
	4800	Umsatzsteuer	5.890,00		(2410 Zw. Forderungen möglich)	

2.3 Lagerbestand am 31.12.2013: 40 Stück

Tageswert:	40 Stück · 60,00 EUR	=	2.400,00 EUR
Durchschnittsverfahren:	40 Stück · 55,00 EUR	=	2.200,00 EUR
	30 Stück · 60,00 EUR	=	1.800,00 EUR
	20 Stück · 58,00 EUR	=	1.160,00 EUR
	30 Stück · 59,00 EUR	=	1.770,00 EUR
	120 Stück	=	6.930,00 EUR
Wert/Stück:	6.960,00 EUR : 120 Stück	=	57,75 EUR/Stück
Wert am 31.12.2013:	40 Stück · 57,75 EUR	=	2.310,00 EUR

Bilanzansatz 31.12.2013: 2.310,00 EUR, da bei den Rohstoffen das strenge Niederstwertprinzip gilt.

2.4	6770	Rechts- und Beratungsk.	6.560,00	an	3900 Sonst. Rückstellungen	6.560,00

Prüfungsaufgaben Sommer 2014 (Aufgabe 2)

2.1.1	0840	Fuhrpark	41.900,00 EUR	an	4400	Verbindl.	49.861,00 EUR
	2600	Vorsteuer	7.961,00 EUR				
	4400	Verbindl.	49.861,00 EUR	an	2800	Bank	48.863,78 EUR
					0840	Fuhrpark	838,00 EUR
					2600	Vorsteuer	159,22 EUR
2.1.2	3900	Sonstige Rückst.	20.000,00 EUR	an	2800	Bank	15.000,00 EUR
					5480	Erträge aus der Herabsetzung von Rückst.	5.000,00 EUR

2.1.3 Zahllast: 546.500,00 EUR – 259.000,00 EUR = 287.500,00 EUR

4800	Umsatzsteuer	259.000,00 EUR	an	2600	Vorsteuer	259.000,00 EUR
4800	Umsatzsteuer	287.500,00 EUR	an	4830	So. Verb. geg. Fin.	287.500,00 EUR
4830	So. Verb. geg. Fin.	287.500,00 EUR	an	2800	Bank	287.500,00 EUR

2.2.1

Wertansatzberechnung mithilfe des Gewogenen Durchschnittsverfahrens			
	Menge/Stück	Preis/Stück	Gesamt
AB	230	1,50 EUR	345,00 EUR
Zugang	470	1,30 EUR	611,00 EUR
Zugang	100	1,48 EUR	148,00 EUR
Zugang	150	1,40 EUR	210,00 EUR
Gesamt	950		1.314,00 EUR
Durchschnittspreis/Stück =		1.314,00 EUR : 950 Stück =	1,38 EUR
Tageswert =			1,45 EUR
Bewertung nach strengem Niederstwertprinzip: 1,38 EUR/Stück			
Aktueller Lagerbestand	200	1,38 EUR	276,00 EUR
Wertansatz: 276,00 EUR			

2.2.2

Abschreibung:	47.500,00 EUR/10 Jahre = 4.750,00 EUR/Jahr
2014 für fünf Monate:	1.979,17 EUR
Bilanzansatz zum 30.06.2014:	45.520,83 EUR
6500 Abschreibung	1.979,17 EUR an 0710 Maschinen 1.979,17 EUR

2.3 Eigenkapitalquote = (Eigenkapital/Gesamtkapital) · 100

2014: (6.100 : 20.800) · 100 = 29,33 %

2013: (5.450 : 20.950) · 100 = 26,01 %

Anlagendeckung II = [(EK + langfristiges FK) : Anlagevermögen] · 100

2014 : [(6.100 + 7.200) : 10.500] · 100 = 126,67 %

2013: [(5.450 + 7.400) : 8.900] · 100 = 144,38 %

Liquidität II = [(kurzfristige Forderungen + liquide Mittel) : kurzfristiges Fremdkapital] · 100

2014: [(4.500 + 800) : 7.500] · 100 = 70,67 %

2013: [(4.900 + 750) : 8.100] · 100 = 69,75 %

Informationsblatt:

Die Eigenkapitalquote gibt einen Hinweis auf die finanzielle Unabhängigkeit des Unternehmens. Verbesserung im Jahr 2014 gegenüber 2013. Eigenkapitalquote ganz gut (Industrieunternehmen in Deutschland im Schnitt bei 20 %).

Bei der Anlagedeckung II sollte das Anlagevermögen durch langfristig angelegtes Kapital gedeckt sein. Die Goldene Bilanzregel ist hier in beiden Jahren erfüllt, allerdings hat sich der Wert der Kennzahl in 2014 gegenüber 2013 verschlechtert.

Die Liquidität 2. Grades signalisiert die Zahlungsbereitschaft des Unternehmens. Den kurzfristigen Verbindlichkeiten werden die liquiden Mittel und die Vermögenspositionen, deren Umwandlung in Geldmittel unmittelbar bevorsteht, gegenübergestellt. Hier gilt die „One-to-one-Rate", d. h., die Liquidität II sollte mindestens 100 % betragen, ansonsten könnte eine Insolvenz drohen. Die Voraussetzung ist hier in beiden Jahren nicht gegeben, aber es liegt eine leichte Verbesserung im Jahr 2014 gegenüber 2013 vor.

Prüfungsaufgaben Winter 2014/2015 (Aufgabe 2)

2.1.1 **Schreibtisch:** Erfüllt alle Voraussetzungen gemäß § 6 Abs. 2a EStG, um ihn als GWG-Sammelposten zu erfassen und über 5 Jahre linear abzuschreiben. Somit kann der Schreibtisch schneller abgeschrieben werden als bei Erfassung als Geschäftsausstattung und Abschreibung über 13 Jahre ND (lt. AfA-Tabelle).

Schreibtischstuhl: Da AHK < 150,00 EUR netto kann Bürostuhl nach § 6 Abs. 2a EStG im Jahr der Anschaffung in voller Höhe als Betriebsausgabe abgezogen werden. Wird deshalb sofort als Aufwand erfasst.

PC: AHK > 1.000,00 EUR netto, deshalb wird PC als Geschäftsausstattung erfasst und über ND lt. AfA-Tabelle 3 Jahre linear abgeschrieben.

Beleg 1

0890 GWG Sammelposten	980,00	an	4400 Verb. a. LL.	1.343,51
6800 Büromaterial	149,00			
2600 VSt.	214,51			

Beleg 2

0870 Geschäftsausstattung	1.050,00	an	4400 Verb. a. LL.	1.249,50
2600 VSt.	199,50			

Zahlung

4400 Verb. a. LL.	1.343,51	an	2800 Bank	1.343.51
4400 Verb. a. LL.	1.249,50	an	2800 Bank	1.224.51
			0870 GA	21,00
			2600 VSt.	3,99

2.1.2	6540 Abschr. auf GWG	196,00 an	0890 GWG Sammelp.	196,00

1.050.00,00 EUR abzgl. 21,00 EUR Skonto = 1.029,00 EUR
1.029.00,00 EUR/3 Jahre ND = 343,00 EUR für 3 Monate = 85,75 EUR

	6500 Abschr. auf SA	85,75 an	0870 GA	85,75
2.2	6130 Instandhaltung	12.000,00 an	3900 Sonstige RSt	12.000,00

Bildung der Rückstellung führt zu einer Ergebnisminderung i. H. v. 12.000,00 EUR.

2.3	3900 Sonstige RSt	12.000,00		
	2600 VSt.	2.242,00 an	5480 Ertr. Aufl./Herabs. RSt	200,00
			2800 Bank	14.042,00

Prüfungsaufgaben Sommer 2015 (Aufgabe 2)

2.1 Lagerbestand am 31.12.2014: 180 Stück

50 Stück • 7,98 EUR	=	399,00 EUR
70 Stück • 8,02 EUR	=	561,40 EUR
100 Stück • 8,07 EUR	=	807,00 EUR
100 Stück • 8,05 EUR	=	805,00 EUR
50 Stück • 8,10 EUR	=	405,00 EUR
370 Stück	=	2.977,40 EUR

Wert pro Stück: 2.977,40 EUR : 370 Stück = 8,05 EUR

Wert am 31.12.2014:
Tagespreis: 8,03 EUR < gewogener Durchschnittswert: 8,05 EUR
Ansatz mit Tagespreis, da bei Rohstoffen strenges Niederstwertprinzip gilt.

180 Stück • 8,03 EUR = 1.445,40 EUR

2.2.1

Kaufpreis	203.000,00 EUR
Grunderwerbsteuer	10.150,00 EUR
Notargebühren	1.900,00 EUR
Maklergebühren	6.090,00 EUR
Summe	221.140,00 EUR

2.2.2 Es handelt sich um eine dauerhafte Wertminderung. Daher ist auf den niedrigeren Wert abzuschreiben (§ 253 Abs. 2 Satz 3 HGB).

6500 Abschr. auf Sachanl.	41.140,00 an	0500 Grundstücke	41.140,00

2.3 Das Faxgerät ist ein selbstständiges Wirtschaftsgut. Die Anschaffungskosten liegen über 150,00 EUR und unter 1.000,00 EUR. Eine Erfassung als Anlage-Sammelposten wäre demnach möglich.

Lineare Abschreibung: 920,00 EUR : 8 Jahre Nutzungsdauer = 115,00 EUR
Anteilig für 6 Monate: 57,50 EUR

Abschreibung als Sammelposten-Anlagegut: 920,00 EUR : 5 Jahre Nutzungsdauer = 184,00 EUR (keine zeitanteilige Abschreibung)

Ziel ist ein möglichst niedriger Gewinnausweis. Daher ist eine Erfassung als Anlage-Sammelposten sinnvoll.

				an			
2.4.1	Debitor HWR-25115		1.852,89	an	5000	Umsatzerlöse	1.557,05
					4800	Umsatzsteuer	295,84
2.4.2	5001	Preisnachlässe u. R.	169,58	an	Debitor HWR-25115		201,80
	4800	Umsatzsteuer	32,22				
2.4.3	Skontoabzug fristgerecht und rechnerisch richtig						
	2800	Bank	1.601,56	an	Debitor HWR-25115		1.651,09
	5002	Kundenskonto	41,62				
	2600	Vorsteuer	7,91				
2.4.4	6770	Rechts.- und Beratungsk.	35.000,00	an	3900	Sonst. Rückstellungen	35.000,00

Prüfungsaufgaben Winter 2015/2016 (Aufgabe 1)

1.1	1.	2820	Kasse	2.500,00	an	2800	Bank	2.500,00
	2.	4200	Verb. ggü. KI	20.000,00	an	2800	Bank	20.000,00
	3.	4400	Verb. a. LL.	38.000,00	an	2800	Bank	36.860,00
						0700	Techn. Anlagen	957,98
						2600	Vorsteuer	182,02
	4.	2800	Bank	2.744,00	an	2400	Ford. a. LL.	2.800,00
		5461	Ertr. a. Abg. AV/BG	47,06				
		4800	Umsatzsteuer	8,94				

1.2 Zahllastermittlung:

S	2600 Vorsteuer		H
	28.743,00		208,98
		440	182,02
		480	28.352,00
	28.743,00		28.743,00

S	4800 Umsatzsteuer	H
	586,06	38.324,00
240	8,94	
260	28.352,00	
483	9.377,00	
	38.324,00	38.324,00

1.	4800	Umsatzsteuer	28.352,00	an	2600	Vorsteuer	28.352,00
2.	4800	Umsatzsteuer	9.377,00	an	4830	So. Verb. geg. Fin.	9.377,00

1.3 Siehe **Anlage 1**.

1.4

Kennzahl	3. Q. 2014	Vergleich Branche	3. Q. 2015
Liquidität 2. Grades	91,5 %	–	65,7 %
Cashflow	838.000,00 EUR	–	702.000,00 EUR
Deckungsgrad II	101,5 %	100,0 %	95,3 %
Eigenkapitalrentabilität	11,7 %	9,5 %	5,9 % a. o. Erg. einbezogen 4,7 % a. o. Erg. nicht einbezogen
Umsatzrentabilität	8,1 %	7,5 %	4,7 % a. o. Erg. einbezogen 3,8 % a. o. Erg. nicht einbezogen

Schülerabhängige Lösung, zum Beispiel:

- Die Liquidität 2. Grades hat sich deutlich verschlechtert. Dies bedeutet, dass die Zahlungsfähigkeit eventuell eingeschränkt sein könnte. Zu bedenken ist aber, dass es sich um eine Stichtagskennzahl handelt.
- Cashflow sinkt um ca. 1/8. Das bedeutet, dass das Unternehmen weniger selbsterwirtschaftete Finanzmittel zur freien Verfügung hat.
- Deckungsgrad II hat sich leicht verschlechtert und liegt unter dem Branchendurchschnitt. Die Zielvorgabe von 100 % wurde nicht erreicht.
- Eigenkapitalrentabilität: halbiert sich und liegt deutlich unter Branchenprognose.
- Umsatzrentabilität: halbiert sich ebenfalls und liegt deutlich unter Branchenprognose.

Anlage 1

<table>
<tr><td colspan="4" align="center">Dreher GmbH
Maschinen zur Brennholzverarbeitung</td></tr>
<tr><td colspan="4" align="center">Anlagekarte</td></tr>
<tr><td colspan="2">Bezeichnung
CNC-Fräsmaschine</td><td colspan="2">Anlagekonto
0710</td></tr>
<tr><td colspan="2">Anschaffungsjahr
2015</td><td colspan="2">Anschaffungsdatum
26.09.15</td></tr>
<tr><td colspan="2">Anschaffungskosten in EUR
76.800,00</td><td colspan="2"></td></tr>
<tr><td colspan="4" align="center">Lieferant</td></tr>
<tr><td colspan="4">Name
Faser Maschinenfabrik GmbH</td></tr>
<tr><td colspan="2">Straße/Postfach
Heerwasenstr. 12</td><td colspan="2">PLZ Ort
78559 Gosheim</td></tr>
<tr><td colspan="2">Nutzungsdauer/Jahre
7 Jahre</td><td colspan="2">Abschreibungsmethode
linear</td></tr>
<tr><td>Jahr (31.12.)</td><td>AfA-Satz in % p. a.</td><td>AfA in EUR</td><td>Restbuchwert in EUR</td></tr>
<tr><td>2015</td><td>14,29 %</td><td>3.658,24 (3.657,14)</td><td>73.141,76 (73.142,86)</td></tr>
<tr><td>2016</td><td>14,29 %</td><td>10.974,72 (10.971,43)</td><td>62.167,04 (62.171,43)</td></tr>
</table>

Werte in Klammern ergeben sich bei genauer Berechnung (Anschaffungskosten: 7 Jahre).

Prüfungsaufgaben Sommer 2016 (Aufgabe 2)

2.1 Abschreibung Fuhrpark für zehn Monate

6500 Abschreibung	3.000,00	an	0840 Fuhrpark	3.000,00

Hinweis: Bei der Abschreibung wird hier der Monat des Verkaufs berücksichtigt. Alternative Lösung möglich.

Buchung Verkauf

2400 Forderungen	9.460,50	an	5461 Erl. Abgang Sachanl.	7.950,00
			4800 Umsatzsteuer	1.510,50

Ausbuchung des Buchwertes

5460 Ertr. Abgang Sachanl.	7.800,00	an	0840	Fuhrpark	7.800,00

Abschlussbuchungen

5461 Erl. Abgang Sachanl.	7.950,00	an	5460	Ertr. Abgang Sachanl.	7.950,00
5460 Ertr. Abgang Sachanl.	150,00	an	8020	GuV	150,00

Zahlungseingang am 14.03.

2800 Bank	9.460,50	an	2400	Forderungen	9.460,50

2.2 Bewertung bei Eingang der Fremdwährungsverbindlichkeiten am 10.03.:
12.000,00 USD : 1,0785 USD/EUR = 11.126,56 EUR

Bewertung der Fremdwährungsverbindlichkeiten am 31.03.:
12.000,00 USD : 1,0955 USD/EUR = 10.953,90 EUR

Da diese Fremdwährungsverbindlichkeit eine Restlaufzeit von unter einem Jahr hat, wird ohne Rücksicht auf den Zugangswert zum Devisenkassamittelkurs des Abschlussstichtages bewertet.

2.3	6130 Instandhaltung	14.000,00	an	3900	Sonst. Rückstellungen	14.000,00
2.4	6951 Abschr. auf Ford.	8.000,00	an	2410	Zweifelh. Forderungen	9.520,00
	4800 USt.	1.520,00				
2.5	3900 Sonst. Rückstellungen	7.000,00	an	2800	Bank	13.090,00
	6770 Rechts- u. Beratungsk.	4.000,00				
	2600 VSt.	2.090,00				

2.6

Jahresüberschuss	288 TEUR
+ Abschreibungen	180 TEUR
+ Pensionsrückstellungen	16 TEUR
= Cashflow	484 TEUR

Die Engel GmbH kann den Cashflow von 484 TEUR zur Gewinnausschüttung, Schuldentilgung oder für Investitionen nutzen. Der Cashflow zeigt die Selbstfinanzierungskraft der Engel GmbH an. Im Vorjahres- bzw. Branchenvergleich zeigt sich, dass die Engel GmbH eine verbesserte Selbstfinanzierungskraft aufweist.

$$\text{Umsatzrentabilität: } \frac{\text{Jahresüberschuss} \cdot 100}{\text{Umsatzerlöse}}$$

$$\frac{288 \text{ TEUR} \cdot 100}{1.450 \text{ TEUR}} = 19{,}9\ \%$$

Die Umsatzrentabilität zeigt an, wie hoch der prozentuale Anteil des Gewinns am Umsatz ist. Die Umsatzrentabilität war schon auf einem hohen Niveau und konnte gesteigert werden. Sie liegt weit über dem Branchendurchschnitt.

1 Prüfungsaufgaben Steuerung und Kontrolle Winter 2016/2017

Aufgabe 1: Kosten erfassen, verursachungsgerecht verteilen und analysieren

1.1

„Goldenes Lamm": 8 Tische = 24 m²	Kosten	%-Satz	Hotel Seeblick: 200 Tische = 600 m²
240,00 EUR	MEK (Fertigungsmaterial)		6.000,00 EUR
44,90 EUR	Materialgemeinkosten	18,71	1.122,60 EUR
192,00 EUR	FEK (Fertigungslöhne)		4.800,00 EUR
720,00 EUR	Fertigungsgemeinkosten	375,00	18.000,00 EUR
1.196,90 EUR	Herstellkosten		29.922,60 EUR
81,99 EUR	Verwaltungsgemeinkosten	6,85	2.049,70 EUR
69,18 EUR	Vertriebsgemeinkosten	5,78	1.729,53 EUR
1.348,07 EUR	**Selbstkosten**		**33.701,83 EUR**

Berechnung der MEK: 10,00 EUR/m² · 24 m² = 0240,00 EUR
10,00 EUR/m² · 600 m² = 6.000,00 EUR

Berechnung des MGK-Zuschlagssatzes und der MGK:
262.000,00 : 1.400.000,00 = 18,71 %

18,71 % · 240,00 EUR = 44,90 EUR
18,71 % · 6.000,00 EUR = 1.122,60 EUR

Berechnung der FEK: 8,00 EUR/m² · 24 m² = 192,00 EUR
8,00 EUR/m² · 600 m² = 4.800,00 EUR

Berechnung des FGK-Zuschlagssatzes und der FGK:
4.500.000,00 : 1.200.000,00 = 375 %

375 % · 192,00 EUR = 720,00 EUR
375 % · 4.800,00 EUR = 18.000,00 EUR

Berechnung der Herstellkosten:
240,00 EUR + 44,90 EUR + 192,00 EUR + 720,00 EUR = 1.196,90 EUR
6.000,00 EUR + 1.122,60 EUR + 4.800,00 EUR + 18.000,00 EUR = 29.922,60 EUR

Berechnung des Gemeinkostenzuschlagssatzes für Verwaltungsgemeinkosten:
Herstellkosten der Rechnungsperiode = MEK + MGK + FEK + FGK = 1.400.000,00 EUR + 262.000,00 EUR + 1.200.000,00 EUR + 4.500.000,00 EUR = 7.362.000,00 EUR

VerwGK-Satz: 504.000,00 EUR : 7.362.000,00 EUR = 6,85 %

Berechnung des Gemeinkostenzuschlagssatzes für Vertriebsgemeinkosten:
Herstellkosten des Umsatzes = 7.362.000,00 EUR + 150.000,00 EUR = 7.512.000,00 EUR

VertrGK-Satz: 434.000,00 EUR : 7.512.000,00 EUR = 5,78 %

Berechnung der Verwaltungsgemeinkosten:
1.196.90,00 EUR · 6,85 % = 81,99 EUR
29.922.60,00 EUR · 6,85 % = 2.049,70 EUR

Berechnung der Vertriebsgemeinkosten:
1.196.90,00 EUR · 5,78 % = 69,18 EUR
29.922.60,00 EUR · 5,78 % = 1.729,53 EUR

1.2 Berechnung der Selbstkosten auf Prozesskostenbasis mit FGK-Satz 375 %:

„Goldenes Lamm": 8 Tische = 24 m²	Kosten	%-Satz	Hotel Seeblick: 200 Tische = 600 m²
240,00 EUR	MEK (Fertigungsmaterial)		6.000,00 EUR
372,00 EUR	HP Beschaffung Fertigungsmaterial		620,00 EUR
192,00 EUR	FEK (Fertigungslöhne)		4.800,00 EUR
720,00 EUR	Fertigungsgemeinkosten	375	18.000,00 EUR
1.524,00 EUR	Herstellkosten		29.420,00 EUR
784,00 EUR	HP Abwicklung Kundenauftrag		784,00 EUR
2.308,00 EUR	Selbstkosten		30.204,00 EUR

Berechnung der Selbstkosten auf Prozesskostenbasis mit FGK-Satz 300 %:

„Goldenes Lamm": 8 Tische = 24 m²	Kosten	%-Satz	Hotel Seeblick: 200 Tische = 600 m²
240,00 EUR	MEK (Fertigungsmaterial)		6.000,00 EUR
372,00 EUR	HP Beschaffung Fertigungsmaterial		620,00 EUR
192,00 EUR	FEK (Fertigungslöhne)		4.800,00 EUR
576,00 EUR	Fertigungsgemeinkosten	300	14.400,00 EUR
1.380,00 EUR	Herstellkosten		25.820,00 EUR
784,00 EUR	HP Abwicklung Kundenauftrag		784,00 EUR
2.164,00 EUR	Selbstkosten		26.604,00 EUR

1.3 Der Degressionseffekt zeigt sich in der prozessorientierten Kalkulation dadurch, dass die Prozesskosten für den Prozess „Abwicklung Kundenauftrag" pro Stück mit steigender Menge pro Auftrag sinken, da die Durchführung der Prozesse unabhängig von der Stückzahl erfolgt.

Der Allokationseffekt zeigt sich darin, dass für ein Produkt unterschiedliche Gemeinkosten ausgewiesen werden, weil unterschiedliche Bezugsgrößen für die Verrechnung der Gemeinkosten herangezogen werden.

1.4.1 Kosten bei Fremdbezug:

Listeneinkaufspreis	104,00 EUR
– 15 % Kundenrabatt	15,60 EUR
= Zieleinkaufspreis	88,40 EUR
– 2 % Kundenskonto	1,77 EUR
= Bareinkaufspreis	86,63 EUR
+ 1% Frachtkosten	0,87 EUR
= Bezugspreis	87,50 EUR

Kosten bei Eigenfertigung:

Materialeinzelkosten	48,00 EUR
+ 5 % variable MGK	2,40 EUR
Fertigungslöhne	32,00 EUR
+ 15 % variable FGK	4,80 EUR
= variable Herstellkosten	87,20 EUR

1.4.2 Schülerabhängige Antworten:
z. B. Kapazitätsauslastung, Qualitätssicherung, Beschaffungssicherheit usw.

Aufgabe 2: Jahresabschluss erstellen und analysieren

2.1

0710 Maschinen	695.000,00				
2600 Vorsteuer	132.050,00	an	4400	Kreditor (JP-GmbH)	827.050,00
4400 Kreditor (JP-GmbH)	827.050,00	an	2800	Bank	802.238,50
			0710	Maschinen	20.850,00
			2600	Vorsteuer	3.961,50

2.2

Anlagekarte			
SchmiKo GmbH			
Bezeichnung: *Stanzmaschine*		Anlagekonto: *0710*	
Anschaffungsjahr: *2016*		Anschaffungsdatum: *10.05.2016*	
Anschaffungskosten *695.000,00 EUR* *abzgl. Skonto 20.850,00 EUR* *endgültige AK 674.150,00 EUR*		Lieferant: Name: *JP Technologie GmbH* Anschrift: *Bodenseestr.13, 78224 Singen*	
Nutzungsdauer/Jahre: 14 Jahre		Abschreibungsmethode: linear	
Jahr (31.12.)	**AfA-Satz in % p. a.**	**AfA in EUR**	**Restbuchwert in EUR**
2016	4,76	32.102,38 (%-Satz: 32.089,54)	642.047,62 (642.060,46)
2017	7,14	48.153,57 (%-Satz: 48.134,31)	593.894,05 (593.926,15)

2.3

Datum	Menge in Tonnen	Einstandspreis je t	Gesamtwert
01.01.2015 Anfangsbestand	210	152,00 EUR	31.920,00 EUR
05.02.2015	40	148,00 EUR	5.920,00 EUR
10.06.2015	90	142,00 EUR	12.780,00 EUR
07.08.2015	60	156,00 EUR	9.360,00 EUR
16.11.2015	110	162,00 EUR	17.820,00 EUR
Anfangsbestand + Zugänge	510		77.800,00 EUR
Gewogener Durchschnitt: 77.800 : 510 Tonnen = 152,55 EUR je Tonne			
Wertansatz des Schlussbestandes zum 31.12.2015	150	152,55 EUR	22.882,50 EUR

2.4 Beim Umlaufvermögen gilt das strenge Niederstwertprinzip. Das bedeutet, dass die durchschnittlichen Anschaffungskosten der Rohstoffe mit dem Markt- oder Börsenwert am Bilanzstichtag verglichen werden müssen und der niedrigere Wert angesetzt werden muss. Also: 150 Tonnen · 151,00 EUR/t = 22.650,00 EUR (Bilanzwert zum 31.12.2015).

2.5.1 Buchung am 05.08.2016:

4800	Umsatzsteuer	1.900,00	an	2400	Forderungen a. LL.	1.900,00

Buchung am 04.11.2016:

2800	Bank	2.380,00	an	2400	Forderungen a. LL.	2.000,00
				4800	Umsatzsteuer	380,00
6951	Abschr. uneinbringl. Ford.	8.000,00	an	2400	Forderungen a. LL.	8.000,00

2.5.2

3900	Sonstige Rückstellung	8.000,00				
6770	Rechts- u. Beratungsk.	1.500,00	an	2800	Bank	9.500,00

2 Prüfungsaufgaben Betriebswirtschaft – Geschäftsprozesse Winter 2016/2017

Aufgabe 1

1.1.1

	2013	2014		2015		2016	
	Umsatz (in Mio. EUR)	Umsatz (in Mio. EUR)	Entwicklung (in %)	Umsatz (in Mio. EUR)	Entwicklung (in %)	Umsatz (in Mio. EUR)	Entwicklung (in %)
Less	1,4	1,6	+14,3	1,9	+18,8	2,3	+21,1
More	5,9	7,2	+22,0	8,3	+15,3	9,1	+9,6

1.1.2

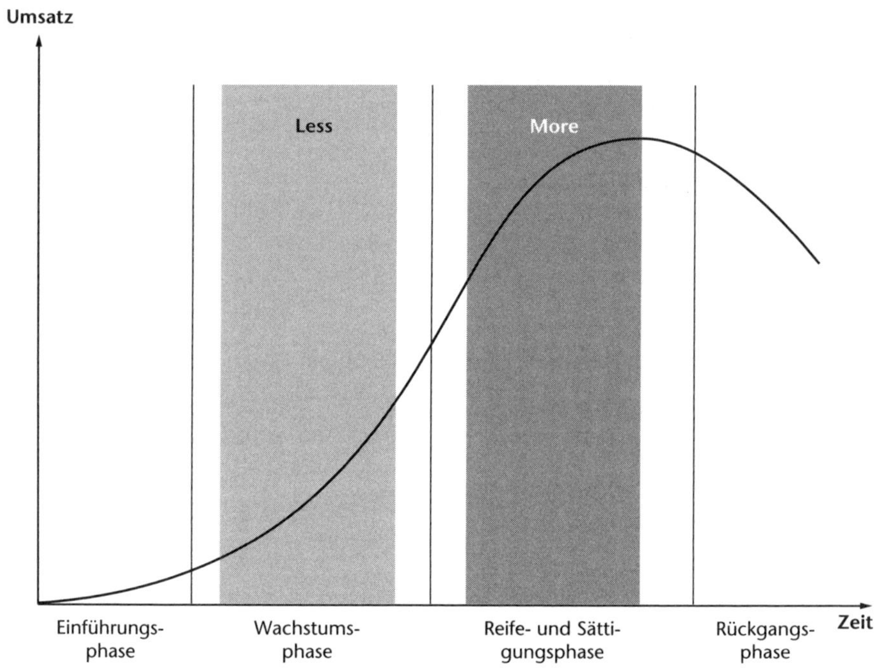

Das Produkt „Less" befindet sich in der Wachstumsphase, da die Umsatzsteigerung überproportional verläuft.

Das Produkt „More" befindet sich in der Reife- bzw. Sättigungsphase, da die Umsatzsteigerung rückläufig ist.

1.1.3 Schülerabhängige Antwort

„Less" (Wachstumsphase)

Produktpolitische Maßnahmen	Preispolitische Maßnahmen	Kommunikationspolitische Maßnahmen
Produktqualität oder Produkteigenschaften können verbessert werden.	Preisdifferenzierungsmöglichkeiten in räumlicher und zeitlicher Hinsicht	Der Bekanntheitsgrad muss (weiter) gesteigert werden durch Expansionswerbung.

„More" (Reifephase)

Produktpolitische Maßnahmen	Preispolitische Maßnahmen	Kommunikationspolitische Maßnahmen
Die Möglichkeiten von Produktdifferenzierung bzw. -variation sind zu prüfen. Produktvariationen hinsichtlich Farben, Formen und Design. Sorgfältige Prüfung, ob das Produkt noch am Markt gehalten werden kann und ob eventuell Nachfolgeprodukte entwickelt werden sollen.	Der Preis sollte so lange wie möglich gehalten werden, eventuell mit Aktionsangeboten koppeln.	Erhaltungs- bzw. Erinnerungswerbung durchführen, bestehende Präferenzen erhalten bzw. ausbauen

1.2.1 Listenverkaufspreis eines Koffers „Global-Lite" laut Plandaten der Controllingabteilung:

	Fertigungsmaterial		150,00 EUR
+	MGK	20,0 %	30,00 EUR
=	Materialkosten		180,00 EUR
	Fertigungslöhne		60,00 EUR
+	FGK	100,0 %	60,00 EUR
=	Fertigungskosten		120,00 EUR
	Herstellkosten		300,00 EUR
+	VerwGK	4,0 %	12,00 EUR
+	VertrGK	8,0 %	24,00 EUR
=	Selbstkosten		336,00 EUR
+	Gewinn	5,0 %	16,80 EUR
=	Barverkaufspreis		352,80 EUR
+	Skonto	2,0 %	7,20 EUR
=	Zielverkaufspreis		360,00 EUR
+	Rabatt	10,0 %	40,00 EUR
=	**Listenverkaufspreis**		**400,00 EUR**

1.2.2 Das Nachfrageverhalten ist durch die Preis-Absatz-Funktion dargestellt. Es gibt ein bestimmtes Preisintervall zwischen 400,00 EUR und 600,00 EUR, in dem Preisänderungen kaum zu Absatzmengenänderungen führen.
Zudem gibt es zwei Preisintervalle (zwischen 200,00 EUR und 400,00 EUR sowie zwischen 600,00 EUR und 800,00 EUR), in denen jeweils schon geringe Preisänderungen große, spürbare Änderungen der Absatzmenge verursachen.

1.2.3 Die BagForLife GmbH sollte sich bei der Einführung des Koffers „Global-Lite" für eine Hochpreisstrategie (Premiumstrategie) entscheiden und einen Preis zwischen 400,00 EUR und maximal 600,00 EUR festsetzen. Bei einem angestrebten Gewinn von 5 % müssten mindestens 400,00 EUR angesetzt werden. Die Obergrenze liegt bei 600,00 EUR, da über diesem Preis die Nachfrage stark abnimmt. Sowohl die Zielgruppe „Geschäftsreisende" als auch das „Neuprodukt" rechtfertigen hier die Hochpreisstrategie. Die Hochpreisstrategie bietet die Möglichkeit zu Preissenkungen im Verlauf des Produktlebenszyklus.
Eine Niedrigpreisstrategie kommt aufgrund des Ergebnisses der Preiskalkulation beim vorliegenden Nachfrageverhalten nicht in Betracht.

1.3.1

Handlungsreisender	Handelsvertreter	Kommissionär
• ist weisungsgebunden • gute Produktkenntnisse • Identifikation mit Unternehmen • vertritt nur eigenes Unternehmen	• hohe Motivation durch Provision • hat Kundenstamm • gute Produktkenntnisse • meist im Absatzgebiet ansässig, Orts- und Kundenkontakte	• Lager- und Transportkosten werden übernommen. • kurze schnelle Wege zum Kunden • gute Marktkenntnisse • Kommittent muss nach außen hin nicht auftreten.

1.3.2

		Handlungsreisender	Handelsvertreter	Kommissionär
Provision in %		1,5	2,7	2,9
Umsatz in EUR				
120.000,00	Fixum	2.500,00	1.000,00	0,00
	Provision	1.800,00	3.240,00	3.480,00
	Gesamtkosten	**4.300,00**	**4.240,00**	**3.480,00**
192.000,00	Fixum	2.500,00	1.000,00	0,00
	Provision	2.880,00	5.184,00	5.568,00
	Gesamtkosten	**5.380,00**	**6.184,00**	**5.568,00**

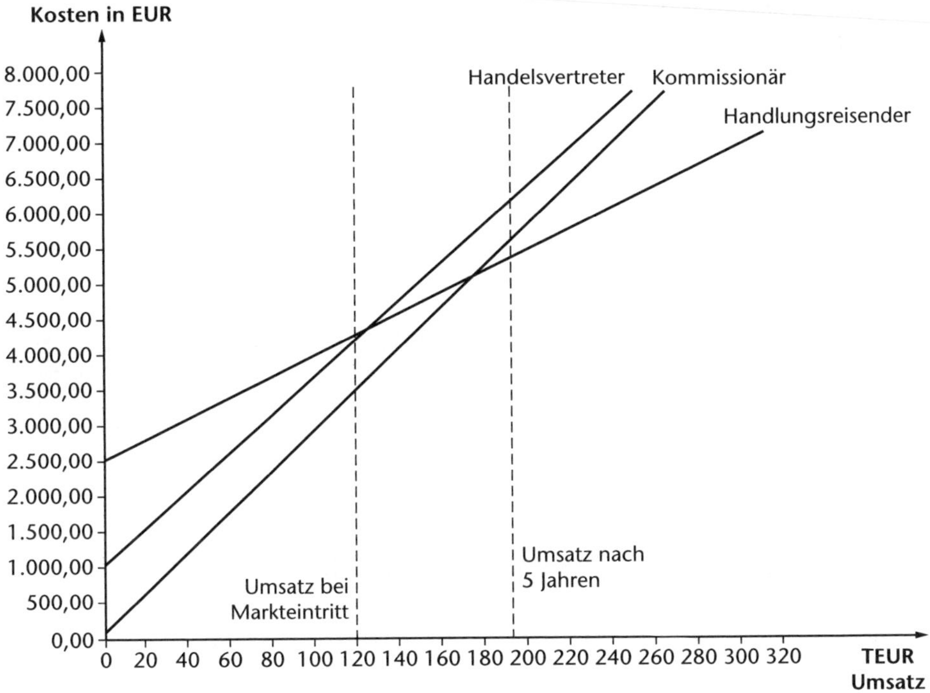

1.3.3 In den ersten Jahren der Markterschließung würde sich der Kommissionär anbieten, da er gegenüber dem Handelsvertreter und dem Handlungsreisenden die günstigere Variante darstellt. Mittelfristig sollte die BagForLife GmbH die Umstellung auf Handlungsreisende im österreichischen Markt bevorzugen, da sie bei höheren Umsätzen, die nach fünf Jahren erzielt werden, die kostengünstigere Variante bietet.

Aufgabe 2: Personalwirtschaftliche Aufgaben wahrnehmen

2.1 Beschäftigung im Unternehmen: fünf Jahre. Die Kündigung erfolgte fristgerecht, die Frist beträgt zwei Monate zum Ende eines Kalendermonats, da am 28.09.2016 schriftlich zum 30.11.2016 gekündigt wurde (§ 622 BGB).
Die Klageerhebung am 07.11.2016 erfolgte dagegen zu spät, nach § 4 KSchG muss die Klage innerhalb von drei Wochen nach der Kündigung eingereicht werden.
Die Kündigung ist formal korrekt, da sie schriftlich erfolgte und dem Mitarbeiter zuging (§ 623 BGB).

2.2 Interne Personalbeschaffung:
Mitarbeiter aus dem Unternehmen werden versetzt oder befördert.

Externe Personalbeschaffung:
Mitarbeiter werden neu eingestellt und somit auf dem Arbeitsmarkt beschafft.

Interne Personalbeschaffung:

Vorteile	Nachteile
• Der Mitarbeiter kennt die Strukturen im Unternehmen. • Das Unternehmen kennt den Mitarbeiter. • kostengünstiges Verfahren • schnelle Besetzung möglich	• Die alte Stelle muss neu besetzt werden. • Neid der Kollegen • keine neuen Ideen

Weitere schülerindividuelle Lösungen sind denkbar.

2.3 Entscheidungsbewertungstabelle:

		Benedikt Gröber		Adam Borg		Gundula Türm	
Entscheidungskriterien	**Gewicht (W)**	**B**	**W · B**	**B**	**W · B**	**B**	**W · B**
1. Ausbildung/Qualifikation	30	3	90	3	90	2	60
2. Berufserfahrung	20	1	20	3	60	3	60
3. Sprachkenntnisse	30	4	120	1	30	4	120
4. Teamfähigkeit	20	2	40	1	20	3	60
	100		270		200		300

B = Bewertung: 4 Punkte = sehr gut, 3 Punkte = gut, 2 Punkte = befriedigend, 1 Punkt = ausreichend, 0 Punkte = ungenügend

Die Hesse GmbH sollte in diesem Fall Gundula Türm einstellen, da sie die höchste Punktzahl erreicht. Andere Kriterien und Gewichtungen sind denkbar.

2.4.1

	Grundgehalt	4.418,00
=	**sozialversicherungspflichtiges Brutto**	4.418,00
=	**steuerpflichtiges Brutto**	4.418,00
	Lohnsteuer	594,16
	Solidaritätszuschlag	23,49
	Kirchensteuer	34,17
–	**Summe Steuerabzüge**	651,82
	Krankenversicherung	309,34
	Pflegeversicherung	49,79
	Rentenversicherung	413,08
	Arbeitslosenversicherung	66,27
–	**Summe Sozialversicherungsbeiträge**	838,48
=	**Nettogehalt**	2.927,70

2.4.2	2640 Vorausz. SV	1.676,96	an	2800 Bank	1.676,96
	6300 Gehälter	4.418,00	an	4830 VBL FB	651,82
				2640 Vorausz. SV	838,48
				2800 Bank	2.927,70
	6400 AG-Anteil SV	838,48	an	2640 Vorausz. SV	838,48
	4830 VBL FB	651,82	an	2800 Bank	651,82

2.5

Kennzahl	Vorjahr (VJ)	Branchenwert	Lösung Berichtsjahr
Arbeitsproduktivität EUR/Mitarbeiter	108.550,00	116.200,00	105.722,89
Krankheitsquote in %	5,9	4,8	7,6
Fluktuationsquote in %	10,8	5,5	11,3

Die Arbeitsproduktivität ist im Vergleich zum Vorjahr gesunken und im Branchenvergleich deutlich niedriger.
Die Krankheits- und die Fluktuationsquoten sind im Vergleich zum Vorjahr gestiegen und auch deutlich höher als bei der Branche.
Insgesamt ist eine negative Entwicklung im Personalbereich festzustellen.

3 Prüfungsaufgaben Steuerung und Kontrolle Sommer 2017

Aufgabe 1: Kosten erfassen, verursachungsgerecht verteilen und analysieren

1.1 Siehe **Anlage**.

1.2 Die Mobil AG hat einen geringen Unternehmensgewinn in Höhe von 6.000,00 EUR im ersten Quartal 2017 erreicht. Neben hohen Aufwendungen, beispielsweise für Rohstoffe, Löhne, Gehälter und Sozialversicherungsabgaben, wurden relativ niedrige Umsatzerlöse erzielt. Das betriebliche Ergebnis zeigt sogar einen deutlichen Verlust in Höhe von 150.000,00 EUR. Erträge aus Beteiligungs- und Zinsgeschäften haben jedoch den betrieblichen Verlust ausgeglichen und zu einem hohen neutralen Gewinn in Höhe von 236.000,00 EUR geführt.

1.3 Unterschiede ergeben sich z. B. durch:

- Die bilanziellen Abschreibungen werden von den Anschaffungskosten berechnet, die kalkulatorischen vom Wiederbeschaffungswert.
- Die Nutzungsdauer kann sich unterscheiden.
- Die Abschreibungsmethode kann sich unterscheiden.

1.4

Kalkulation			
Materialeinzelkosten	MEK		8.000,00 EUR
+ Materialgemeinkosten	MGK	30 %	2.400,00 EUR
= Materialkosten	MK		10.400,00 EUR
Fertigungseinzelkosten	FEK		10.000,00 EUR
+ Fertigungsgemeinkosten	FGK	100 %	10.000,00 EUR
= Fertigungskosten	FK		20.000,00 EUR
= Herstellkosten der Produktion	HKP		30.400,00 EUR
+ Verwaltungsgemeinkosten	VerwGK	10 %	3.040,00 EUR
+ Vertriebsgemeinkosten	VertrGK	15 %	4.560,00 EUR
= Selbstkosten	**SK**		**38.000,00 EUR**

1.5.1

Vollkostenrechnung		
Selbstkosten		38.000,00 EUR
Verlust		**–3.602,00 EUR**
Barverkaufspreis		34.398,00 EUR
– Skonto	2 %	702,00 EUR
Zielverkaufspreis		35.100,00 EUR
– Rabatt	10 %	3.900,00 EUR
Listenverkaufspreis		39.000,00 EUR

Da die Selbstkosten nicht gedeckt sind und sogar ein Verlust in Höhe von 3.602,00 EUR entsteht, ist der Auftrag des Großhändlers nach der Vollkostenrechnung abzulehnen.

1.5.2

Teilkostenrechnung	Davon variabel	
MEK		8.000,00 EUR
MGK	50 %	1.200,00 EUR
FEK		10.000,00 EUR
FGK	60 %	6.000,00 EUR
Summe variable Kosten		**25.200,00 EUR**
Barverkaufspreis		34.398,00 EUR
– Summe variable Kosten		– 25.200,00 EUR
= **Deckungsbeitrag**		**9.198,00 EUR**

Der positive Deckungsbeitrag in Höhe von 9.198,00 EUR führt zur Annahme des Zusatzauftrags nach der Teilkostenrechnung.

Aufgabe 2: Buchung und Jahresabschluss

2.1.1

Listenpreis	90.000,00 EUR
Rabatt	– 9.000,00 EUR
Überführung	+ 500,00 EUR
Zulassung	+ 50,00 EUR
Werbung	+ 1.000,00 EUR
Anhängek.	+ 450,00 EUR
AK	**83.000,00 EUR**

2.1.2

0840 Fuhrpark	83.000,00	an	4400 Verbindlichkeiten a. LL.	98.796,20
6050 Aufw. für Energie + Treib.	30,00			
2600 Vorsteuer	15.766,20			

2.1.3 Abschreibung für vier Monate: 83.000,00 EUR : 6 : 12 · 4 = 4.611,11 EUR
Buchwert zum 30.06.2017: 83.000,00 EUR – 4.611,11 EUR = 78.388,89 EUR

Buchungssatz Abschreibung 30.06.2017:
6500 Abschreibung auf SA 4.611,11 an 0840 Fuhrpark 4.611,11

2.2.1
- Mindestwert: 200.000,00 + 130.000,00 + 50.000,00 + 143.000,00 = 523.000,00 EUR
- Höchstwert: 523.000,00 + 62.760,00 = 585.760,00 EUR
- Unterschiedsbetrag: 62.760,00 EUR
- Bilanzansatz zum Höchstwert, wegen Vorgabe des Vorstandes (möglichst hoher Gewinnausweis)

2.2.2 • Lagerbestand am 30.06.2017: 120 Stück

50 Stück · 702,00 EUR	=	35.100,00 EUR
50 Stück · 742,00 EUR	=	37.100,00 EUR
70 Stück · 680,00 EUR	=	47.600,00 EUR
100 Stück · 695,00 EUR	=	69.500,00 EUR
50 Stück · 704,00 EUR	=	35.200,00 EUR
320 Stück	=	224.500,00 EUR

- Gewogener Durchschnitt: 224.500,00 : 320 = 701,56 EUR
- Wert am 30.06.2017: Tagespreis (705,00 EUR) > gewogener Durchschnittswert, Ansatz zu 701,56 EUR · 120 Stück = **84.187,20 EUR**, da beim UV das strenge Niederstwertprinzip gilt

2.3.1 • Eigenkapitalquote = EK : GK · 100 = 34,7 : 207,5 · 100 = **16,7 %**
- Deckungsgrad II = (EK + langfr. FK) : AV · 100 = (34,7 + 90) : 99,8 · 100 = **124,9 %**
- Liquidität I = (Kasse, Bank) · 100 : kurzfr. FK = 10,4 · 100 : 82,8 = **12,6 %**
- Beurteilung:
  - Eigenkapitalquote: Die Eigenkapitalquote ist mit 16,7 % nicht zufriedenstellend. Die Unternehmung ist sehr stark auf die Finanzierung mit Fremdkapital angewiesen. Der Branchenwert ist deutlich höher.
  - Deckungsgrad II: Beim Deckungsgrad II wird der Richtwert von 100 % übertroffen: Die Goldene Bilanzregel ist erfüllt, d. h., das Anlagevermögen wird durch langfristiges Kapital finanziert. Hier liegt die Veith AG über dem Branchenniveau.
  - Liquidität I: Beim Liquiditätsgrad I wird der Richtwert von 20 % nicht erfüllt (One-to-five-Rate). Zu beachten ist, dass es sich hier um eine Stichtagskennzahl handelt. Trotzdem lässt dies auf eine angespannte Liquiditätslage des Unternehmens schließen.

2.3.2 Maßnahmen z. B.:

- Erhöhung des Eigenkapitals durch Selbstfinanzierung (z. B. Senkung der Dividende)
- Ausgabe von Aktien
- Forderungen schneller und konsequenter eintreiben (z. B. Einführung von Lastschriftverfahren, Skonto etc.)
- Factoring
- Leasing statt Kauf (siehe 2.1)

Anlage

Ergebnistabelle Mobil AG 1. Quartal 2017								
Rechnungskreis I			Rechnungskreis II					
Buchführung			Abgrenzungsrechnung				Kosten- und Leistungsrechnung	
			Neutrales Ergebnis		Kostenrechnerische Korrekturen			
Konto	**Aufwendungen**	**Erträge**	**neutrale Aufwendungen**	**neutrale Erträge**	**betriebliche Aufwendungen**	**verrechnete Kosten**	**Kosten**	**Leistungen**
Umsatzerlöse		10.100.000,00						10.100.000,00
Erträge aus Beteiligungen		200.000,00		200.000,00				
Zinserträge		96.000,00		96.000,00				
Aufwendungen für Rohstoffe	6.100.000,00						6.100.000,00	
Löhne/Gehälter	2.025.000,00		25.000,00				2.000.000,00	
Arbeitgeberanteil Sozialversicherung	1 055.000,00		5.000,00				1.050.000,00	
Abschreibungen auf Sachanlagen	489.000,00				489.000,00	329.000,00	329.000,00	
Leasing	320.000,00						320.000,00	
Werbung	221.000,00						221.000,00	
Grundsteuer	37.000,00		30.000,00				7.000,00	
Zinsaufwendungen	143.000,00				143.000,00	223.000,00	223.000,00	
Summe	10.390.000,00	10.396.000,00	60.000,00	296.000,00	632.000,00	552.000,00	10.250.000,00	10.100.000,00
	6.000,00		**236.000,00**			**80.000,00**		**150.000,00**
	Unternehmensergebnis		**Abgrenzungsergebnis: 156.000,00 EUR**				**Betriebsergebnis**	

4 Prüfungsaufgaben Betriebswirtschaft – Geschäftsprozesse Sommer 2017

Aufgabe 1

1.1 Interne Bezugsquellen: Lieferantendatei, Berichte der Einkäufer
Externe Bezugsquellen: Internet (Wer liefert was?), Messebesuche, Fachzeitschriften und Kataloge, Branchenbücher

1.2 **Preiskalkulation**

Stück	37	37
Listeneinkaufspreis	349,00 EUR	326,00 EUR
Liefererrabatt	12,50 %	15 %
Liefererskonto	2 %	3 %
Bezugskosten	4,00 EUR	2,50 EUR

	Ulrich & Fuchs GmbH	Bürosystem Hans & Klein GbR
Listeneinkaufspreis	12.913,00 EUR	12.062,00 EUR
– Liefererrabatt	1.614,13 EUR	1.809,30 EUR
= Zieleinkaufspreis	11.298,87 EUR	10.252,70 EUR
– Liefererskonto	225,98 EUR	307,58 EUR
= Bareinkaufspreis	11.072,89 EUR	9.945,12 EUR
+ Bezugskosten	148,00 EUR	92,50 EUR
= Bezugspreis	11.220,89 EUR	10.037,62 EUR

Entscheidungskriterium	Gewichtung	Ulrich & Fuchs GmbH		Bürosysteme Hans & Klein GbR	
		Bewertung	Gewichte Punkte	Bewertung	Gewichtete Punkte
1. Einstandspreis	30	3	90	5	150
2. Qualität	30	5	150	3	90
3. Umweltfreundlichkeit	20	5	100	3	60
4. Termintreue	10	4	40	2	20
5. Service	10	5	50	3	30
Summe	100		430		350

Entscheidung anhand des Ergebnisses aus dem qualitativen Angebotsvergleich. Kriterien Umweltfreundlichkeit und Qualität müssen aufgrund des Sachverhalts zwingend berücksichtigt werden.
Mögliche Schülerantwort:
Aufgrund der gewichteten Kriterien fällt die Entscheidung auf die Ulrich & Fuchs GmbH. Da die OKEO GmbH großen Wert auf Qualität und Umweltfreundlichkeit legt, wählt sie diesen Lieferanten trotz des höheren Preises.

1.3
- Mit dem Bestellpunktverfahren werden überhöhte Lagerbestände vermieden, dadurch können die Lagerkosten gesenkt werden.
- Geringere Fehlmengenkosten, da bei Erreichen des Meldebestandes eine Bestellung ausgelöst wird.

1 4.1 **Anlage 5**

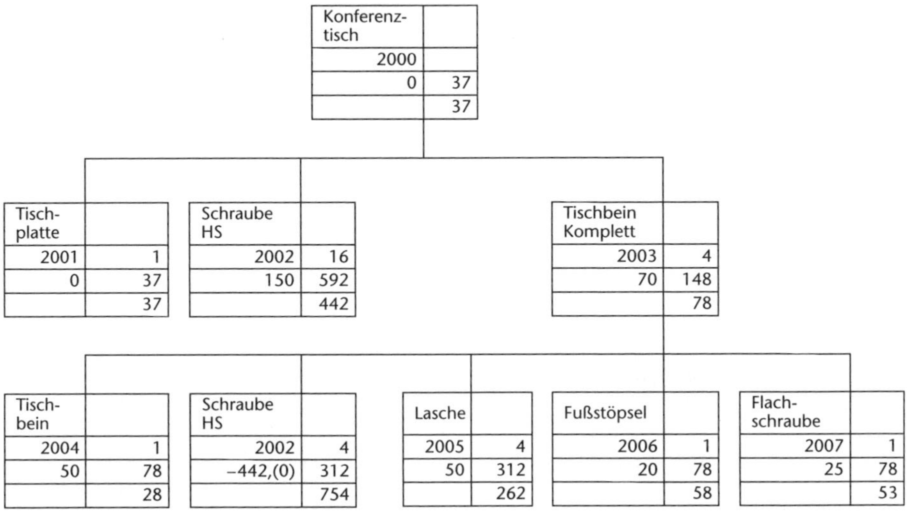

1.4.2 Prüfschritte:

- Prüfung der Lieferadresse
- Vergleich Lieferschein mit Bestellung
- Prüfung Anzahl der Packstücke
- Prüfung der Verpackung
- Prüfung der Art
- Prüfung der Menge
- Prüfung der Qualität

6000	Aufw. für Rohst. + Fremdbaut.	900,00	an	4400	Kred. Büroplus GmbH	1.071,00
2600	Vorsteuer	171,00				

oder

2000	Rohst. und Fremdbaut.	900,00	an	4400	Kred. Büroplus GmbH	1.071,00
2600	Vorsteuer	171,00				

4400	Kred. Büroplus GmbH	1.071,00	an	2800	Bank	1.038,87
				2003 (6003)	Liefererskonto	27,00
				2600	Vorsteuer	5,13

1.5 Mögliche Alternativen:

A1	Die Bedarfe werden zum jeweiligen benötigten Zeitpunkt produziert.
A2	Bündelung von Bedarf 1 und 2 zu einem Los, Bedarf 3 zum benötigten Zeitpunkt
A3	Bedarf 1 wird zum benötigten Zeitpunkt gefertigt, Bedarf 2 und 3 werden gebündelt.
A4	Alle drei Bedarfe werden zu einem Los gebündelt.

Ermittlung der Lagerkosten je Stück:
9 % von 2.000,00 EUR = 180,00 EUR/Jahr
180,00 EUR : 360 Tage = 0,50 EUR/Tag

Ermittlung der Gesamtkosten:

	Auftrag Schulze KG	**Auftrag Müller GmbH**	**Auftrag Schmitt GbR**	**Summe**
A1	Rüstkosten 200	Rüstkosten 200	Rüstkosten 200	600,00
A2	Rüstkosten 200	15 · 0,50 EUR · 24 Tage = 180,00 Lagerkosten	Rüstkosten 200	580,00
A3	Rüstkosten 200	Rüstkosten 200	12 · 0,50 EUR · 27 Tage = 162,00 Lagerkosten	562,00
A4	Rüstkosten 200	15 · 0,50 EUR · 24 Tage = 180,00 Lagerkosten	12 · 0,50 EUR · 51 Tage = 306,00 Lagerkosten	686,00

Antwort: Aus Kostengesichtspunkten sollte sich die OKEO GmbH für die Alternative 3 entscheiden.

1.6

Baukastenstückliste		
Teile Nr.: 2003	Bezeichnung: Tischbein komplett	
Teile Nr.	Bezeichnung	Menge/Einheit
2002	Schraube HS	4 Stück
2004	Tischbein	1 Stück
2005	Lasche	4 Stück
2006	Fußstöpsel	1 Stück
2007	Flachschraube	1 Stück

Bedarf für die Nachbesserung (4 · 4 · 15) = 240 Laschen

Teileverwendung für Lasche (2005):

Teile-Nr.	**Bezeichnung**	**Ebene**	**Menge**	**Einheit**
2003	Tischbein komplett	1	4	Stück
2000	Konferenztisch	2	16	Stück

Der TVN wird benötigt, um Konsequenzen von Störungen in der Produktion bzw. fehlerhafter Montage in Bezug auf das Endprodukt erkennen zu können.

Aufgabe 2: Investitions- und Finanzierungsprozesse planen

2.1

	Alternative 1		Alternative 2	
Abschreibung	40.000,00 EUR		68.750,00 EUR	
kalk. Zinsen	16.000,00 EUR		22.000,00 EUR	
sonstige	3.000,00 EUR		1.000,00 EUR	
fixe Kosten gesamt		**59.000,00 EUR**		**91.750,00 EUR**
Lohnkosten	144.000,00 EUR		120.000,00 EUR	
Materialkosten	96.000,00 EUR		108.000,00 EUR	
sonstige var. Kosten	48.000,00 EUR		12.000,00 EUR	
variable Kosten gesamt		**288.000,00 EUR**		**240.000,00 EUR**
variable Kosten pro Stück		**240,00 EUR**		**200,00 EUR**
Gesamtkosten		**347.000,00 EUR**		**331.750,00 EUR**
Umsatz		420.000,00 EUR		420.000,00 EUR
Betriebsergebnis		73.000,00 EUR		88.250,00 EUR
Rentabilität (%)		**36,5**		**32,1**
Amortisation (Jahre)		**3,5**		**3,5**

Kritische Menge: 819 Stück

$59.000 + 240 \cdot x = 91.750 + 200 \cdot x$

$x = 818{,}75 \cong 819$ Stück

$$\text{Rentabilität} = \frac{\text{Betriebsergebnis}}{\text{ø gebundenes Kapital}} \cdot 100$$

$$\text{Amortisationsdauer} = \frac{\text{Kapitaleinsatz}}{\text{Betriebsergebnis + Abschreibung}}$$

Schülerabhängige Antwort

Für Alternative 1 spricht:
- höhere Rentabilität
- gleiche Amortisationsdauer bei geringerem Investitionsvolumen

Für Alternative 2 spricht:
- Eine Erhöhung der Produktionsmenge ist möglich.
- niedrigere Gesamtkosten ab der kritischen Menge

2.2 Ratendarlehen (Abzahlungsdarlehen) mit gleichbleibenden Tilgungsraten, fallenden Zinsen und dadurch insgesamt jährlich fallender Liquiditätsbelastung.

Alle Angaben in EUR:

	Kredit						Leasing	
Jahr	Restschuld	Zinsen	Tilgung	Abschreibung	Liquiditätsbelastung	Aufwand	Liquiditätsbelastung	Aufwand
1	550.000,00	33.000,00	91.666,67	68.750,00	124.666,67	101.750,00	132.000,00	132.000,00
2	458.333,33	27.500,00	91.666,67	68.750,00	119.166,67	96.250,00	132.000,00	132.000,00
3	366.666,67	22.000,00	91.666,67	68.750,00	113.666,67	90.750,00	132.000,00	132.000,00
4	275.000,00	16.500,00	91.666,67	68.750,00	108.166,67	85.250,00	132.000,00	132.000,00
5	183.333,33	11.000,00	91.666,67	68.750,00	102.666,67	79.750,00	132.000,00	132.000,00
6	91.666,67	5.500,00	91.666,67	68.750,00	97.166,67	74.250,00	16.500,00	16.500,00
Σ		115.500,00	550.000,00	412.500,00	665.500,00	528.000,00	676.500,00	676.500,00

Differenz zw. Kredit und Leasing	
Liquiditätsbelastung	Aufwand
7.333,33	30.250,00
12.833,33	35.750,00
18.333,33	41.250,00
23.833,33	46.750,00
29.333,33	52.250,00
–80.666,67	–57.750,00
11.000,00	148.500,00

- Unter Liquiditäts- und Aufwandsgesichtspunkten ist das Darlehen in der Summe die bessere Alternative.
- Die Liquiditätsbelastung ist in den ersten sechs Jahren insgesamt 11.000,00 EUR niedriger.
- Die Aufwendungen sind beim Darlehen in den ersten sechs Jahren insgesamt 148.500,00 EUR niedriger.

Weitere Beurteilungskriterien:
- Eigentumsverhältnis
- Kreditsicherheiten
- Stand der Technik
- Wartung und Reparaturen beim Leasing enthalten
- schülerindividuelle Antworten

Vollständige Absicherung nach den Kriterien der LB Bank ist nicht möglich.

Sicherungsübereignung (Maschinen und Fuhrpark)	40 %	128.000,00 EUR
Sicherungsübereignung neue Maschine	40 %	220.000,00 EUR
Summe offene Sicherungsübereignung		**348.000,00 EUR**
bebaute Grundstücke	60 %	252.000,00 EUR
– Grundschuld (bereits verwendet)		– 200.000,00 EUR
Summe offene Grundschuld		**52.000,00 EUR**
insgesamt		400.000,00 EUR
fehlende Sicherheiten		150.000,00 EUR

Grundschuld: Grundschuld ist ein Grundpfandrecht an einem Grundstück, Eintragung im Grundbuch, nicht an das Bestehen einer Schuld gebunden, Verwertung durch den Kreditgeber im Falle einer Zwangsvollstreckung
Sicherungsübereignung: Besitzkonstitut; Besitzverhältnis bleibt unberührt, bedingtes Eigentumsrecht

2.3 Frau Grüninger beteiligt sich als Komplementärin (Vollhafterin).

Vorteile:
- erhöhte Kreditwürdigkeit
- Finanzierungslücke kann geschlossen werden.
- bessere Bilanzstruktur

Veränderung Kennzahlen:

EK-Quote	Verschuldungsgrad	FK-Quote
vorher		
36,2 %	1,8	63,8 %
nachher		
47,9 %	1,1	52,1 %

Schülerabhängige Antworten, z. B.:
- Erhöhung der EK-Quote, dadurch größere finanzielle Unabhängigkeit
- Senkung der FK-Quote, geringere Liquiditätsbelastung
- Das Unternehmen wird krisenfester und es erhält mehr Handlungsspielraum.